U1074432

权威·前沿·原创

皮书系列为
“十二五”国家重点图书出版规划项目

四川蓝皮书

BLUE BOOK OF SICHUAN

四川城镇化发展报告（2016）

ANNUAL REPORT ON URBANIZATION DEVELOPMENT OF SICHUAN (2016)

主　编／侯水平　陈　炜

副主编／郭晓鸣　陈　智　张鸣鸣

社会科学文献出版社

SOCIAL SCIENCES ACADEMIC PRESS (CHINA)

图书在版编目(CIP)数据

四川城镇化发展报告. 2016/侯水平，陈炜主编. —北京：社会科学文献出版社，2016.4
（四川蓝皮书）
ISBN 978 -7 -5097 -8857 -8

Ⅰ.①四… Ⅱ.①侯… ②陈… Ⅲ.①城市化 - 研究报告 - 四川省 - 2016 Ⅳ.①F299.277.1

中国版本图书馆 CIP 数据核字（2016）第 046177 号

四川蓝皮书
四川城镇化发展报告（2016）

主　　编／侯水平　陈　炜
副 主 编／郭晓鸣　陈　智　张鸣鸣

出 版 人／谢寿光
项目统筹／高振华
责任编辑／高振华　张丽丽

出　　版／社会科学文献出版社 · 皮书出版分社（010）59367127
地址：北京市北三环中路甲 29 号院华龙大厦　邮编：100029
网址：www. ssap. com. cn
发　　行／市场营销中心（010）59367081　59367018
印　　装／北京季蜂印刷有限公司

规　　格／开 本：787mm × 1092mm　1/16
印 张：19　字 数：253 千字
版　　次／2016 年 4 月第 1 版　2016 年 4 月第 1 次印刷
书　　号／ISBN 978 -7 -5097 -8857 -8
定　　价／75.00 元

皮书序列号／B -2015 -427

四川蓝皮书编委会

摘 要

2014 年，四川省编制完成了《四川省新型城镇化规划（2014～2020 年）》，重新审视了 50 余个城市和县城的总体规划，启动了“多规合一”试点工作，出台了加快户籍制度改革实施方案，联动地推进住房、教育、社会保障等基本公共服务均等化方面的配套改革，实施向农民工定向供应公共租赁住房政策，一些地方对推进城镇化投融资体制、土地管理体制等方面的改革进行了有益探索，四川城镇化建设进入快速发展的新时期，城镇化发展成效显著。本书采用 2014 年构建的四川省城镇化水平指标体系，从人口规模、产业支撑、基础设施、公共服务、资源环境、协调发展六个方面，对 2014 年度全国 31 个省（区、市）城镇化水平、2005～2014 年四川城镇化发展水平、2014 年度四川各市州和百强县城镇化水平进行评估。

2014 年四川省新型城镇化综合得分 95.31 分，比 2013 年增加 6.3 分。6 个一级指标除了协调发展较 2013 年略微下降，其他得分较之 2013 年均有不同程度的增长。全国比较，2014 年四川综合城镇化指标列第 11 位。城镇基础设施和公共服务两个方面，四川在全国排名靠前，表明其在民生工程发展方面保持较高水平；在城镇产业支撑和城乡协调发展方面，四川处于全国中游；人口规模城镇化、城镇资源环境（城市绿化、空气污染等）等指标四川排名靠后。

“新常态”背景下四川城镇化发展呈现一些新的变化：城镇化水平稳步提升，但“两个滞后于”问题依旧突出；更加注重“以人为核心”，但城镇综合承载能力有待加强；城镇布局不断优化，但城镇集聚水平依旧偏低；工业化成为推动城镇化的主要动力，“两化”互动从“低位平衡”向“高位协同”迈进；城乡发展一体化进展较快，但城乡差距较大的问题没有得到明显改善；体制机制改革进一步深化，先行先试迈入深水区；等等。未来四川城镇化发展机遇与挑战并存，预测四川城镇化发展速度与质量均会有所提升，但资源环境容量以及区域发展不平衡等因素也会导致四川城镇化发展更为复杂。

全书分三篇，共 14 个报告。第一篇为总报告，对四川城镇化发展进行综合测度、比较，同时深入分析“新常态”背景下四川城镇化发展态势。第二篇为主题报告篇，本书的主题为“县镇城镇化发展”，从人口、基础设施和公共服务、产业、扩权、社会治理、土地、投融资等不同维度深入剖析了县镇城镇化发展中的重要问题。第三篇为专题调研篇，对四川省 2014～2015 年度的重要工作、社会聚焦、典型案例等进行专题调研，包括 21 个重点镇调查、青年就业创业调查、农民工市民化调查、聚居农民城市融入调查、红格镇调查和大渡口镇调查等。

四川小城镇发展：困境和潜力*

本书编者**

国家新型城镇化战略强调以人为核心，有序推进农业转移人口市民化，其中的关键在于城镇体系的完善。当前，由于农业转移人口规模巨大，大中城市完全承载具有较大难度，同时基于诸多原因，这部分人口融入城市社会还需要更多的时间，甚至会在城镇内部造成新的二元矛盾，在农村进一步凸显留守儿童、妇女和老人问题，积累了大量矛盾和问题。小城镇的发展对吸纳返乡和就近转移的农民工具有不可替代的作用。因此，新型城镇化更加注重优化城镇空间分布和规模结构。在促进各类城市协调发展的目标下，针对中小城市集聚产业和人口不足，小城镇数量多、规模小、服务功能弱的问题，国家提出“加快发展中小城市”和“有重点地发展小城镇”的方针。一方面，把加快发展中小城市作为优化城镇规模结构的主攻方向，加强产业和公共服务资源配置，提升质量，增加数量；另一方面，把推动小城镇发展与疏解大城市中心城区功能相结合、与特色产业发展相结合、与服务“三农”相结合。站在新的发展起点，立足四川实际，有必要对我国以及四川省小城镇发展的历史沿革和特点、

* 小城镇是一个定性的概念，很难从量上进行界定。一般来说，小城镇主要是指建制镇，包括属于县的县城镇（或中心建制镇）和县城以外的一般建制镇。县城可根据情况适用于小城市或小城镇。为了方便论述，同时考虑到四川欠发达地区县城规模总体偏小，我们把县城也界定为小城镇。因此，结合本书的主题，我们从小城镇发展的角度来回顾和展望四川县镇城镇化发展中的困境和潜力。

** 曾旭晖执笔。

现实需求和困难、发展机遇和方向进行简要梳理。这也是本书关注的重点。

一　我国小城镇发展的历史沿革

我国政府和学界对小城镇发展的关注最早得益于社会学家费孝通先生的大力倡导。早在1983年，费孝通在江苏省吴江县做了一个多月的调研，随后在南京召开的“江苏省小城镇研究讨论会”上做了“小城镇，大问题”的发言，之后又在不同场合进一步阐述发展小城镇的思想。结合苏南乡村工业化发展模式，费孝通强调乡村工业化应以农民为主体，乡镇企业是吸纳农村剩余劳动力的重要途径，通过农村工业化实现小城镇的发展和繁荣，并强调农村劳动力“离土不离乡”的过渡模式在我国工业化和城镇化进程中的重要作用。在费孝通先生的开创性工作后，我国学界就如何建设小城镇以及走什么样的城市化道路，展开了有益的探索。

小城镇的发展问题也得到了中央政府的高度重视，在此后各个时期的中央文件中，对如何建设好小城镇都有专门的指示。从我国改革开放以来的城镇化进程来看，小城镇发展大致经历了四个阶段。

第一个阶段是从20世纪80年代初到90年代初，小城镇建设步伐加快。一方面，农村全面实行家庭联产承包制，农业生产得到快速发展；另一方面，乡镇企业异军突起，特别是在沿海地区和江浙一带，农村工业化初具规模，这两大因素促成了小城镇蓬勃发展。政府主导的城市化战略也是以“重点发展小城镇”为指导思想。其间，我国建制镇数量从1982年的2664个增加到1994年的16210个，年均增加1100多个。

第二个阶段是20世纪90年代中后期，小城镇发展后继乏力。尽管中央政府将小城镇战略视为带动农村经济和社会发展的重要一环，但是当时的社会经济环境发生了巨大的变化。一是在我国经济体制转型和经济结构调整的过程中，乡镇企业开始衰落，小城镇发展失去了工业化的推动。二是人口流动更加容易，农村青壮年劳动力开始源源不断地涌入大城市，寻找就业的机会。三是农业比较效益持续下降，农村社会经济环境恶化，“三农”问题凸显。

第三个阶段是进入 21 世纪后，小城镇与大城市差距扩大。“三农问题”倒逼农村税费改革，农民负担得到控制，但是乡镇一级财政进一步弱化，农村劳动力“离土离乡”的大趋势并没有改变。特别是在中西部的农村，村落空心化现象加剧，“谁来种田”已成为一个非常现实的问题。与此相对的是，大城市、特大城市在土地财政的支撑下急剧扩张。尽管中央政府着力推行大中小城市和小城镇协调发展的城镇化战略，但是实际情况因地域不同而呈现巨大的差异。在中西部地区，大量优势资源向省会城市聚集，真正的城市群体系难以构建，中小城市发展缓慢，小城镇发展停滞不前。县镇一级的城镇化不得不面对经济基础薄弱、公共资源匮乏、人口不断流失的困境。在这一宏观背景下，新型城镇化的战略转型逐渐得到中央政府和学界的认同，一个重要的标志就是《国家新型城镇化规划（2014～2020 年）》的发布。

如今，小城镇发展进入第四个阶段，既面临新的挑战，又迎来新的机遇。

二　四川县镇发展的现实需要

四川新型城镇化需要走出一条大中小城镇协调发展的道路。当前，如何建设好小城镇是四川新型城镇化战略实施的重要内容。四川是农业大省，也是农村劳动力外出务工大省，农业转移人口市民化问题尤为紧迫。在大城市、特大城市农民工市民化成本高的压力下，四川省更应该进一步提高中小城市和小城镇对人口的吸纳能力，促进农业转移人口就近城镇化、市民化。在四川省丘陵地区和边远山区，有重点地发展服务型、商贸型或综合型小城镇，对带动周边农村发展、促进新农村建设有巨大作用。中央提出的解决“三个 1 亿人”中，其中有约 1 亿人需要被引导在中西部地区就近城镇化，为此四川需解决 700 万人就近城镇化，这将是一个艰巨的任务。

然而，四川省城镇体系缺乏中小城市的有力支撑，县镇城镇化亟待提速。四川省以成都为核心的平原城市群发展迅速，成为引领西部经济发展的制高点，优势资源主要集中在成都经济圈，周边中小城市发展乏力。因此，四川亟须培育壮大一批县城和重点镇，使之成为人口和产业的聚集中心，进而向中小城市发展，充实和优化四川省城镇体系。

同时，革命老区、民族地区、贫困山区是四川发展的薄弱环节，“老少边穷”地区要实现脱贫目标、建成小康社会，重点在加强小城镇发展。四川省区域之间差异较大，丘陵地区、山区和民族地区的经济发展和城镇建设相对滞后。在全省 120 个县（不算县级市）中有 88 个贫困县，分布在四大片区，其中秦巴山区 34 个、乌蒙山区 9 个、大小凉山彝区 13 个、高原藏区 32 个。县域和镇域发展缺乏产业支撑，财政薄弱，主要靠国家转移支付进行相关项目建设。破解贫困地区小城镇发展的难题，是以精准扶贫为核心的扶贫攻坚战略有效实施的重要一环。

三　四川县镇发展任务艰巨

近年来，四川省县域经济和镇域经济都有了长足的发展，但是由于省内区域差异极大，同经济发达的省份相比，大部分县镇发展滞后，面临诸多挑战。

一是大多数县镇人口净流出趋势短期内难以改变，甚至可能加剧。常住人口比户籍人口少 972.62 万人，整体上呈现人口净流出特征。120 个县中有 95 个县人口净流出。在 22 个人口净流入的县中，除了郫县和双流县两个成都周边强县外，其他都分布在甘孜州、阿坝州和凉山州，且流入比例较低，并非区域性的经济、政治、文化中心，可以推测人口净流入很大程度上是源于交通不便导致的区域性人口自然聚集[①]。

二是城镇的集聚水平和辐射能力依旧偏低。小城市和小城镇的发展还处于低水平起步阶段，普遍存在功能较弱、规模较小的问题；对人口和产业的集聚能力不足，未充分发挥联系城市与农村的纽带作用。首先，小城镇数量多，但是人口集聚水平偏低，镇均人口 8973 人，比全国平均水平少 4744 人[②]。其次，经济集聚能力不足，大多数小城镇特色产业和服务农村的第三产业发展不足。最后，小城镇建设管理水平较为滞后，缺乏科学规划，土地集约利用水平不高。小城镇发展滞后直接影响到中小城市的培育，城市群发展尚处于初级阶段，缺乏县镇基础，未形成联系紧密、分工明确的一体化发展格局。

三是小城镇公共资源不足，户籍制度缺乏吸引力。小城镇公共服务承载功能较弱，其供水普及率、燃气普及率、广电覆盖率、污水处理率和垃圾无害化处理率分别仅为 37.1%、29.6%、59.8%、25.7%和 32.5%，大部分指标远远低于城市水平[③]，在医疗卫生资源和初等教育资源上也与大城市存在明显的差距。尽管国家政策完全放开建制镇和小城市落户限制，但是由于这类小城镇户籍的含金量无法与大城市相比，对农民工及其家庭来说没有太大的吸引力。

四　四川县镇发展空间巨大

随着我国新型城镇化发展战略的推进，优化小城镇布局、有重点

① 相关数据资料参见本书《县镇人口发展报告》。

② 相关数据见本书《四川省重点镇调查报告》。

③ 资料来源见本书专题调研《四川省重点镇调查报告》。

地发展小城镇已成为城镇化发展的一个方向，也为四川省县镇发展带来新机遇。

一是四川省发布《四川省新型城镇化规划（2014～2020年）》，把县镇发展纳入四大城市群发展体系中。四川省《规划》强调在以四大城市群为主体形态的基本格局下，做强做优县城，加快发展小城镇，要求“尽快培育发展一批经济基础较好、人口规模较大、资源环境承载力较强的县城，充分发挥其对城市群发展的重要支撑作用”，同时，抓好“百镇建设试点行动”300个试点小城镇，特别是发挥21个省级重点镇建设的示范作用，带动全省小城镇健康发展，充分发挥小城镇以工促农、以城带乡的重要节点作用。

二是四川省扩权强县改革和示范试点工作取得成效，正在进入全面推广阶段。四川省于2007年开展扩权强县试点工作，最终选择了27个具有代表性的经济强县、百万人口大县、类区代表县（市）进行扩权改革的试点。2009年，根据中央1号文件强调要“稳步推进扩权强县改革试点，鼓励有条件的省份率先减少行政层次，依法探索省直接管理县（市）的体制”的精神，四川省将32个县（市）纳入扩权强县试点范围。针对四川省百万人口大县在全省经济社会发展中的重要地位，2013年四川省又提出了支持百万人口大县的十项政策措施，并选择条件成熟的人口大县探索开展省直接管理县行政体制改革试点。2014年，四川省再次加大扩权强县改革的力度，全省新增19个扩权强县试点县。经过近几年的改革试点，四川省一共有78个县（市）被纳入扩权强县名单，基本上涵盖了所有符合政策的县①。

① 在四川省183个县级行政区划中，没有进入的县主要有三种情况：成都市所辖县；三个民族自治州（因为有民族区域自治政策因素的影响）；各地级市本身所辖区级行政单位。除去这三类情况，全省从理论上来说能够参加扩权改革的县（市）全部被纳入。关于四川省扩权强县改革以及镇级扩权改革的详细论述参见本书《县镇扩权改革报告》。

2015年，四川省进一步下放20项市级经济管理权限和20项市级社会事业管理权限，进一步加大力度，扩大范围。

三是四川省镇级扩权改革加速推进。镇级扩权改革包括强镇扩权和扩权强镇两种情况。2013年，四川也在全省范围内启动了扩权强镇试点，支持人口大县开展扩权强镇改革，将建设管理、市场监管、公共服务、民生事业等部分县级管理权限下放到试点镇。同时，四川省大力推进“百镇建设试点行动”，要用3年时间，在全省推动300个试点镇建设发展，并遴选出21个重点镇作为示范。“百镇建设试点行动”通过在财政、用地指标和人员编制上提供更多的支持和保障，着力提升和优化试点示范小城镇的基础设施和生态环境，发挥小城镇以工促农、以城带乡的重要节点作用，吸引更多的农业人口就近就地转移。其目标是加快扶持培育一批经济发展快、人口吸纳能力强的小城镇，为推进新型城镇化、促进县域经济发展和就地就近吸纳农村人口创造条件。2014年底，四川省被列为全国首批建制镇示范试点省份，目前国家级和省级建制镇示范试点工作已全面展开。

四是农民工返乡创业为县镇发展引入新的人口红利。四川作为农民工输出大省，改革开放以来累计输出农民工超过1亿人次，其中部分在务工过程中积累了技术、市场等经验，从农业劳动力转化为非农产业的人力资本，随着劳动力输出地工业化水平的提升，劳动力回流将产生新的人口红利的素质效应。2015年以来，从中央到地方都出台了一系列政策措施，鼓励青年农民返乡创业，加上国内外经济形势的影响，东中部地区吸纳非农就业趋弱，四川全省返乡农民工总数达135.9万人，占转移输出总数的5.6%，同比增长7.8%，新增返乡创业农民工3.4万人，创办企业1.3万个，实现产值73.8亿元[①]。农民工

① 相关数据资料参见本书《县镇人口发展报告》。

群体的特殊性决定了大多数返乡创业的农民工创办的企业以低成本的劳动密集型为主，创业地点以家庭为中心的最短半径范围为主，可以预见，在宽松的条件和合理的引导下，有条件的县镇将迎来一个加速城镇化的机遇期。

目　录

Ⅰ　总报告

Ⅱ　主题报告篇

Ⅲ　专题调研篇

皮书数据库阅读**使用指南**

总 报 告

General Report

B.1

四川省城镇化发展测度和前景展望

“四川省城镇化发展报告 2016”课题组*

摘 要： 中央实施西部大开发战略以来，四川省明确提出了加快城镇化发展战略，城镇化建设进入快速发展的新时期，城镇化发展成效显著。本报告从人口规模、产业支撑、基础设施、公共服务、资源环境和协调发展6个方面对全国、四川省、四川21个市（州），及四川省百强县新型城镇化发展水平进行了监测和评价，在此基础上，对新常态背景下四川城镇化发展态势进行

* “四川省城镇化发展报告 2016”课题组由四川省社会科学院和四川省统计局共同组成，主要研究人员（排名不分先后）：侯水平、陈炜、郭晓鸣、陈智、盛毅、魏翰、张鸣鸣、吴翔、曾旭晖、冉敏、王芳、王娟、高杰、王生、刘伟、肖华堂、马本昌、杨璠、池瑞瑞等。《四川省城镇化发展测度和前景展望》由卢庆芳、王芳执笔。卢庆芳，四川省社会科学院区域经济研究所助理研究员、博士，主要研究方向为可持续发展。王芳，四川省社会科学院区域经济研究所高级经济师、博士，主要研究方向为产业经济学、区域经济学等。

分析和展望。四川城镇化发展呈现出了一些新的变化：城镇化水平稳步提升，但依然存在“两个滞后于”的问题；更加注重以人为核心，但城镇综合承载能力仍需加强；城镇布局不断优化，但城镇集聚水平依旧偏低；工业化成为推动城镇化的主要动力，“两化”互动从“低位平衡”向“高位协同”迈进；城乡发展一体化进展较快，但城乡差距较大的问题没有得到明显改善；体制机制改革进一步深化，先行先试迈入深水区；等等。未来四川省城镇化发展机遇与挑战并存，预测四川省城镇化发展速度与质量均会有所提升，但资源环境容量以及区域发展不平衡等因素也会导致四川省城镇化发展更为复杂。

关键词： 四川 新型城镇化 新常态

一 四川城镇化发展及测评

（一）2014年四川城镇化发展概况

2014 年，四川省编制完成了《四川省新型城镇化规划（2014 ~ 2020 年）》，重新审视了 50 余个城市和县城总规，启动了“多规合一”试点工作，出台了加快户籍制度改革实施方案，联动地推进住房、教育、社会保障等基本公共服务均等化方面的配套改革，实施定向供应农民工公共租赁住房，一些地方在推进城镇化投融资体制、土地管理体制等方面改革进行了有益探索，四川省城镇化建设进入快速发展的新时期，城镇化发展成效显著。

1. 城镇化发展水平继续提高

2014 年末，四川省常住人口为 8140. 2 万人，比 2013 年末增加 33. 2 万人，其中，城镇人口 3768. 9 万人，乡村人口 4371. 3 万人，城镇化率 46. 3%，比 2013 年提高 1. 4 个百分点；新增城市建成区面积 140 多平方公里，达到 2216. 56 平方公里，建成区人口密度 17003. 43 人/平方公里。另据统计资料显示，2014 年四川省有 617. 2 万人由乡村或者小城镇流入大中城市，人口流动在减少乡村人口的同时，增加了城镇人口的数量，加快了城镇化进程。经测算，流动人口对四川省城镇化率的贡献率达 18. 33%。

2. 产业带动力明显增强

随着新型工业化、新型城镇化互动发展，四川省正从传统的农业大省向工业强省快速迈进。2014 年四川省经济保持平稳较快发展，实现地区生产总值（GDP）28536. 7 亿元，按可比价格计算，比上年增长 8. 5%，增速比全国平均水平高 1. 1 个百分点。其中，第一产业增加值 3531. 1 亿元，增长 3. 8%；第二产业增加值 14519. 4 亿元，增长 9. 3%；第三产业增加值 10486. 2 亿元，增长 8. 8%。三次产业对经济增长的贡献率分别为 5. 0%、59. 7% 和 35. 3%。人均地区生产总值 35128 元，增长 8. 1%。三次产业结构由上年的 12. 8∶51. 3∶35. 9 调整为 12. 4∶50. 9∶36. 7，服务业对经济增长的贡献率逐步提升。

3. 城镇基础设施全面提升

“十二五”期间，四川省城镇基础设施建设投资力度加强，交通、供水、供电、供气等基础设施进一步完善，城市综合承载力明显增强。2014 年，四川省完成全社会固定资产投资 23577. 2 亿元，比 2013 年增长 12. 0%；人均固定资产投资 28963. 9 元，比 2013 年增长 10. 35%。每十万人拥有公交汽车、出租车、地铁量 83. 26 标台，比 2013 年增长 8. 8%；供水管道长度 27460. 8 公里，比 2013 年增加

2628.6公里；排水管道长度20606.44公里，比2013年增加1087.57公里。全年新增省级卫生城市（县城）11个；农村自来水普及率、卫生厕所普及率分别比2013年提高2.7个和3.3个百分点。

4. 城镇公共服务逐步完善

四川省坚持城乡一体化的政策导向，加大政府对公共服务及设施的投资力度，教育、卫生、文化、体育、养老等公共服务能力和水平不断提升。2014年全省实现文化产业增加值550亿元，比2013年增长15%。2014年年末四川省医疗卫生机构（含村卫生室）81081个，比2013年增加1042个；床位45.96万张，比2013年增加3.33万张；每千人口执业（助理）医师1.7人，比2013年增加0.6人。

新型农村合作医疗制度覆盖全部涉农县（市、区），全年参合率99.3%。住院费用实际补偿比提高到63.3%。年末参加城镇职工基本养老保险人数1837.9万人，参加城乡居民养老保险人数3013.9万人，参加城镇基本医疗保险人数2581.2万人，参加失业保险人数（不含失地农民）628.8万人，参加工伤保险人数709.7万人，参加生育保险人数730.4万人。全年被纳入城市低保人员173.0万人，农村低保人数425.7万人，城镇和农村的最低生活保障人均补助水平分别比2013年提高17元和12元。符合条件的五保供养对象全部被纳入供养范围，共计50.5万人，其中集中供养五保人数26.9万人，集中供养率53.2%。养老服务设施总床位数36.1万张。建立社区服务机构10276个，其中建立城镇社区服务机构6806个。

5. 城镇资源环境明显改善

通过实施绿化、环卫、污水处理、垃圾处理等工程，四川省城镇生态环境质量不断改善，居民生活质量得到明显提高。2014年全年安排环保专项资金8.8亿元，81户重点工业污染企业按期完成治理任务，32个重点小流域污染治理全面展开，依法划定了城市集中式饮用水水源保护区273个，农村建制乡镇的集中式饮用水水源保护区

2770个。完成工业污染治理项目240个，完成投资23.3亿元（含企业投资）。工业节能节水资金支持节能项目44个，支持节水项目11个，支持循环经济、高效节能环保技术装备产业化、绿色能源等低碳示范项目29个，支持清洁生产（灰霾防治）项目4个。2014年四川省人均公园绿地面积达到11.26平方米，污水处理厂集中处理率85.36%，生活垃圾处理率达到97.24%。单位GDP能耗实现每万元1.05吨标准煤，比2013年减少0.02吨标准煤。亿元GDP建设用地规模51.2公顷，比2013年减少19.21%。

6. 城乡统筹发展成效显著

城乡居民持续增收，差距明显缩小，城乡收入二元结构进一步改善。2014年，四川省城镇居民人均可支配收入24381元，比2013年增长9.0%；农村居民人均纯收入8803元，比2013年增长11.5%；城乡居民收入比为2.76:1，比2013年下降0.07，城乡收入差距持续缩小。城乡居民恩格尔系数41.7%，比2013年下降1个百分点；城乡居民人均消费性支出12555.02元，比2013年增长15%。同时，四川省加强企业安全生产、工商行政管理、质量技术监督和金融监管，规范、整治城乡市场秩序，防控处置重大安全事故和地方金融风险；深入开展“法律七进”活动，预防和化解社会矛盾，社会保持和谐稳定。

（二）2014年四川城镇化发展水平比较

1. 指标体系及方法

本书采用2014年构建的四川省城镇化水平指标体系（见表1），首先对2014年度全国31个省（区）市城镇化水平进行评估，其次对2005~2014年四川城镇化发展水平进行综合评价，最后对2014年度四川省各市（州）和百强县城镇化水平进行评估。

表1　城镇化发展水平综合评价指标体系

一级指标	分值	二级指标	分值	三级指标	分值
人口规模	17.5	城镇人口	10.5	城镇人口比重(%)	10.5
		建成区人口	7.0	建成区人口密度(人/平方公里)	3.5
				建成区人口增速/建成区面积增速	3.5
产业支撑	21.6	经济水平	4.7	人均GDP(元)	4.7
		非农产业	5.2	每万人非农产业增加值(亿元)	2.6
				非农产业就业比重(%)	2.6
		科技研发	4.5	R&D支出占GDP的比重(%)	4.5
		信息化水平	4.9	每百人互联网用户数(户)	4.9
		文化产业	2.3	每十万人文化产业增加值(万元)	2.3
基础设施	17.1	固定资产投资	4.0	人均固定资产投资(元)	4.0
		市政设施	9.4	建成区供(排)水管道长度(公里/平方公里)	3.0
				每十万人日供水综合生产能力(万立方米/日)	3.2
				燃气普及率(%)	3.2
		公共交通	3.7	十万人公交汽车、出租车、地铁拥有量(标台)	3.7
公共服务	15.4	文化生活	2.0	城乡居民教育文化娱乐支出(元)	2.0
		医疗卫生	4.7	每万人医疗卫生机构数(个)	1.2
				每万人床位数(张)	1.2
				千人口执业(助理)医师数(人)	2.3
		教育水平	4.5	万人拥有专任教师数(人)	2.1
				小学儿童净入学率(%)	1.2
				初中三年巩固率(%)	1.2
		社会保障	4.2	城镇基本医疗保险覆盖率(%)	4.2
资源环境	14.7	城市绿化	4.6	人均公园绿地面积(平方米)	2.3
				建成区绿地率(%)	2.3
		环境保护	5.3	污水处理厂集中处理率(%)	1.0
				生活垃圾处理率(%)	1.0

续表

一级指标	分值	二级指标	分值	三级指标	分值
资源环境	14.7	环境保护	5.3	空气污染综合指数(%)	1.1
				单位 GDP 能耗(吨标煤/万元)	2.2
		土地集约	4.8	亿元 GDP 建设用地规模(公顷/亿元)	4.8
协调发展	13.7	居民收入	4.0	城镇居民可支配收入增速与人均 GDP 增速之比	1.4
				农村居民人均纯收入增速与人均 GDP 增速之比	1.4
				城乡居民收入比	1.2
		居民消费	5.5	城乡居民人均消费性支出(元)	4.2
				城乡恩格尔系数	1.3
		社会管理	4.2	公众安全感指数	4.2

2. 全国城镇化水平测量与分析

从全国比较看，2014 年四川综合城镇化指标位列第十一位，从分项指标看，有的指标排名比较靠后。分析结果如下（见表 2）。

人口规模城镇化率方面，四川省排在第 24 位，城镇化率低于东部地区与中部地区。

产业支撑方面，四川省处于全国中游水平，但人均 GDP 与非农产业增加值明显低于东部整体水平，与中部地区各省保持相当水平。2014 年 R&D 支出占 GDP 的比重为 1.52%，高于中部地区。R&D 支出占 GDP 的比重基本处于较高水平主要得益于近几年四川加快推进新型工业化，加快推进产业结构调整升级，新型工业化进程的加快推进成为四川省新型城镇化发展的重要保证。从上述分析中也可以看出，四川省总体经济发展水平不高、产业支撑不强是制约新型城镇化进程的重要瓶颈。

表 2　2014 年全国 31 个省（自治区、直辖市）城镇化水平得分及排名

区域	人口规模		产业支撑		基础设施		公共服务		资源环境		协调发展		综合城镇化	
	得分	排名	得分	排名	得分	排名	得分	排名	得分	排名	得分	排名	得分	排名
北　京	11.8	2	16.03	1	14.3	1	13.25	1	12	25	13.44	2	80.82	1
天　津	10.89	3	12.25	6	13.31	2	11.55	3	11.54	28	13.20	3	72.74	3
河　北	7.28	23	7.06	14	8.84	15	6.31	10	11.8	27	11.83	16	53.12	13
山　西	7.97	14	5.38	21	6.94	25	4.54	16	12.33	17	12.07	13	49.23	20
内蒙古	8.87	9	7.5	11	6	30	2.54	26	13.6	2	12.11	12	50.62	18
辽　宁	9.54	6	9.41	8	7.84	20	3.69	19	12.55	15	12.59	7	55.62	10
吉　林	8.15	13	5.85	19	7.15	24	2.07	27	12.13	21	12.29	9	47.64	21
黑龙江	8.46	11	5.48	20	8.85	14	3.15	24	11.64	27	12.19	10	49.77	19
上　海	12	1	13.23	4	9.48	10	12.32	2	12.28	19	13.65	1	72.96	2
江　苏	9.14	8	15.25	2	9.92	8	7.46	7	12.71	13	12.62	6	67.1	5
浙　江	9.15	7	11.92	7	10.26	4	6.9	8	12.89	12	12.68	5	63.8	7
安　徽	7.43	22	6.5	17	7.7	21	5.62	11	12.90	11	11.31	26	51.46	16
福　建	9.69	5	8.27	9	8.86	13	3.92	17	13.59	3	12.17	11	56.5	8
江　西	7.55	19	4.94	22	6.41	28	3.77	18	12.91	10	11.46	25	47.04	22
山　东	7.92	15	12.85	5	9.49	9	9.13	5	13.36	6	12.49	8	65.24	6
河　南	6.82	27	7.29	13	6.35	29	8.31	8	11.97	26	11.87	15	52.61	15

续表

区域	人口规模		产业支撑		基础设施		公共服务		资源环境		协调发展		综合城镇化	
	得分	排名	得分	排名	得分	排名	得分	排名	得分	排名	得分	排名	得分	排名
湖北	8.19	12	7.87	10	8.10	18	5.33	12	12.01	24	11.82	17	53.32	12
湖南	7.44	21	6.86	16	7.57	22	5.15	14	12.37	16	11.78	19	51.17	17
广东	9.7	4	14.47	3	9.17	12	11.08	4	13.71	1	12.73	4	70.86	4
广西	7.09	25	4.56	23	6.6	27	3.55	21	12.92	9	11.7	20	46.42	24
海南	7.9	17	3.33	28	8.04	19	0.84	28	13.42	5	11.51	24	45.04	27
重庆	8.63	10	6.11	18	8.11	17	4.85	15	13.58	4	11.81	18	53.09	14
四川	7.26	24	6.96	15	10.22	5	6.85	9	12.02	23	11.9	14	55.21	11
贵州	6.29	30	3.18	30	6.73	26	3.54	22	12.64	14	10.41	29	42.79	29
云南	6.46	29	3.8	25	8.13	16	3.61	20	13	7	10.71	28	45.71	25
西藏	4.58	31	2.25	31	5.39	31	0.31	31	12.31	18	9.51	31	34.35	31
陕西	7.82	18	7.33	12	11.4	3	5.31	13	12.15	20	11.66	22	55.67	9
甘肃	6.55	28	3.63	26	7.26	23	3.23	23	10.33	31	10.4	30	41.4	30
青海	7.51	20	3.44	27	10.14	6	0.61	30	11.06	30	10.86	27	43.62	28
宁夏	7.91	16	3.3	29	9.24	11	0.77	29	12.93	8	11.55	23	45.7	26
新疆	7.05	26	4.12	24	10.06	7	2.69	25	11.15	29	11.67	21	46.74	23

注：本表根据《中国统计年鉴（2015年）》数据计算。

基础设施建设方面，四川省基础设施指标位列全国第5位，高于中部地区和西部地区。“十二五”期间，四川省基础设施建设的调整被提到了战略高度，西部综合交通枢纽建设、水利设施建设、能源保障能力建设以及信息基础设施建设四个方面成效显著。因此，基础设施建设成为推进四川省新型城镇化发展的重要支撑。

公共服务方面，四川省排名第9，高于中部地区。2014年四川省加快建立覆盖城乡、可持续的基本公共服务体系，促进城乡、区域基本公共服务均等化发展。在公共服务均等化方面，教育、医疗、社会保险等方面的条件都有所改善。

资源环境方面，四川省仅排名第23。城市绿化率与其他省（区、市）比较，高于天津市、吉林省、贵州省，空气污染综合指数仅低于北京、河北、陕西、山西等省（区、市），高于其他省（区、市），这也说明了四川省在城镇化发展过程中，环境保护的压力仍旧比较大。

城乡协调发展方面，四川省排名14，处于中游水平。四川人民生活水平及富裕程度达到全国的平均水平，但与发达地区还有很大的差距。

3. 西部地区间比较

就西部12个省（区、市）而言，四川省综合城镇化排名第2，与陕西省综合城镇化得分差距不大。其中，公共服务指标在西部12个省（区、市）中排名第9，基础设施和协调发展指标得分分别排名第5和第14，产业支撑指标排名靠前，人口规模和资源环境发展较为滞后。值得引起高度重视的是，四川在西部地区城镇化发展的薄弱环节较为突出。人口规模和资源环境指标排名靠后，落后于陕西、重庆、内蒙古；产业支撑与工业化发展与西部的水平不相适应，仅处于中游水平，落后于内蒙古、陕西（见表3）。

表 3　2014 年西部地区城镇化水平比较

区域	人口规模		产业支撑		基础设施		公共服务		资源环境		协调发展		综合城镇化	
	得分	排名	得分	排名	得分	排名	得分	排名	得分	排名	得分	排名	得分	排名
陕西	7.82	18	7.33	12	11.4	3	5.31	13	12.15	20	11.66	22	55.67	1
四川	7.26	24	6.96	15	10.22	5	6.85	9	12.02	23	11.9	14	55.21	2
重庆	8.63	10	6.11	18	8.11	17	4.85	15	13.58	4	11.81	18	53.09	3
内蒙古	8.87	9	7.5	11	6	30	2.54	26	13.6	2	12.11	12	50.62	4
新疆	7.05	26	4.12	24	10.06	7	2.69	25	11.15	29	11.67	21	46.74	5
广西	7.09	25	4.56	23	6.6	27	3.55	21	12.92	9	11.7	20	46.42	6
云南	6.46	29	3.8	25	8.13	16	3.61	20	13	7	10.71	28	45.71	7
宁夏	7.91	16	3.3	29	9.24	11	0.77	29	12.93	8	11.55	23	45.7	8
青海	7.51	20	3.44	27	10.14	6	0.61	30	11.06	30	10.86	27	43.62	9
贵州	6.29	30	3.18	30	6.73	26	3.54	22	12.64	14	10.41	29	42.79	10
甘肃	6.55	28	3.63	26	7.26	23	3.23	23	10.33	31	10.4	30	41.4	11
西藏	4.58	31	2.25	31	5.39	31	0.31	31	12.31	18	9.51	31	34.35	12

注：本表根据表 2 整理得出。

（三）2014年四川城镇化发展测度

1. 四川城镇化水平测量

2014 年四川省新型城镇化综合得分 95.31 分，比 2013 年增加 6.3 分，增长了 6.6 个百分点。6 个一级指标除了协调发展较 2013 年略微下降，其他得分较之 2013 年均有不同程度增长。其中，“产业支撑”的得分增长最多，增加了 3.39 分；其次是“公共服务”，增加了 1.53 分；再次是“基础设施”，增加了 1.05 分（见表 4）。这表明，“产业支撑”“公共服务”“基础设施”三方面成为助推四川省 2014 年新型城镇化快速发展的最主要动力。

表 4　四川省近十年综合城镇化水平计算结果

年份	人口规模	产业支撑	基础设施	公共服务	资源环境	协调发展	综合城镇化评分
2005	13.07	8.59	10.39	9.39	7.83	10.25	59.52
2006	14.04	9.82	10.41	9.75	8.61	10.29	62.92
2007	14.62	10.06	11.41	10.1	9.35	9.26	64.8
2008	15.08	10.77	12.21	10.11	9.57	9.47	67.21
2009	15.63	11.91	13.03	11.26	11.47	11.55	74.85
2010	15.19	13.92	13.18	11.78	11.92	11.14	77.13
2011	15.33	14.95	14.31	12.6	12.94	11.37	81.5
2012	15.07	16.03	14.97	13.39	13.66	11.89	85.01
2013	15.08	17.56	16.02	13.87	14.25	12.23	89.01
2014	15.19	20.95	17.07	15.4	14.49	12.21	95.31

注：本表根据《四川省统计年鉴（2015 年）》数据计算。

2. 2014年四川省21个市（州）城镇化水平测量

总体上说，2014 年四川省 21 个市（州）城镇化发展都取得了很大的进步，尤其在人口规模、基础设施和公共服务方面成效显著。成都市综合城镇化排名第一，依旧处于城镇化的先进水平，高于第二名攀枝花市 27.14 分。其他市（州）的城镇化发展速度不尽相同。

2014 年四川省 21 个市（州）综合城镇化排名：前五名是成都市、攀枝花市、绵阳市、德阳市、自贡市；后五名的是广元市、凉山彝族自治州、阿坝藏族羌族自治州、巴中市、甘孜藏族自治州。乐山市、泸州市、宜宾市的综合城镇化水平较 2013 年都有大幅度提升，分别列第 6、7、8 名。

◆人口规模得分排名：前五名的是成都市、攀枝花市、雅安市、德阳市、遂宁市；后五名的是广元市、广安市、阿坝州、巴中市、甘孜州。

◆产业支撑得分排名：前五名的是成都市、绵阳市、攀枝花市、德阳市、乐山市；后五名的是资阳市、广安市、凉山州、巴中市、甘孜州。

◆基础设施得分排名：前五名的是成都市、攀枝花市、绵阳市、泸州市、眉山市；后五名的是阿坝州、凉山州、达州市、广元市、内江市。

◆公共服务得分排名：前五名的是成都市、南充市、绵阳市、攀枝花市、德阳市；后五名的是雅安市、眉山市、巴中市、甘孜州、阿坝州。

◆资源环境得分排名：前五名的是成都市、凉山州、自贡市、德阳市、宜宾市；后五名的是乐山市、眉山市、遂宁市、内江市、达州市。

◆协调发展得分排名：前五名的是成都市、攀枝花市、德阳市、眉山市、绵阳市；后五名的是凉山州、阿坝州、巴中市、甘孜州、雅安市（见表 5）。

表 5　2014 年四川省 21 个市（州）城镇化水平综合测度

区域	人口规模		产业支撑		基础设施		公共服务		资源环境		协调发展		综合城镇化	
	得分	排名	得分	排名	得分	排名	得分	排名	得分	排名	得分	排名	得分	排名
成都市	15.01	1	18.56	1	17.03	1	15.25	1	12.89	1	12.84	1	91.58	1
自贡市	9.53	6	9.27	6	6.72	7	7.41	11	9.61	3	11.22	6	53.76	5
攀枝花市	10.73	2	13.63	3	9.98	2	8.56	4	9.31	6	12.23	2	64.44	2
泸州市	8.7	10	7.75	9	7.37	4	8.27	7	8.75	14	11.2	7	52.04	7
德阳市	9.72	4	11.23	4	6.67	9	8.41	5	9.53	4	12.08	3	57.64	4
绵阳市	7.84	13	14.3	2	7.52	3	9.33	3	8.55	15	11.35	5	58.89	3
广元市	7.07	17	7.23	12	5.44	20	7.22	13	8.44	16	10.7	11	46.1	17
遂宁市	9.64	5	7.54	10	6.40	12	7.46	10	8.33	19	10.94	10	50.31	9
内江市	8.88	9	6.93	14	5.41	21	7.14	15	8.17	20	10.55	13	47.08	14
乐山市	7.76	14	10.02	5	6.86	6	8.05	9	8.43	17	10.99	9	52.11	6
南充市	7.90	12	7.02	13	6.14	15	9.9	2	8.89	10	10.4	16	50.25	11
眉山市	8.08	11	7.37	11	6.87	5	6.44	18	8.39	18	11.57	4	48.72	13
宜宾市	7.62	15	8.82	8	5.89	16	8.35	6	9.44	5	10.49	14	50.61	8
广安市	6.96	18	6.15	18	6.68	8	7.12	16	9.12	7	10.56	12	46.59	15
达州市	9.21	7	6.35	16	5.45	19	7.17	14	7.87	21	10.45	14	46.5	16
雅安市	9.96	3	8.92	7	6.57	11	6.53	17	8.83	11	9.47	21	50.28	10
巴中市	6.19	20	5.20	20	6.36	13	6.15	19	8.92	9	10	19	42.82	20
资阳市	8.89	8	6.28	17	6.3	14	8.10	8	9.03	8	11.12	8	49.72	12
阿坝州	6.92	19	6.73	15	5.88	17	5.79	21	8.8	13	10.02	18	44.14	19
甘孜州	4.11	21	4.61	21	6.6	10	6.08	20	8.81	12	9.75	20	39.96	21
凉山州	7.51	16	5.49	19	5.86	18	7.37	12	9.62	2	10.18	17	46.03	18

注：本表根据《四川省统计年鉴（2015 年）》数据计算。

3. 2014年四川省百强县城镇化水平测量

◆综合城镇化排名：前二十名的区市县是双流县①、涪城区、龙泉驿区、新都区、雁江区、温江区、简阳市、郫县、西昌市、翠屏区、江阳区、顺庆区、船山区、旌阳区、安岳县、南部县、新津县、仁寿县、青白江区、宣汉县；后二十名的区市县是大英县、前锋区、沿滩区、蒲江县、五通桥区、罗江县、长宁县、贡井区、犍为县、洪雅县、金口河区、汶川县、会东县、石棉县、筠连县、丹棱县、盐边县、梓潼县、青神县、井研县。

◆人口规模排名：前二十名的区市县是顺庆区、船山区、利州区、龙马潭区、涪城区、江阳区、翠屏区、温江区、乐山市中区、纳溪区、双流县、旌阳区、通川区、郫县、龙泉驿区、新都区、雨城区、西昌市、内江市市中区、都江堰市；后二十名的区市县是大英县、筠连县、会东县、资中市、犍为县、合江县、井研县、梓潼县、乐至县、邻水县、三台县、岳池县、渠县、仁寿县、宜宾县、蓬溪县、安岳县、前锋区、盐边县、古蔺县。

◆产业支撑排名：前二十名的区市县是龙泉驿区、双流县、涪城区、新都区、温江区、郫县、青白江区、旌阳区、翠屏区、新津县、江阳区、西昌市、雁江区、简阳市、广汉市、顺庆区、什邡市、都江堰市、东坡区、江油市；后二十名的区市县是江安县、犍为县、洪雅县、梓潼县、五通桥区、筠连县、长宁县、金口河区、珙县、大英县、青神县、合江县、高坪区、会东县、康定县、丹棱县、蓬溪县、蓬安县、古蔺县、井研县。

◆基础设施排名：前二十名的区市县是双流县、龙泉驿区、新都区、涪城区、船山区、温江区、郫县、东坡区、青白江区、金堂县、西昌市、雁江区、江阳区、新津县、简阳市、旌阳区、仁寿县、南部

① 国务院于2015年12月3日做出批复，同意撤销双流县，设立成都市双流区。

县、顺庆区、达川区；后二十名的区市县是盐边县、五通桥区、荣县、三台县、会东县、罗江县、会理县、犍为县、筠连县、雨城区、梓潼县、石棉县、青神县、丹棱县、荥经县、贡井区、宝兴县、汶川县、井研县、金口河区。

◆公共服务排名：前二十名的区市县是双流县、龙泉驿区、雁江区、西昌市、仁寿县、郫县、新都区、宣汉县、安岳县、南部县、简阳市、渠县、达川区、涪城区、三台县、雨城区、都江堰市、中江县、大竹县、彭州市；后二十名的区市县是筠连县、夹江县、蒲江县、盐边县、井研县、汶川县、梓潼县、仁和区、石棉县、前锋区、沿滩区、大安区、青神县、丹棱县、罗江县、五通桥区、沙湾区、贡井区、金口河区、金堂县。

◆资源环境排名：前二十名的区市县是安岳县、南部县、宣汉县、达川区、宜宾县、渠县、雁江区、安县、大竹县、中江县、简阳市、阆中市、资中市、罗江县、荥经县、宝兴县、蓬安县、仁寿县、隆昌县、夹江县；后二十名的区市县是梓潼县、蒲江县、什邡市、洪雅县、东兴区、郫县、广汉市、雨城区、高坪区、龙泉驿区、犍为县、筠连县、纳溪区、船山区、长宁县、涪城区、新都区、井研县、内江市市中区、会东县。

◆协调发展排名：前二十名的区市县是涪城区、简阳市、双流县、翠屏区、渠县、安岳县、阆中市、三台县、资中市、仁寿县、南部县、邻水县、雁江区、广安区、宣汉县、射洪县、西昌市、宜宾县、达川区、泸县；后二十名的区市县是丹棱县、会东县、蒲江县、洪雅县、雨城区、米易县、梓潼县、前锋区、沙湾区、彭山区①、五通桥区、井研县、罗江县、盐边县、大安区、康定县、青神县、汶川县、贡井区、石棉县（见表6）。

① 2014年10月20日，国务院关于同意四川省调整眉山市部分行政区划的批复（国函〔2014〕140号）撤销彭山县，设立眉山市彭山区，以原彭山县的行政区域为彭山区的行政区域，彭山区人民政府驻凤鸣镇西街98号。

表 6　2014 年四川省百强县城镇化水平综合测度

区市县名称	隶属地区	人口规模	产业支撑	基础设施	公共服务	资源环境	协调发展	综合城镇化
双流县	成都市	14.57	16.56	12.35	13.28	7.15	12.10	76.01
涪城区	绵阳市	16.46	15.54	11.66	6.72	3.71	13.33	67.42
龙泉驿区	成都市	13.76	17.23	11.97	12.77	4.04	6.89	66.66
新都区	成都市	13.66	13.50	11.96	8.07	3.70	7.56	58.45
雁江区	资阳市	10.45	10.59	8.31	10.50	9.66	8.40	57.91
温江区	成都市	15.06	13.52	9.60	5.77	6.93	5.54	56.42
简阳市	资阳市	8.84	10.26	7.95	7.22	8.63	13.27	56.16
郫县	成都市	14.14	13.13	9.49	8.30	4.41	6.58	56.04
西昌市	凉山州	12.26	11.22	8.37	8.53	6.68	8.12	55.18
翠屏区	宜宾市	15.80	11.45	6.26	5.28	5.00	11.00	54.78
江阳区	泸州市	15.96	11.81	8.30	4.96	6.19	5.96	53.18
顺庆区	南充市	17.43	10.00	6.56	4.33	7.19	7.44	52.96
船山区	遂宁市	17.32	7.81	11.22	4.55	3.82	7.56	52.29
旌阳区	德阳市	14.40	11.78	7.80	4.89	6.47	5.56	50.90
安岳县	资阳市	6.78	6.47	5.49	7.39	11.25	10.87	48.25
南部县	南充市	8.40	5.51	6.59	7.22	11.21	8.84	47.78
新津县	成都市	11.54	13.52	8.10	4.53	6.81	2.96	47.47
仁寿县	眉山市	7.09	7.59	7.28	8.40	7.38	9.46	47.21
青白江区	成都市	11.07	11.81	8.52	4.68	6.84	3.81	46.73
宣汉县	达州市	7.84	5.34	6.02	7.82	11.00	8.29	46.31
东坡区	眉山市	11.29	9.64	8.85	5.43	4.75	5.92	45.88
渠县	达州市	7.18	4.75	6.10	6.82	9.85	10.98	45.68
达川区	达州市	8.65	4.56	6.44	6.79	10.56	7.93	44.93
利州区	广元市	17.12	7.04	6.13	3.02	5.22	5.60	44.13
阆中市	南充市	8.34	5.05	5.12	5.80	8.61	10.40	43.33
乐山市市中区	乐山市	14.89	8.05	6.17	2.87	6.22	5.02	43.22
大竹县	达州市	8.19	6.14	6.23	6.27	9.25	6.84	42.91

续表

区市县名称	隶属地区	人口规模	产业支撑	基础设施	公共服务	资源环境	协调发展	综合城镇化
都江堰市	成都市	11.96	9.66	3.64	6.47	5.69	5.34	42.76
江油市	绵阳市	11.51	9.58	4.43	5.04	6.51	5.56	42.63
射洪县	遂宁市	10.28	7.41	4.92	4.64	6.97	8.18	42.40
宜宾县	宜宾市	6.92	4.87	5.94	5.56	10.32	8.10	41.71
彭州市	成都市	8.77	7.45	5.39	6.13	6.84	5.94	40.53
龙马潭区	泸州市	16.70	8.17	4.91	3.19	4.71	2.69	40.37
资中市	内江市	7.62	5.07	3.90	6.07	7.94	9.72	40.32
中江县	德阳市	7.80	5.69	3.38	6.44	8.68	7.79	39.77
邛崃市	成都市	9.27	6.36	6.22	6.07	7.15	4.52	39.59
泸县	泸州市	7.76	5.59	6.01	5.80	6.36	7.81	39.34
威远县	内江市	9.80	7.96	4.42	4.39	6.38	5.76	38.72
广汉市	德阳市	10.74	10.18	4.60	4.60	4.20	4.32	38.63
通川区	达州市	14.25	7.13	4.14	3.27	5.88	3.34	38.00
崇州市	成都市	8.79	7.33	5.72	5.66	5.88	4.59	37.97
广安区	广安市	9.46	4.13	6.13	3.93	5.64	8.32	37.61
峨眉山市	乐山市	11.54	7.96	3.52	3.84	6.51	3.87	37.24
金堂县	成都市	8.07	6.81	8.50	0.67	7.11	5.93	37.09
隆昌县	内江市	10.97	5.60	3.79	4.20	7.30	4.81	36.67
三台县	绵阳市	7.30	4.19	2.44	6.58	5.69	9.79	36.00
乐至县	资阳市	7.34	6.48	5.06	4.43	6.73	5.80	35.82
邻水县	广安市	7.32	4.24	4.79	5.48	5.34	8.53	35.70
什邡市	德阳市	10.35	9.92	4.01	3.42	4.55	3.28	35.53
大邑县	成都市	9.33	6.55	5.92	3.95	5.56	4.11	35.42
游仙区	绵阳市	10.67	5.56	4.37	3.35	7.02	3.98	34.96
雨城区	雅安市	12.82	6.83	1.97	6.55	4.14	2.25	34.56
绵竹市	德阳市	10.04	7.65	4.30	3.93	5.84	2.80	34.56
内江市市中区	内江市	11.98	7.02	3.99	2.90	3.42	5.02	34.33

续表

区市县名称	隶属地区	人口规模	产业支撑	基础设施	公共服务	资源环境	协调发展	综合城镇化
纳溪区	泸州市	14.58	4.73	4.06	3.44	3.92	3.06	33.78
仁和区	攀枝花市	10.23	7.45	4.67	2.31	6.25	2.85	33.75
富顺县	自贡市	7.92	5.19	3.41	4.90	5.25	6.69	33.36
彭山区	眉山市	10.80	6.46	5.19	3.74	5.17	1.94	33.30
东兴区	内江市	10.28	4.54	4.50	4.20	4.45	5.29	33.27
岳池县	广安市	7.21	4.19	3.97	5.51	5.01	7.15	33.04
合江县	泸州市	7.52	4.05	5.17	5.06	6.53	4.22	32.55
高坪区	南充市	9.82	4.04	4.31	3.77	4.10	6.35	32.39
古蔺县	泸州市	5.56	3.98	4.07	5.93	6.11	6.19	31.84
安县	绵阳市	9.46	4.25	2.75	2.89	9.33	3.02	31.70
武胜县	广安市	7.31	5.04	3.72	4.34	5.13	5.97	31.50
华蓥市	广安市	9.96	5.27	3.81	2.95	6.48	3.00	31.48
蓬安县	南充市	7.82	4.00	2.77	4.36	7.66	4.72	31.34
沙湾区	乐山市	10.62	7.04	4.10	1.67	5.80	2.04	31.27
南溪区	宜宾市	10.80	4.38	3.07	3.27	5.67	3.81	31.00
会理县	凉山州	8.66	5.87	2.28	4.11	6.05	3.81	30.78
米易县	攀枝花市	8.35	6.83	3.30	2.95	6.39	2.24	30.06
珙县	宜宾市	10.26	4.06	2.85	2.81	6.92	2.87	29.77
康定县	甘孜州	10.96	4.02	3.39	2.96	6.30	1.57	29.21
大安区	自贡市	10.65	5.70	2.74	2.06	6.38	1.67	29.19
夹江县	乐山市	8.15	5.55	2.71	2.76	7.29	2.62	29.08
宝兴县	雅安市	8.66	4.20	1.48	4.19	7.67	2.86	29.06
荥经县	雅安市	8.53	4.31	1.57	3.50	7.86	2.98	28.74
蓬溪县	遂宁市	6.88	4.00	3.42	3.70	5.71	4.97	28.68
江安县	宜宾市	9.03	4.11	3.43	3.38	4.77	3.91	28.62
荣县	自贡市	7.79	4.88	2.55	3.87	5.71	3.71	28.51

续表

区市县名称	隶属地区	人口规模	产业支撑	基础设施	公共服务	资源环境	协调发展	综合城镇化
大英县	遂宁市	7.74	4.06	4.41	2.93	5.23	3.68	28.06
前锋区	广安市	6.30	5.83	4.72	2.12	6.24	2.13	27.34
沿滩区	自贡市	8.25	4.58	2.83	2.08	5.77	3.70	27.21
蒲江县	成都市	8.36	5.67	3.40	2.66	4.64	2.41	27.13
五通桥区	乐山市	11.27	4.09	2.59	1.76	5.48	1.78	26.97
罗江县	德阳市	8.93	4.13	2.34	1.76	7.91	1.68	26.76
长宁县	宜宾市	8.78	4.07	2.99	2.94	3.72	3.50	26.00
贡井区	自贡市	10.61	5.29	1.54	1.66	5.45	1.40	25.95
犍为县	乐山市	7.55	4.11	2.09	3.35	4.00	4.29	25.38
洪雅县	眉山市	8.33	4.10	2.73	3.05	4.52	2.33	25.06
金口河区	乐山市	10.05	4.06	0.75	0.95	4.85	4.08	24.75
汶川县	阿坝州	9.59	4.40	1.25	2.41	5.01	1.45	24.11
会东县	凉山州	7.65	4.04	2.34	3.56	3.37	2.58	23.54
石棉县	雅安市	8.83	5.16	1.63	2.17	4.98	0.72	23.48
筠连县	宜宾市	7.68	4.07	2.01	2.80	3.99	2.77	23.32
丹棱县	眉山市	8.00	4.01	1.60	1.81	5.27	2.61	23.30
盐边县	攀枝花市	5.85	5.02	2.66	2.58	4.95	1.67	22.73
梓潼县	绵阳市	7.44	4.10	1.90	2.38	4.67	2.21	22.70
青神县	眉山市	7.91	4.06	1.60	1.90	5.45	1.55	22.46
井研县	乐山市	7.46	3.96	0.97	2.45	3.49	1.74	20.06

注：本表根据《四川省统计年鉴（2015年）》数据计算。

（四）主要发现和基本判断

1. 产业支撑对城镇化发展影响显著

从对四川各市（州）分析来看，大部分地区的城镇化率排名和产业支撑排名是基本一致的，产业支撑得分较高的地区城镇化率较高，产业支撑得分较低的地区城镇化率也较低。四川产业支撑排名前五的城市除绵阳、乐山外，成都、攀枝花、德阳的城镇化率排名与产业支撑基本一致，也排在前五名。因此，各地区在推进城镇化发展过程中要夯实产业基础，促进工业化发展，并大力发展第三产业，创造出足够的、稳定的就业岗位，保证农业转移人口在城镇拥有稳定的就业和收入来源。

2. 城镇化发展速度过快会导致环境质量的降低

从整体上来看，地区城镇化率和地区环境质量之间基本呈现一种负相关的关系，城镇化率较高的地区环境质量较差，而城镇化率较低的地方环境质量较好。如成都市资源环境指标排名第一，主要是污水处理和生活垃圾处理有优势，其空气污染综合指数排名靠后。甘孜州、阿坝州、凉山州资源环境排名都高于城镇化率排名，凉山州的资源环境指标排名四川省第二。因此，对于成都这种城镇化率高的城市，城镇化发展的重点是进行环境治理与监控，努力控制并逐渐提升环境质量。而资源环境好的地区在发展中要继续保护好环境，利用环境资源优势谋发展，促进绿色经济发展，以带动城镇化发展。

3. 城镇化率高并不必然代表城镇居民生活质量好

公共服务代表了城镇居民生活质量，从前面的表格中可以看出，各地区的城镇化率和城镇居民生活质量之间的排名并不一致，部分地区的二者排名反差还比较大。自贡市综合城镇化得分排名第五，公共服务指标排名第十一；雅安市综合城镇化得分排名第十，公共服务指标排名第十七。相反的，南充市综合城镇化得分排名第十一，公共服务指标排名第二。城镇化过程中，要保证进城人口能够在城镇安居乐业，增加城镇基本公共服务供给，完善城镇社会保障，提高城镇居民的生活质量。

4. 城镇化率与城乡协调发展显著相关

地区城镇化率排名和地区城乡统筹发展排名保持着比较高的一致性。从四川各市（州）情况来看，综合城镇化排名前五的城市除了自贡市外，成都市、攀枝花市、德阳市、绵阳市城乡协调发展指标得分也在前五位，二者之间具有一致性。在综合城镇化排名后五的城市中除了广元市外，其他四个市（州）城乡协调发展指标也排在后五位，二者也具有较高的一致性。城乡协调发展需要加强城镇的辐射能力和带动效应，加强城乡之间的资源、信息、人才和技术流动，通过城镇的发展带动周边农村地区的发展，提高农村地区的现代化水平，使农村地区也快速富裕起来，实现城乡协调发展。

二 "新常态"背景下四川城镇化发展态势

（一）"新常态"背景下四川城镇化发展新变化

随着我国经济步入新常态，四川省也进入转型升级的关键攻坚期。在这个阶段，四川省城镇化发展也呈现一些新的变化和特征。

1. 城镇化水平稳步提升，但"两个滞后于"问题依旧凸显

从总量来看，2010 年以来，四川省农村人口向城镇转移呈稳步增长态势，2014 年全省城镇人口比 2010 年增加 537.9 万人，增幅达 16.7%。从发展速度来看，四川省城镇化率由 2010 年 40.2% 提升至 2014 年 46.3%（见图 1），年均提高 1.53 个百分点，而同期全国城镇化率年均提高 1.19 个百分点，四川省城镇化发展速度快于全国平均水平。从年度数据来看，2010 ~ 2012 年，全省城镇化率分别比上年提高 1.5 个、1.6 个、1.7 个百分点，而 2013 年和 2014 年，分别比上年提高 1.4 个百分点，预计 2015 年提高 1.2 个百分点，城镇化速度有所放缓。

尽管四川省城镇化率年均增速快于全国平均水平，但整体来看城镇化进程依然滞后，呈现"两个滞后于"特征：四川省城镇化水平滞后于全国平均水平；四川省城镇化发展水平滞后于工业化发展阶段。2014 年，四川省城镇化率达到 46.3%，而同期全国平均城镇化率为 54.7%，四川城镇化发展水平依然滞后于全国平均水平。工业化和城镇化均是衡量经济发展水平的重要指标，工业化与城镇化之间是相互促进、互为补充的关系，工业化进程带动城镇化的发展，反过

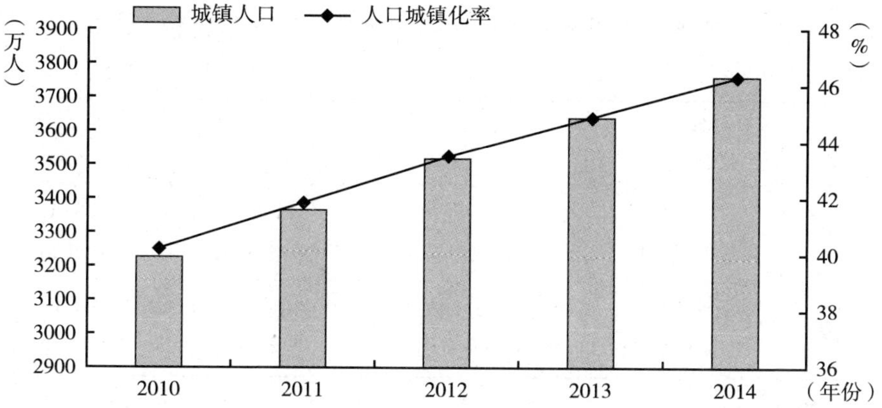

图1　2010～2014年四川省城镇人口与人口城镇化率

来城镇的集聚进一步促进工业化的推进。从衡量经济发展水平的多项指标来看（见表7），无论是人均GDP指标、产业结构指标，还是工业化率指标，均显示四川已经进入工业化中期阶段；而从城镇化水平来看，四川依然处于工业化初期阶段，整体上看，四川省城镇化发展水平依然滞后于工业化发展水平（见表8）。

表7　经济发展水平衡量指标

单位：美元，%

基本指标	前工业化阶段(1)	工业化实现阶段			后工业化阶段(5)
		工业化初期(2)	工业化中期(3)	工业化后期(4)	
人均GDP（2005年）	745～1490	1490～2980	2980～5960	5960～11170	11170以上
产业结构*	A>I	A>20且A<I	A<20，I>S	A<10，I>S	A<10，I<S
工业化率	—	20～40	40～60	60以上	
人口城镇化率	30以下	30～50	50～60	60～75	75以上

注：*A——Agriculture，I——Industry，S——Service。

表8　四川经济发展水平与全国平均水平比较

单位：美元，%

指标	人均 GDP（2005 年）	产业结构	工业化率	人口城镇化率
四川	5423 工业化中期	12. 4∶50. 9∶36. 7 工业化中期	43. 5 工业化中期	46. 3 工业化初期
全国	7214 工业化后期	9. 2∶42. 7∶48. 1 后工业化阶段	42. 7 工业化中期	54. 8 工业化中期

2. 以人为核心的城镇化持续推进，但城镇综合承载能力仍需加强

四川省在推进新型城镇化过程中高度重视人的保障。近年来，实施了“农民工住房保障行动”，定向供应农民工公共租赁住房，2013 年，全省 10 万农民工享受到了住房保障，2014 年将竣工公共租赁住房的 30% 定向提供给农民工，同时把农民工随迁子女义务教育逐步纳入本地的教育发展规划和财政保障范畴，把进城落户农民纳入社会保障体系。四川省抓住国家支持棚户区改造的机遇，大大推动了棚户区改造的进度。2014 年，全省全面实施“百万安居工程建设行动”，建设城乡住房 104 万套，其中改造危旧房棚户区 40. 6 万户，居全国第二位。

四川省推进了基本公共服务均等化方面的改革，城镇公共服务水平有所提高。2013 年，全省地级以上城市普通高等学校增加至 103 所，比 2010 年增加 11 所；公共图书馆增加至 197 所，比 2010 年增加 36 所；博物馆增加至 188 所，比 2010 年增加 80 所；卫生机构比 2010 年增加 5728 个，其中社区卫生服务中心由 2010 年的 306 个增加至 2013 年的 379 个。

四川省出台了加快户籍制度改革实施方案，全省户籍城镇化水平有所提升，户籍城镇化率由 2010 年的 26. 2% 提高到 2014 年的

29.4%（见图2）。然而与人口城镇化发展水平相比，户籍城镇化水平依然较低，且推进速度较慢，户籍城镇化率与人口城镇化率之间的差距有进一步扩大的趋势。

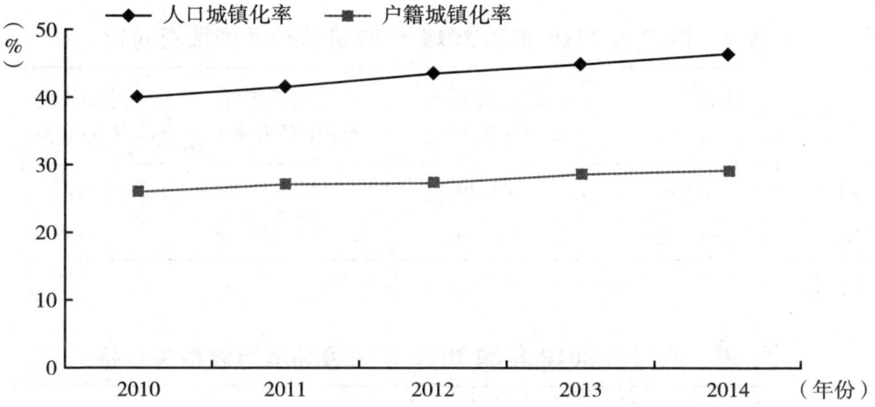

图2　2010~2014年四川省人口城镇化率与户籍城镇化率

四川省深入推进城镇基础设施和生态文明建设，城市综合承载能力和环境质量逐步改善。2014年，全省城镇用水普及率达到91.12%，比2010年提高0.32个百分点；城镇供水综合生产能力达到950.54万立方米/日，比2010年增加137.9万立方米/日；城镇用水人口达到1796.29万人，比2010年提高17.2个百分点；天然气供气管道达到31382.4公里、天然气用气人口达到1595.19万人，分别比2010年增加7362.4公里和310.79万人；城市道路长度达到12488公里，人均城市道路面积达到13.32平方米，分别比2010年增加2296公里和1.18平方米（见表9）。2014年，四川省城镇人均公园绿地面积比2010年增加1.07平方米；建成区绿化覆盖率达到38.21%，比2010年提高0.7个百分点；城镇污水处理率和生活垃圾处理率分别达到比2010年提高了7.04个百分点和4.58个百分点。资源节约进一步加强，2014年全省单位

GDP 能耗下降至 1.05 吨标准煤/万元，约为 2010 年的 84.5%；城镇人均日生活用水量下降至 192 升，比 2010 年减少 24 升（见表 10）。

表 9　四川省 2010 年和 2014 年城镇基础设施情况对比

年份	用水普及率（%）	燃气普及率（%）	人均城市道路面积（平方米）	道路长度（公里）
2010	90.80	84.39	12.14	10192
2014	91.12	90.89	13.32	12488

表 10　四川省 2010 年和 2014 年城镇环境质量相关指标

年份	人均公园绿地面积（平方米）	建成区绿化覆盖率（%）	污水处理率（%）	生活垃圾处理率（%）	人均日生活用水量（升）
2010	10.19	37.51	78.32	92.66	216
2014	11.26	38.21	85.36	97.24	192

虽然四川省城镇化发展质量有了较大的提升，但依然存在城市规模过度扩张导致的城市基础设施、社会保障、公共住宅、公共服务等资源相对短缺和城市自然环境恶化等问题，由此造成不同城市人群享受公共服务的差距加大、社会发展矛盾与冲突加剧，因此，在城镇化建设中仍要强化城镇综合承载力，有效改善城市“马路拉链”和“空中蜘蛛网”现象，提升城镇化发展质量。

3. 城镇布局不断优化，但城镇集聚水平依旧偏低

四川省以多点多极支撑发展战略为指引，在实施“两化”互动、城乡统筹发展战略的过程中，坚持存量提升与增量拓展并重、规模扩张与质量提升结合、大中城市和小城镇并举的城镇化推进策略，以四大城市群为主体形态，推进大中小城市和小城镇协调发展，进一步优

化与资源环境承载能力相匹配的城镇布局，四大城市群竞相隆起、成百上千个小城镇星罗棋布的新型城镇化版图雏形初现。按照2014年11月21日发布的《关于调整城市规模划分标准的通知》中新的城市规模划分标准，目前，四川省已初步形成了由1个特大城市、3个Ⅱ型大城市、8个中等城市、35个Ⅰ型小城市、106个Ⅱ型小城市和1531个小城镇构成的城镇体系①。但城镇的集聚水平和辐射能力依旧偏低，主要表现在：中型城市和小城市发育仍然不足；城市群发展还处在初级阶段，尚未形成联系紧密、分工明确的一体化发展格局；区域性中心城市发展不充分，对区域的辐射带动作用还不明显；小城市和小城镇功能较弱、规模较小，对人口和产业的集聚能力不足，未能充分发挥联系城市与农村的纽带作用。这些问题都有待于在“十三五”期间进一步优化和解决，为形成“一轴三带、四群一区”的城镇化发展格局奠定基础②。

4. 工业化成为推动城镇化的主要动力，“两化”互动从“低位平衡”向“高位协同”迈进

工业化是城镇化的内在动力，城镇化是工业化的空间载体。近年来，四川省城镇化进程的快速推进，与新型工业化的有力支撑密不可分，离不开优势产业的强劲推动。2013年，四川省全年规模以上工业增加值比上年增长11.1%，增幅比全国平均水平高1.4个百分点。2014年，四川省规模以上工业增加值同比增长9.6%，比全国平均水平高1.3个百分点，这与汽车制造、电子信息、水力发电等重点行业保持持续较快增长密不可分。目前，四川省以城镇为主要

① 引自《四川省新型城镇化规划（2014～2020年）》。

② 《四川省新型城镇化规划（2014～2020年）》中指出，到2020年基本形成“一轴三带、四群一区”的城镇化发展格局。“一轴”是指成渝城镇发展轴，“三带”是指成绵乐、达南内宜、沿长江城镇发展带，“四群”是指成都平原、川南、川东北和攀西城市群，“一区”即川西北生态经济区。

载体形成了电子信息、油气化工、钒钛钢铁及稀土、能源电力、汽车制造、装备制造、食品饮料七大优势产业；为充分发挥城市创新载体作用，全省加快了以七大战略性新兴产业为重点的战略性新兴产业集聚区和示范基地建设；以特大城市、大城市为主要载体，正在形成以电子商务、现代物流、现代金融、科技服务和养老健康五大新兴先导服务业加快发展的新格局。《成渝经济区成都城市群发展规划（2014～2020年）》明确提出，成都城市群将以产业基地和产业园区为依托，重点打造新一代信息技术、装备制造、汽车制造、航空航天、新材料、生物、现代服务业七大产业聚集区，以工业化来推动新型城镇化的发展。《四川省新型城镇化规划（2014～2020年）》也指出要优化城镇产业结构，推动新型城镇化发展。2013年，四川省城镇化率达到44.9%，近10年来首次超越工业化率，终结了城镇化率长期落后于工业化率的历史，2014年，全省城镇化率再次超过了工业化率（见表11），“两化”互动正在从“低位平衡”向“高位协同”迈进。

表11　2010～2014年四川省工业化率和城镇化率

单位：%

	工业化率	城镇化率		工业化率	城镇化率
2010年	43.4	40.2	2013年	44.1	44.9
2011年	45.1	41.8	2014年	43.5	46.3
2012年	45.3	43.5			

5. 城乡发展一体化进展较快，但城乡差距较大的问题没有得到明显改善

长期以来，四川省作为农业大省和人口大省，“二元结构”矛盾比较突出，为解决这一矛盾，四川省以建设成都国家级统筹城乡综合配套改革试验区为契机，坚持城乡统筹一体化发展，取得了较快的进

展。根据中国社会科学院对全国各地区城乡发展一体化指数的测算[①]，2006~2013年，四川城乡发展一体化总水平提高了82.21%，年均增长8.95%，高于同期全国平均水平1.8个百分点。在衡量城乡发展一体化总指数的四个指标中[②]，2013年，四川省社会发展一体化水平比2012年降低了2.89%，经济发展一体化、生活水平一体化和生态环境一体化进展不仅明显快于2012年，也明显快于2013年全国平均进展。在13个二级指标中（不包括水资源利用），经济发展、产业协调、信息化普及率、收入消费水平、生活环境质量和垃圾处理等指标的进展明显高于全国平均进展，但要素流动、教育均衡发展、卫生均衡发展和环境质量等水平下降。2013年，四川省教育均衡发展和卫生均衡发展水平分别比2012年下降了10.74%和4.21%（见表12）。教育均衡发展中，虽然义务教育经费的城乡配置更进一步向农村倾斜，但农村教育人力资源素质相对水平下降。卫生均衡发展方面，不仅农村人力资源素质相对水平下降，而且公共资源配置也相对不利于农村。在社会保障方面，四川省社会保障均衡发展水平低下，城乡差距依然较大，尽管2013年城乡居民最低生活保障、基本医疗保障等方面的差距有所缩小，但是缩小的程度也相对较低；同时，城乡居民基本养老保险差距有所扩大，导致社会保障均衡发展水平虽有提高，但进展减缓。

6. 体制机制改革进一步深化，先行先试迈入深水区

在加快推进城镇化进程中，四川省以新型城镇化的思想为统领，下深水解难题，推改革求突破，不断探索四川特色的城镇化模

① 朱钢、张军、王小映、张海鹏、陈方：《中国城乡发展一体化指数——2006~2013年各地区排序与进展》，社会科学文献出版社，2015，第261~262页。

② 城乡发展一体化总指数是由经济发展一体化、社会发展一体化、生活水平一体化和生态环境一体化四个一体化构成的。具体指标体系构建详见朱钢、张军、王小映、张海鹏、陈方《中国城乡发展一体化指数——2006~2013年各地区排序与进展》，社会科学文献出版社。

式路径，通过创新体制机制，实施“五个统筹”“五项改革”，出台了加快户籍制度改革实施方案，联动地推进住房、教育、医保、社会保障等基本公共服务均等化方面的配套改革，实施了定向供应农民工公共租赁住房的做法，一些地方还在推进城镇化投融资体制改革等方面进行了有益探索，为四川省城镇化健康发展提供了有力的保障。

（二）四川省城镇化发展的有益探索

1. 天府新区

城市新区是新型城镇化的重要载体，天府新区是成渝经济区“双核”发展格局的重要极核，以天府新区发展助推四川省新型城镇化建设具有重大现实意义。从 2010 年提出建设天府新区以来，四川省始终把集约发展、内涵发展、绿色发展的可持续发展理念贯穿规划建设全过程，注重科学统筹和整体谋划，注重当前与长远相统一，注重人与自然相和谐，把建设天府新区作为实施新一轮西部大开发、建设成渝经济区、打造四川新兴增长极的重大战略举措。四年来，天府新区不仅成功获批国家级新区，且在城镇化建设中积累了很多值得借鉴和推广的经验。

以主导产业为支撑，有序推进城镇化建设。天府新区作为培育四川新兴增长极的重要抓手，按照“一城六区”的空间布局（见图3），以科技创新为支撑引领，以产业转型升级为主攻方向，坚持高端定位，严格产业准入，突出五大高端成长型产业、五大新兴先导型服务业，大力推进战略性新兴产业、现代制造业及高端服务业集聚发展，打造以现代制造业为主、高端服务业集聚、宜居宜业的国际现代新城区，着力将天府新区建设成为国家重要的自主创新示范窗口、具有国际竞争力的现代制造业基地和高端服务业中心。四川省将天府新区纳入国民经济和社会发展“十二五”规划，编制实施了天府新区总

表 12　四川城乡发展一体化进展（环比增长）

项目	2007 年	2008 年	2010 年	2011 年	2012 年	2013 年比 2012 年增长		2006～2013 年年均增长	
						四川	全国	四川	全国
总指数	19.52	7.16	3.54	9.78	6.71	7.71	4.85	8.95	7.15
经济发展一体化	19.97	-4.73	3.26	9.45	7.46	11.65	7.71	7.62	7.96
经济发展	19.73	27.63	28.66	26.03	17.74	11.83	8.08	21.49	13.76
产业协调	19.59	-2.56	-1.81	7.92	6.29	19.60	18.24	6.29	8.25
要素流动	20.62	-17.41	-0.85	2.00	1.86	-0.91	-7.23	2.98	2.11
社会发展一体化	33.26	0.95	13.75	19.98	6.74	-2.89	1.02	9.01	5.30
教育均衡发展	27.17	7.39	3.37	17.72	8.89	-10.74	-1.96	8.17	9.56
卫生均衡发展	-1.32	0.86	14.91	4.95	10.55	-4.21	-0.19	6.47	3.05
文化均衡发展	-51.73	9.32	118.86	42.70	-10.11	0.36	-0.93	4.29	-1.75
社会保障均衡发展	226.75	-6.28	-0.53	31.77	10.38	8.60	7.14	18.35	8.82
生活水平一体化	20.33	25.15	-1.80	14.51	13.85	15.75	6.07	16.46	10.90
收入消费水平	13.24	22.57	-18.70	25.32	8.52	21.18	8.97	15.68	8.63
生活环境质量	10.45	17.42	15.94	8.61	8.26	9.27	3.63	13.27	7.00
信息化普及率	41.07	34.93	3.04	10.11	24.73	16.05	5.47	20.47	17.55
生态环境一体化	11.55	10.35	2.33	0.50	0.24	5.05	4.33	4.77	4.59
水资源利用	0.00	0.00	0.00	0.00	0.00	75.00	5.93	8.32	0.83
环境质量	4.22	10.57	0.82	-1.72	1.12	-1.94	1.72	1.82	3.06
垃圾处理	32.91	20.54	5.18	2.17	-0.16	9.49	5.38	10.16	10.24
自然资源保护	0.00	-2.45	0.00	0.66	-0.20	1.39	6.01	1.06	1.79

体规划、专项规划和分区规划，出台了财税、金融、土地、开放、人才等十大支持政策。四年来，天府新区建设不断加大推进力度，电子信息、汽车制造、新能源、新材料等产业集群不断壮大，中央商务、总部经济、现代金融、文化创意等高端服务业集聚发展，成功引进了一批世界500强和国内大企业大集团，呈现快速起步、重点突破的良好态势，已经成为开放开发的热土。

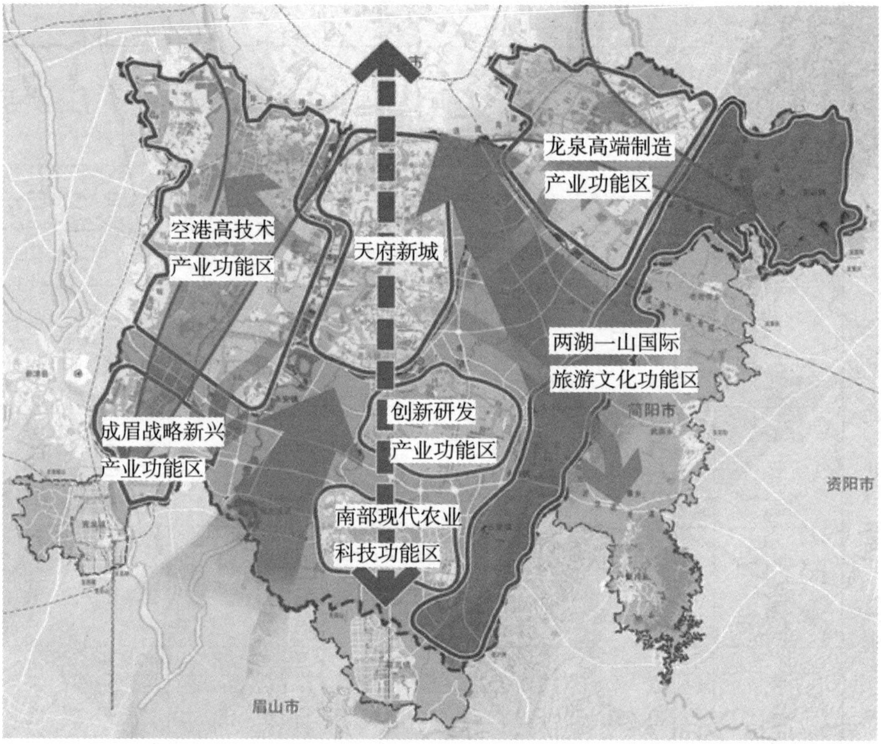

图3　天府新区“一城六区”空间布局

划定生态管控红线，城市建设更加“绿色”。为加强区域生态管控，防止环四川天府新区大规模的无序开发建设，天府新区规划在1578平方公里不变的基础上，新增了1100平方公里的协调管控区，涉及眉山、资阳两市临天府新区的24个乡镇。作为四川天府新区的生态环境服务区，协调管控区严控开发建设总量，严控与天府新区主要生态功能区、生态廊道相连地区的开发建设。协调管控区将与四川天府新区一体化构建“三山三水、四核多廊”的生态安全格局。其中“三山”为龙泉山及其山前区域、彭祖山及其余脉、牧马山—长秋山区域；“三水”为锦江、江安河、鹿溪河、赤水河等构成的岷江支流水系，绛溪河等构成的沱江支流水系，区域重要供水渠道东风渠水系；“四核”为由龙泉湖、张家岩、三岔湖、黑龙滩水库构成的供水安全保障核；“多廊”为由绕城高速、第二绕城高速、成都经济区环线高速、成自泸高速、成渝高速、成雅高速、成渝客专等构成的区域生态廊道。

强化基础设施和公共服务配套建设，提升城市承载能力。天府新区加快实施了“三纵一横两轨”等重大基础设施项目，精心规划建设“一城一区一带”城市主骨架，优化提升城市路网基础设施容量和功能，镇区公共服务配套项目达到27项；科学规划布局创新创业服务、商业综合体、学校、医院、停车场、加油（气）站、充电（桩）站、农贸市场等公共服务设施，提供集创业、生活、运动、休闲、社交功能一体化的“优质公共服务功能圈”，充分发挥高端教育资源、高端医疗资源在聚集产业、优化创新创业环境等方面的支撑保障作用。

2. 百镇建设试点行动

小城镇发展是四川省实施多点多极支撑发展战略、夯实底部基础的重要部分。2007～2011年，全省小城镇聚居人口年均增加约40万人。但受客观条件和各方面因素制约，全省小城镇发展滞后的局面还没有得到根本改变，影响了城镇体系底部基础的夯实。2013年，四川省根据当前的经济发展水平、财力和政策承载能力，突出重点，启动“百镇建设试点行动”，力争通过2～3年努力，使试点示范小城镇的基础设施和生态环境得到明显提升和优化；充分发挥小城镇以工促农、以城带乡的重要节点作用，吸引更多的农业人口就近就地转移。“百镇建设试点行动”实施后，将带动全省小城镇年均转移吸纳农业人口 50 万人左右。四川省级财政将连续 3 年每年支持 10 亿元用于试点镇，入选试点镇将获得单列用地指标，并在相关工作人员编制上获得保障。

百镇建设行动方案从规划、项目建设、新村建设、人居环境四方面明确了试点镇的工作。一是完善小城镇总体规划的同时，全面完成控制性详规的编制，努力提高规划编制水平。二是突出项目建设，加大小城镇建设投入力度。重点加强小城镇道路建设，加快污水处理设施及配套管网建设，加大垃圾处理设施建设力度。三是加快新村建设，结合小城镇建设，加快推进巴山新居、彝家新寨、藏羌新居、半农半牧区新村建设，引导留在农村的农民向农村新型社区适度集中。四是优化人居环境，加快危旧房改造，改善居住质量；深入推进城乡环境综合治理，加强历史文化名镇保护，因地制宜塑造特色风貌；重视生态环境建设，结合山水园林自然条件建设居民休闲活动场所。

在试点建设中，根据不同小城镇、不同区域的特点，科学规划，合理确定不同城镇的各自特色和功能，按照“天蓝、地绿、水清、人和”的要求，实施“城乡容貌、园林绿化、环境设施、环境质量、文明素质”五大提升工程，根据小城镇不同的发展目标和定位，发挥比较优势。工业镇着重提高对工业园区的支撑和服务配套能力建设；商贸镇着重加强商业街区、集贸市场和仓储物流设施建设；旅游镇着重塑造文化风貌特色，完善提升服务接待能力。

2012 ~2013 年，在省级财政资金的撬动下，前两批 200 个试点镇完成基础设施建设项目 423 个，投资总额 221.68 亿元，就地就近转移人口 52.24 万人。下一步，四川省将力争通过 5 年以上的努力，将 50% 左右的镇初步培育成为推动县域经济发展新的增长极，将 20 个以上的镇初步建成 5 万人以上规模的小城市，带动全省小城镇建设水平整体提高，小城镇的桥梁和纽带作用可以得到充分发挥，成为转移吸纳农业人口的前沿阵地，百镇试点建设能够在加快推进城镇化的同时，降低人口转移成本。

3. 农民工住房保障行动

解决好农民工住房问题，有利于引导农业人口加速向城镇转移，加快城镇化进程的同时提高城镇化质量；让农民工在城市有稳定住所，不仅在房屋及配套设施等方面带动投资，而且可以促进农民工个人及家庭消费，创造巨大内需。自 2013 年起，四川省实施“农民工住房保障行动”，对已在城镇落户的农民工给予和城镇居民同等的住房保障，对有稳定职业并在城镇居住一定年限的农民工提供公共租赁住房，将每年竣工公共租赁住房房源按一定比例定向提供给农民工。2013 年，四川省提供给农民工的公共租赁住房不低于公共租赁住房供应总量的 20%。2014 年，全省开工保障性住房 10 万套，四川省《加强农民工住房保障工作指导意见》（川办函〔2015〕3 号）明确指出，到 2015 年，各地应根据农民工实际住房需求，将当年竣工的公共租赁住房的 30% 定向供应农民工，基本形成较为完善的农民工住房保障政策体系和实施体制机制，建立农民工住房保障的长效机制。

（三）新形势下四川省推进新型城镇化的发展条件

1. 有利条件

（1）国家重大战略部署为四川城镇化推进提供新机遇

十八大以来，国家先后做出了一系列重大战略部署，全面深化改革，推动经济更有效率、更加公平、更加可持续发展，为四川省加快推动城镇化建设过程中的体制机制改革提供机遇；四川处于长江经济带与丝绸之路经济带的结合部，是支撑“一带一路”、长江经济带联动发展的战略纽带和核心腹地，是扩大内陆开放、沿江开放、沿边开放和实施向西开放，打造西部大开发升级版的战略高地和重要依托；“一带一路”和长江经济带建设有利于四川更好地融入开放发展新格局；“中国制造2025”战略的实施推动全国制造业空间格局加快演变，为四川建设制造业“西进”重要基地提供机遇，为四川省城镇化进程提供推动力；“互联网+”行动纲领为四川传统产业转型升级、新兴产业快速培育指明了方向；“大众创业、万众创新”对四川创新型社会的发展提供了空间；党的十八届五中全会以及《中共中央关于制定国民经济和社会发展第十三个五年规划的建议》中的“四个全面”战略布局和“五大发展理念”等指导思想为“十三五”期间四川省新型城镇化发展指明了方向。

（2）国家级试点为四川城镇化注入新活力

近年来，四川频频被国家“点”中，成都市获批成为全国统筹城乡综合配套改革试验区；绵阳科技城作为全国唯一的科技城，获批享受中关村自主创新、先行先试政策；攀西战略资源创新开发试验区获批；天府新区获批国家级新区；泸州、阆中等城市被列为国家新型城镇化试点，尤其是四川被列为全面创新改革试验区域，这一系列试点，为四川省贯彻落实“四个全面”战略布局、实施“三大发展战略”、推进“两个跨越”注入强大动力；为在全省营造一流的宜业宜商宜居环境、建设现代高端产业集聚区、建设内陆开放经济高地、建设统筹城乡一体化发展示范区奠定基础，有助于支撑引领四川经济持续快速健康发展。

（3）新常态下四川省一系列战略举措为城镇化建设创造新空间

当前，我国经济全面进入“双中高”的新常态阶段，在这一背景下，四川省制定并实施一系列战略举措主动适应经济新常态，一是加大基础设施投资力度，扩大内需，培育新增长点。新区建设、旧城改造、小城镇建设以及地上地下设施配套、功能完善等，这些都给新型城镇化带来巨大发展空间。二是加大结构调整力度，推动产业结构优化和转型升级。加快发展七大优势产业和七大战略性新兴产业，大力发展五大高端成长型产业和五大新兴先导型服务业，必将为产业兴城、“两化”互动开拓更加广阔的发展前景。三是实施创新驱动发展战略，推动城镇建设管理体制机制创新、技术创新和治理创新，必将为加快建设创新型城市尤其是智慧型城市提供崭新机遇。四是坚持生态文明，绿色发展，这给推动形成绿色低碳的生产生活方式和城市建设运营模式带来新机遇。

2. 不利条件

（1）经济下行影响农村劳动力转移速度

受经济下行因素影响，我国过去吸收农村劳动力转移最多的沿海部门、工业部门自身进入调整期，出口订单下滑导致相当数量的“农民工返乡”。而四川省作为劳动力输出大省，面临较大的“农民工返乡潮”压力，一些中小城镇缺乏产业支撑，一时还难以成为吸收农村剩余劳动力的主力，这将影响人口城镇化的速度。同时，在经济进入新常态的背景下，四川工业面临转型升级的压力，对劳动力就业的吸纳能力有所降低，因而将减缓农村劳动力的转移。

（2）资金困境难以应付高昂成本

农民市民化是一项高成本的改革，农民工在就业、教育、医疗、住房、养老这五项上获得与市民同等地位，需要大量公共投入，据初步测算，人均市民化成本约为 10 万元。四川省作为西部欠发达省份，地方政府财政总支出的近八成为农业、教育等法定支出和其他刚性支出，很多地方政府还面临较大的偿债压力，推进新型城镇化面临的最直接也最显著的便是资金困境。

（3）城镇化发展差距与区域发展不均衡矛盾使得城镇化问题更为复杂

2014 年，四川城镇化率达到 46.3%，但比全国低 8.4 个百分点，发展不平衡，有 10 个市（州）处于平均值以下，发展质量和水平亟待提升，各地城镇化发展水平差距较大，城镇化率最高的为成都市，达到70.37%，最低的为甘孜藏族自治州，仅为26.87%，二者相差43.5个百分点；从人均GDP来看，2014年最高的为攀枝花市，达到70646元，最低的为巴中市，为13756元，前者是后者的5.14倍，二者相差56890元（见表13）。而作为四川省发展最为滞后的“老少边穷”地区，其城镇化问题更为严重，普遍面临着动力不足的难题，首先经济发展水平较低，对城镇化的支撑力不够；其次产业发展不充分，大多以农业为主，工业主要是资源型产业，服务业发展滞后和缓慢，缺乏吸纳就业人口的持续动力；最后城镇化建设成本高昂，这些地区大多处在高山峡谷地带，基础设施建设成本高、难度大。各地城镇化发展的差距和区域失衡矛盾相互影响、相互交织，使得四川省城镇化问题更为复杂。

表13　2014年四川省各市（州）城镇化率和人均GDP

单位：%，元

区域	城镇化率	人均GDP	区域	城镇化率	人均GDP
全省	46.30	35128	南充市	42.43	22639
成都市	70.37	70019	眉山市	40.46	31664
自贡市	46.62	39145	宜宾市	43.85	32318
攀枝花市	64.03	70646	广安市	35.81	28489
泸州市	44.84	29655	达州市	39.39	24411
德阳市	47.27	43091	雅安市	41.30	30052
绵阳市	46.51	33558	巴中市	36.12	13756
广元市	39.33	22117	资阳市	38.20	33592
遂宁市	44.61	24691	阿坝藏族羌族自治州	35.69	27043
内江市	44.21	31024	甘孜藏族自治州	26.87	18096
乐山市	45.93	37125	凉山彝族自治州	31.44	28556

（四）四川省城镇化发展预测

1. 以人为核心的新型城镇化理念更加深入，户籍城镇化率将快速提升

户籍人口城镇化率直接反映城镇化的健康程度。《中共中央关于制定国民经济和社会发展第十三个五年规划的建议》提出："推进以人为核心的新型城镇化。深化户籍制度改革，促进有能力在城镇稳定就业和生活的农业转移人口举家进城落户，并与城镇居民有同等权利和义务。实施居住证制度，努力实现基本公共服务常住人口全覆盖。"并指出户籍人口城镇化率加快提高，是要加快落实中央确定的使1亿左右农民工和其他常住人口在城镇定居落户的目标。这1亿人主要指农村学生升学和参军进入城镇的人口、在城镇就业及居住5年以上和举家迁徙的农业转移人口。实现1亿人在城镇落户意义重大，从供给看，在劳动年龄人口总量减少的情况下，其对稳定劳动力供给和工资成本、培育现代产业工人队伍具有重要意义；从需求看，对扩大消费需求、稳定房地产市场、扩大城镇基础设施和公共服务设施投资具有重要意义。实现这个目标，既有利于稳定经济增长，也有利于促进社会公平正义与和谐稳定，是全面小康社会惠及更多人口的内在要求。这就要求加大户籍制度改革措施落实力度，加快完善相关配套政策，确保这一目标实现。

虽然"十二五"前4年，四川省城镇化率平均增速高于全国，但城镇化工作还存在推进理念、发展路径和建设质量等诸多问题，全面放开落户限制的政策还落实不到位，面向农民工的教育、医疗、社会保障体制还不完善，部分地方忽视资源环境承载力，盲目追求城市规模扩张等。四川省城镇化水平按照常住人口计算达到了46.3%，按照户籍人口则还不到30%。高收入国家城镇化率一般都在70%以上，因此四川省城镇化还将持续较快推进，今后还有大量的城镇人口

持续增加，带来的住房、汽车等各种基本生活消费品的需求市场巨大。根据《四川省新型城镇化规划（2014～2020年）》预测，2020年四川省户籍人口城镇化率将达到38%左右，按2014年户籍人口城镇化率29.4%计算，年均提高1.4个百分点，年均需转户160多万人。因此，“十三五”期间，四川省将以引导约700万人就近城镇化、促进约800万农业转移人口落户城镇、改造约500万人居住的城镇危旧房和棚户为重点目标，推进“以人为核心”的新型城镇化健康发展。首先就是全面贯彻新型城镇化发展理念，全面放开除成都市以外的其他城镇落户限制，推进城乡基本公共服务均等化；传统以“土地财政”模式推动城镇化的路径将被彻底摈弃，将以城市群为主体形态，合理确定城镇功能定位；根据主体功能区和资源环境承载能力，划定开发边界和生态保护红线，发挥服务业“最大就业容器”的作用。其次，将通过优化城镇化布局和形态，实施“多规合一”的县（市）域全域规划，提高城镇化建设质量。最后，通过优化行政层级和行政区划设置，增加中小城市和小城镇数量等方式，加快新型城镇化配套改革。

2. 城镇化质量和水平将明显提升，布局和形态将更加优化

中央提出在城镇化推进过程中，要解决好“三个1亿人”的问题①。对四川来讲，解决好“三个1亿人”问题，就是到2020年，引导约700万人就近城镇化，常住人口城镇化率达到54%左右；促进约800万农业转移人口落户城镇，户籍人口城镇化率达到38%左右；改造约500万人居住的城镇危旧房和棚户区，全面提升城镇居民的居住条件。四川省委、省政府印发的《四川省新型城镇化规划（2014～2020年）》中提出，到2020年四川新型城镇化的主要目标：

① 国务院总理李克强在2014年政府工作报告中指出，推进以人为核心的新型城镇化。今后一个时期，着重解决好现有“三个1亿人”问题，促进约1亿农业转移人口落户城镇，改造约1亿人居住的城镇棚户区和城中村，引导约1亿人在中西部地区就近城镇化。

城镇化质量和水平明显提升，常住人口城镇化率力争达到54%左右；城镇可持续发展能力明显增强，人均建设用地控制在100平方米以内；城镇化和新农村建设更加协调；城镇化体制机制更加完善；城镇化布局和形态更加优化，基本形成“一轴三带、四群一区”的城镇化发展格局。“一轴”是指成渝城镇发展轴，“三带”是指成绵乐、达南内宜、沿长江城镇发展带，“四群”是指成都平原、川南、川东北和攀西城市群，“一区”即川西北生态经济区。新格局将优化与资源环境承载能力相匹配的城镇布局，使大中小城市和小城镇发展更加协调。

3. 城镇化进入中高速推进阶段，就近城镇化成为主导

四川省城镇化进程自“十一五”以来进入快速推进阶段，“十二五”期间，城镇化率年均提高1.5个百分点，到2015年达47.5%，实现“十二五”规划目标。《四川省新型城镇化规划（2014~2020年）》中提出，到2020年常住人口城镇化率力争达到54%左右，据此测算，“十三五”期间，四川省城镇化率年均提高1.3个百分点，与“十二五”时期相比增速放缓，由高速发展阶段进入中高速发展阶段。从人口流动的趋势来看，就近城镇化将成为本轮城镇化的主导，一方面由经济下行因素引起的异地城镇化人口回流成为本地城镇化的主要动力；另一方面，中央提出的解决“三个1亿人”中，有约1亿人需要被引导在中西部地区就近城镇化，为此四川需解决700万人就近城镇化，使其成为本地城镇化的主要推动力。另外，思想意识、生活习惯等原因使外出人口将倾向于定居在出生地城镇地区，成为“新市民”。这些因素推进了新型城镇化的进程。

4. 层级分明的省域城镇体系加快形成，城镇群成为城镇化的重要载体和表现

根据四川省委十届三次全会提出的多点多极支撑发展战略目标，到2017年全省将形成10个经济总量超过2000亿元、5个超过1500

亿元的市（州）。随着多点多极支撑战略的深入推进，目前，以成都特大中心城市为核心，20 个区域中心城市为依托，300 个中小城市和重点镇为骨干，1500 个左右小城镇为基础，大中小城市和小城镇协调发展的布局合理、层级清晰、功能完善的省域城镇体系加快形成。《四川省省域城镇体系规划（2014～2030 年）纲要》已通过国家住房和城乡建设部组织的审查会审查，指导四川省城镇体系发展的思想和原则已经确定，全省原有的“核心－边缘”城镇空间结构模式将逐步被网络化的区域城镇空间结构取代，城市人口分布将更加合理均衡。但成都特大中心城市的引领作用仍将持续，在全省城镇化进程中仍处于关键地位，区域性中心城市的集聚能力有待进一步加强，小城市和小城镇人口集聚能力正在逐步培育。目前，四川省以城镇群为主体形态的城镇化空间格局已具雏形，今后一段时间内，区域性中心城市与周边城镇之间的联系将更加紧密，城镇群的辐射带动能力更强。

5. “四化”水平同步提升，信息化贯穿工业化、城镇化和农业现代化发展全程

坚持“四化”同步，推进四川现代化健康发展，是四川省委的重大战略决策。“四化”同步是一个深度融合、整体互动的系统工程，既是城镇化的内在动力，又是城镇化的必然要求，也是城镇化水平提升的重要标志。信息化与工业化深度融合，将加快传统工业的转型升级，加快制造业服务化进程，带动生产性服务业发展，培育新的经济增长点，为城镇化和农业现代化提供持续动力。工业化与城镇化良性互动，以产业的增长促进城镇的扩张，以城镇综合承载能力的增强支撑产业发展，有序推进产业园区化、园区城镇化、产城一体化。城镇化和农业现代化的相互协调，进一步推动城乡产业发展、城镇体系、基础设施、道路交通、环境保护、土地利用和新农村建设等相互衔接，注重城乡要素平等交换和公共资源均衡配置，形成以工促农、以城带乡、工农互惠、城乡一体的新型工农、城乡关系。推动信息化

与农业现代化的协调发展，促进现代信息技术与农业相互契合发展，全面推进信息技术在农业生产、经营、管理、服务中的应用，夯实农村信息化基础，加快信息技术武装现代化农业步伐，助力农业产业化经营跨越式发展，开创农业信息服务新局面。收入差距逐步缩小，城乡公共服务均等化的体制将逐步建立，统一的产权制度、价格制度、就业制度、教育制度等保障制度也将逐步建立健全。国家统筹城乡综合配套改革试点、全面创新改革试点、新型城镇化试点等为四川省加快城镇化发展增添了强劲动力。由于四川省仍处于工业化中期发展阶段，因此，在“四化”同步发展过程中，工业化依然是主导，信息化是贯穿于工业化、城镇化和农业现代化过程中的重要手段，李克强总理在2015年的政府工作报告中提出的“互联网+”的战略，就是要顺应“互联网+”的发展趋势，以信息化与工业化深度融合为主线，实现产业转型升级，推动工业化发展，为实现新型城镇化奠定坚实的物质基础。从这一角度来说，新型城镇化应是目的而非手段。

主题报告篇

Theme Reports

B.2

县镇人口发展报告

张鸣鸣*

摘　要：　四川县镇数量在全国排名第一，县域常住人口和户籍人口均超出全省总人口一半，但城镇化率滞后于全省水平，也滞后于工业化水平，是全省城镇化的重点和难点。分析表明，户籍制度本身并不是县镇人口城镇化的最大障碍，经济人口承载压力大，且贫困面广、贫困程度深，是人口难以实现在城镇稳定生活就业的决定要素。从产业结构看，全省县（市）2014 年三次产业比重为 18∶53∶29，第一产业小于 20%，且第二产业大于第三产业比重，已经具备工业化中期的主要特征。但进一

* 张鸣鸣，四川省社会科学院区域经济研究所副研究员，主要研究方向为城镇发展、“三农”问题。

步观察，这种产业结构建立在低水平基础上，就业岗位的供给以及公共财政的贡献都相对较低，导致人口集聚能力不足。未来，大多数县镇人口净流出趋势短期内难以改变，甚至还可能加剧；总体上县镇处于人口红利中后期，有条件的县镇将获得人口素质效应；人口流向特征鲜明，区域性中心城镇将加速建成。

关键词： 人口城镇化 人口红利 四川县镇

一 四川县镇人口发展主要特征

1. 人口规模占全省总人口一半以上

2014 年全省共有 183 个县（市、区），其中：县 120 个、县级市 14 个、区 49 个。2014 年全省县域常住人口和户籍人口分别为 4510.24 万和 5480.4 万人，占全省总人口的比例分别为 55.4% 和 59.8%，全省一半以上的人口分布在县域。常住人口最多的县为双流县，125.4 万人；户籍人口最多的县为安岳县，162.6 万人。

按户籍人口计算，2014 年末四川省有百万人口县（市）19 个，按常住人口计算，百万人口县（市）有 9 个（见表 1）。

表 1 2014 年百万人口县（市）一览

单位：万人

按常住人口		按户籍人口	
县	总人口	县	总人口
双流县	125.4	安岳县	162.6
仁寿县	122.8	仁寿县	160.5
资中市	121.4	简阳市	148.7

续表

按常住人口		按户籍人口	
县	总人口	县	总人口
渠县	112.6	三台县	147.4
安岳县	111.5	中江县	142.9
中江县	108.0	渠　县	142.0
简阳市	104.6	宣汉县	132.3
三台县	104.5	资中市	130.1
宣汉县	102.1	南部县	129.6
		岳池县	119.2
		仪陇县	112.4
		大竹县	112.3
		富顺县	109.5
		泸　县	108.5
		邻水县	103.9
		宜宾县	103.4
		平昌县	102.3
		双流县	101.0
		射洪县	100.8

四川人口分布具有显著的区域特征。“胡焕庸线”将四川分隔为东南人口密集区和西北人口稀疏区的两大区域，县域人口分布总体上符合这一特征。百万人口县（市）均位于四川东南片区，除双流县处于平原地区外，其余县（市）均位于四川丘陵地区。

2. 人口整体呈现净流出状态

2014 年，四川县镇常住人口比户籍人口少 970.16 万人，整体上呈现人口净流出特征。120 个县中，人口净流出的有 94 个，净流入的有 24 个，无变化的有 2 个。

全省人口净流出超过 30 万人的县有 9 个，20 万~29 万人的有 9 个，10~19 万人的有 20 个，1 万~9 万人的有 37 个，1 万人以下的有 19 个，人口净流出最多的县是安岳县，达 51.13 万人，占全县户籍人口的 31.4%。从占户籍人口比重观察，乐至县人口净流出为 34.3 万人，占户籍人口的 39.8%，是全省净流出人口占比最高的县（见表 2）。

表 2　人口净流出占户籍人口比重情况

单位：%，个

人口净流出占比	县	县
30 及以上	乐至县、岳池县、邻水县、安岳县、武胜县	5
20～29	剑阁县、井研县、三台县、南部县、喜德县、开江县、盐亭县、江安县、长宁县、苍溪县、犍为县、筠连县、中江县、富顺县、仁寿县、高县、合江县、宣汉县、越西县、营山县、蓬溪县、泸县、大竹县、蓬安县、渠县、叙永县、屏山县、兴文县、昭觉县、普格县、宜宾县	31
10～19	威远县、西充县、金堂县、美姑县、古蔺县、沐川县、平昌县、隆昌县、仪陇县、梓潼县、金阳县、马边县、青神县、荣县、布拖县、甘洛县、珙县、安县、洪雅县、青川县、旺苍县、大英县、会东县、丹棱县、北川县、雷波县、冕宁县、罗江县、天全县、峨边县	30
9 及以下	盐源县、南江县、射洪县、平武县、蒲江县、资中市、巴塘县、宁南县、通江县、金川县、壤塘县、茂县、夹江县、木里县、九龙县、阿坝县、德格县、盐边县、小金县、松潘县、若尔盖县、荥经县、芦山县、宝兴县、大邑县、汉源县、新津县、甘孜县	28

人口净流入的县中，郫县、双流县净流入人口分别为 27.5 万人和 24.4 万人，分别占户籍人口的 50.8% 和 24.2%，其余 22 个县分布在甘孜州、阿坝州和凉山州（见表 3）。

表 3　人口净流入占户籍人口比重情况

单位：%，个

人口净流入占比	县	县
50 及以上	郫县	1
20～49	双流县	1
10～19	九寨沟县、康定县、丹巴县、乡城县、色达县	5
9 及以下	会理县、马尔康县、白玉县、理县、德昌县、理塘县、得荣县、石棉县、石渠县、汶川县、米易县、雅江县、新龙县、稻城县、黑水县、红原县、炉霍县	17

3. 城镇化发展滞后

2014 年全省县域常住城镇人口 1605.69 万人，城镇化率 35.6%，比全省低 10.7 个百分点。与县级市、区相比分别低 10 个和 30.3 个百分点。城镇化水平排名前三的是双流县、郫县和新津县，分别为 66.5%、64.5% 和 52.7%，最低的为美姑县、木里县和新龙县，分别为 8.3%、13.4% 和 13.6%。整体看来，全省县的城镇化水平偏低，134 个县（市）中有 84 个处于我国 20 世纪 70 ~ 90 年代的城镇化发展阶段，约占总数的 2/3（见表 4）。

从户籍角度看，县域非农业人口 1046.9 万人，城镇化率 19.1%，比全省低 10.3 个百分点，与县级市、区相比分别低 12.9 个和 30.3 个百分点。

表 4　四川县（市）与中国城镇化发展阶段比较

单位：%，个

全国处于相应城镇化率的年份	城镇化率	县(市)	县(市)
	>60	双流县、郫县	2
2014 年	54.80	都江堰市、西昌市	2
2013 年	53.70		0
2012 年	52.60	新津县、江油市、峨眉山市	3
2011 年	51.30		0
2010 年	49.90	隆昌县、康定县、广汉市	3
2009 年	48.30	马尔康县	1
2008 年	47.00	射洪县、珙县、九寨沟县、什邡市	4
2007 年	45.90	绵竹市、华蓥市	2
2006 年	44.30	威远县	1
2005 年	43.00	大邑县、安县、汶川县、茂县	4
2004 年	41.80	江安县、邛崃市	2
2003 年	40.50	罗江县、长宁县、石棉县、彭州市、崇州市、简阳市	6
2002 年	39.10	南部县、荥经县、宝兴县、泸定县、会理县	5
2001 年	37.70	蒲江县、米易县、夹江县、洪雅县、大竹县、阆中市	6

续表

项目	城镇化率	县（市）	县（市）
2000年	36.20	金堂县、富顺县、中江县、旺苍县、峨边县、丹棱县、青神县、高县、宣汉县、天全县、冕宁县、万源市	12
1999年	34.80	荣县、泸县、合江县、北川县、大英县、资中市、犍为县、营山县、蓬安县、仪陇县、筠连县、开江县、芦山县、松潘县、理塘县、会东县	16
1998年	33.40	三台县、盐亭县、梓潼县、井研县、西充县、兴文县、岳池县、武胜县、邻水县、渠县、汉源县、乐至县、理县、小金县、黑水县、德昌县	16
1997年	31.90	剑阁县、蓬溪县、仁寿县、宜宾县	4
1996年	30.50	苍溪县、平昌县、安岳县、红原县、宁南县	5
1995年	29.00	叙永县、青川县、沐川县、通江县、南江县、金川县	6
1994年	28.50	丹巴县、炉霍县、甘孜县	3
1993年	28.00	—	0
1992年	27.50	平武县、巴塘县、盐源县	3
1991年	26.90	道孚县	1
1990年	26.40	盐边县、若尔盖县、雷波县	3
1989年	26.20	—	0
1988年	25.80	乡城县	1
1987年	25.30	古蔺县、屏山县	2
1986年	24.50	阿坝县、越西县	2
1985年	23.70	马边县	1
1984年	23.00	喜德县	1
1983年	21.60	稻城县	1
1982年	21.10	—	0
1981年	20.20	壤塘县、雅江县、普格县、色达县	4
1980年	19.40	九龙县、昭觉县、得荣县	3
1979年	19.00	甘洛县	1
1978年	17.90	布拖县	1
1978年以前	15~16	金阳县、石渠县、白玉县、德格县	4
	10~14	新龙县、木里县	2
	9以下	美姑县	1

4. 人口经济承载能力偏低

从经济对人口的承载能力看，四川县（市）整体水平较弱。人口经济压力指数①越低，表明经济承载能力越强。一般而言，人口经济压力指数大于1，表明经济难以承载人口规模。四川134个县（市）中，人口压力指数低于1的仅为24个，占17.9%，与人口流向基本吻合。人口经济压力指数最低的郫县为0.68，是人口净流入县，流入人口超过户籍人口一半；人口压力指数最高的乐至县为1.64，人口净流出占户籍人口比重也最高，达到39.8%（见图1）。

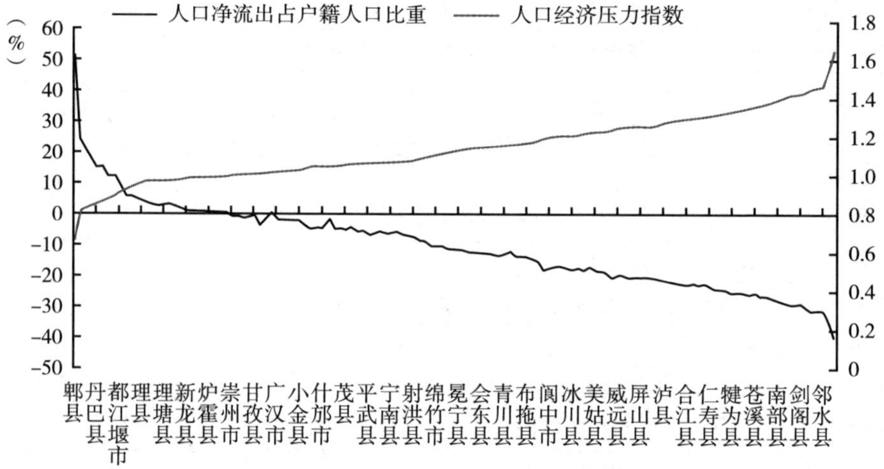

图1　人口净流出占比与人口经济压力指数

2014年全省县（市）就业人员3512.31万人，占常住人口的65.4%。其中人口净流出县（市）就业人员3146.68万人，占常住人口的66.2%，高于人口净流入县（市）就业人员（358.1万人）占常住人口比例的7.3个百分点。进一步分析，人口净流出和净流入县（市）的就业结构存在较大差异（见表5）。人口净流出县（市）中，44.1%的就业人员集中在第一产业中，而人口净流入县（市）中则有41.0%的就业人员在第三产业。

① 人口经济压力指数 = 户籍人口 × 人均国民生产总值/地区国内生产总值。

表 5　人口流向与就业人员结构

单位：万人，%

	就业人员	第一产业	第二产业	第三产业
人口净流出县(市)	3146.9	1387.65	761.36	997.89
	100	44.1	24.2	31.7
人口净流入县(市)	358.1	128.0	83.5	146.6
	100	35.7	23.3	41.0

5. 部分镇（县城）成为重要的人口就地就近转移区

调查显示，部分县镇已经或正在成为重要的人口就地就近转移区。2012 年末，全省21 个重点镇场镇人口31.85 万人，镇均1.52 万人，到2014 年4 月末，场镇人口增加到36.4 万人，一年多的时间镇均增加约2200 人。一些区域性中心镇具有十分显著的人口集聚能力，如淮口镇常住人口8.04 万人，流动人口1.23 万人，人口密度1.31 万人/平方公里；符溪镇常住人口4.9 万人，其中场镇常住人口2.9 万人，流动人口0.6 万人，场镇人口密度1 万人/平方公里；蓬南镇常住人口6 万人，其中场镇3.45 万人，人口密度0.98 万人/平方公里。

6. 人口增长和总抚养比未来将呈现波浪态势

根据第六次人口普查数据，2010 年四川镇人口1642.88 万人，其中15 ~ 59 岁1158.38 万人，占总人口的70.51%，总抚养比41.8%，少儿抚养比和老年抚养比分别为22.6%和19.2%，总抚养比和老年抚养比略高于全国平均水平。据统计局预测数据（见图2），二孩政策实施后，镇出生率会从当前的9‰上升到2017 年的22.3‰，之后到2030 年呈现缓慢下降态势，保持在10‰左右。与此相对应，全省镇人口将在2017 年达到峰值1785.92 万人后开始下降，到2021 年触及谷底1768.07 万人，后回升至2024 年再度达到1790.96 万人的峰值。镇总抚养比也同样呈现缓慢的波浪式上升态势，但值得注意的是老年抚养比今后8 年以及2027 年以后呈现快速增长趋势。综合来看，全省人口规模呈现缩减趋势，总抚养比则持续上升，但柔和的波浪式增减变化能够缓解这一趋势带来的负面影响。

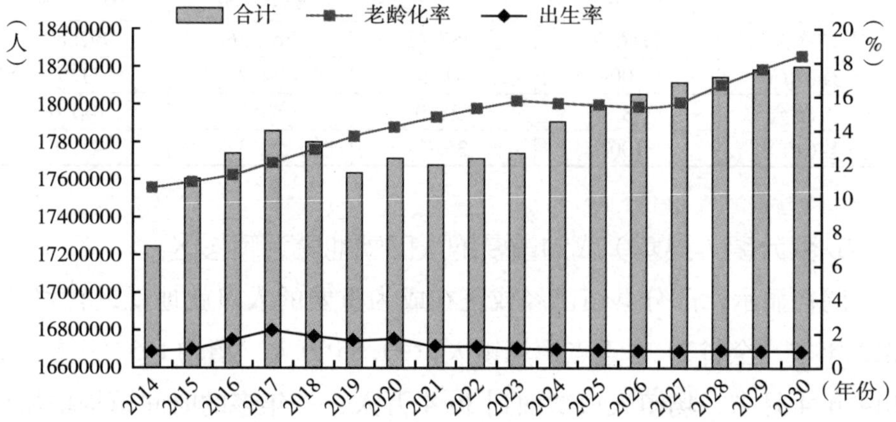

图2　全省镇人口预测（二孩实施后）（2014～2030年）

从年龄结构看（见图3），2014年全省县（市）就业比为65.4%，高于总抚养比（按劳动人口年龄15～60岁计算）约16个百分点。如果把劳动年龄放宽至15～65岁，预计2014年全省镇劳动年龄人口为1250.32万人，总抚养比38%，同时老龄化率10.65%，仍处于一般理论中的低老年、低抚养比阶段，人口红利的结构效应依然存在；而且这一效应会持续到2016年，届时镇劳动人口达到1250.86万人的峰值，总抚养比41.9%，老龄化率11.4%。到2030年以前，还将有一波劳动人口绝对数增长的阶段（2023～2027年），届时劳动人口将从1210.95万人增加到1247.83万人，年均增长9万余人。

7. 转移输出农村劳动力规模增长趋缓

2014年全年全省转移输出农村劳动力2472.2万人，其中，省内转移1313.1万人、省外输出1154.6万人、外派劳务4.5万人。[①] 20

① 资料来源：四川省人力资源和社会保障厅。

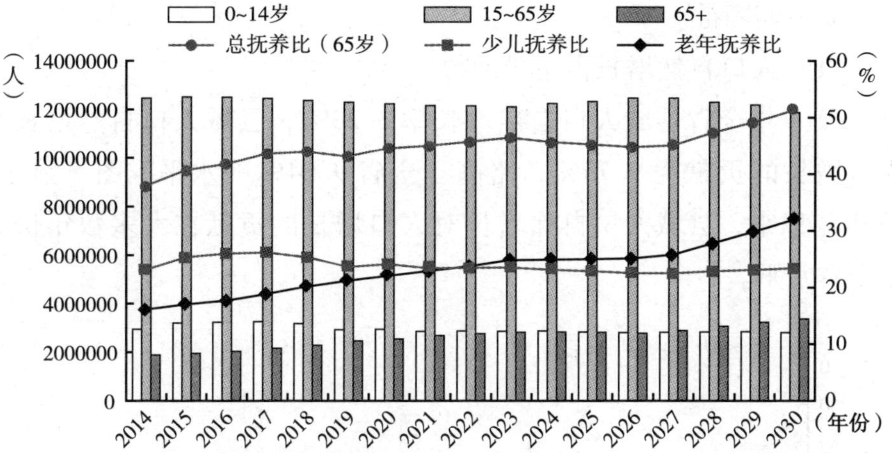

图3　全省镇人口结构预测（二孩政策实施后）（2014～2030年）

世纪90年代中期以来，全省转移输出劳动力总人数持续增长（见图4），2006年增长速度达到14.5%的峰值后开始减缓，到2014年仅比上年增加0.7%，进入劳动年龄的农村劳动力与退出城市劳动力市场的人数十分接近，劳动力增量供给将面临拐点，这与前部分抚养比的预测基本吻合。

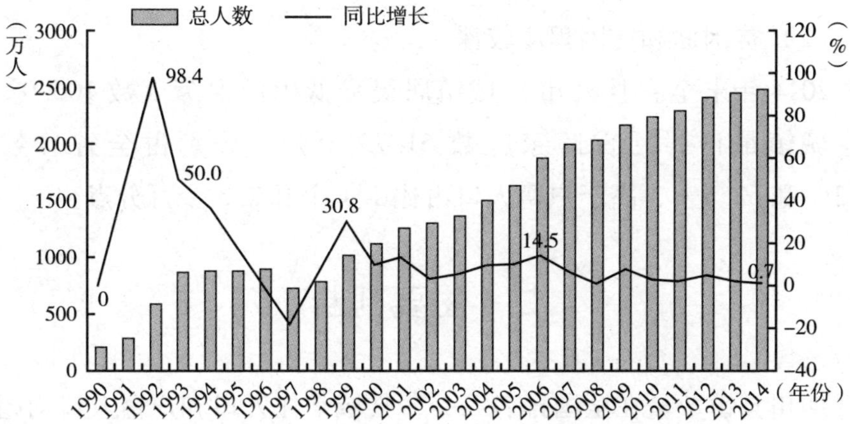

图4　全省转移输出农村劳动力变化情况（1990～2014年）

8. 其他特征

（1）人口自然增长占主导地位

2014 年全省县域人口自然增长率 3.23‰，县域人口自然增长对人口增长的贡献为 9.73%，略高于全省 9.64% 的水平。图 5 显示，2001 年以来，县域人口自然增长对人口增长的贡献在大多数年份高于全省水平。

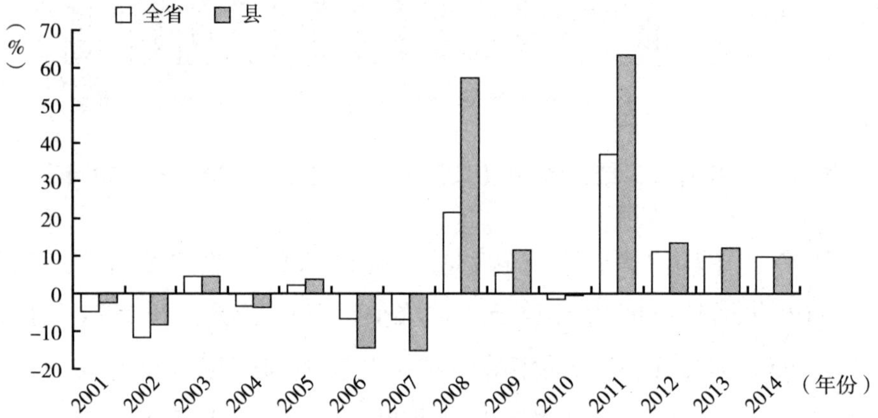

图 5　人口自然增长对人口增长的贡献

（2）贫困面和贫困程度较深

2014 年末全省县（市）城镇居民最低生活保障人数 106.08 万人、城镇最低生活保障家庭数 61.75 万户，分别占全省总数的 61.3% 和 62.5%，高于户籍人口占比 1.1 个和 2.3 个百分点。[①]

二　主要判断

四川县镇数量在全国排名第一，县域常住人口和户籍人口均超出

① 资料来源：民政部网站，2014 年 4 季度全国县以上城市低保情况。

全省总人口一半，但城镇化率滞后于全省水平，也滞后于工业化水平，是全省城镇化的重点和难点。从前述分析中看出，户籍制度本身并不是县镇人口城镇化的最大障碍，经济人口承载压力大，且贫困面广、贫困程度深，是人口难以实现在城镇稳定生活就业的决定要素。事实上，从产业结构看，全省县（市）2014 年三次产业比重为 18∶53∶29，第一产业小于 20%，且第二产业大于第三产业比重，已经具备工业化中期的主要特征。但进一步观察，这种产业结构是建立在低水平基础上的，就业岗位的供给以及公共财政的贡献都相对较低，导致人口集聚能力不足。

1. 大多数县镇人口净流出趋势短期内难以改变，甚至可能加剧

城镇化的本质是经济集聚，通过经济集聚提高产业分工水平，进而提高劳动生产率，实现收入增加，这是人口集聚的前提。四川县镇的经济集聚水平总体偏低，人均 GDP 为 26578 元，仅为全省和全国的 75.8% 和 57.1%，与中心城区相比差距更为显著，这种情况导致全省 134 个县（市）中有超过 94 个呈现人口净流出状态，2014 年净流出人口达到 1032.21 万人，超过其户籍人口的五分之一。24 个人口净流入的县中，有相当一部分并非区域性的经济、政治、文化中心，可以推测人口净流入很大程度上是源于交通不便导致的人口自然增长，根据一般规律，当交通和信息通达性提升时，区域性中心城市会产生较强的“虹吸效应”，周边地区的人口会加速外流，而部分人口净增长的县如石渠县、雅江县、新龙县等会出现人口流出的现象。

2. 县镇处于人口红利中后期，人口素质效应将得以凸显

从前述分析和预测中可以看出，全省县镇处于人口红利中后期阶段，仍具有一定的人口结构效应。值得注意的是，就经济增长的影响因素来看，生产要素和生产率提高速度在供给方决定 GDP 的潜在增长率，而人口不仅涉及劳动力供给，同时也涉及人力资本的供给。四

川作为农民工输出大省，改革开放以来累计输出农民工超过一亿人次，其中部分在务工过程中积累了技术、市场等经验，从农业劳动力转化为非农产业的人力资本，随着劳动力输出地工业化水平提升，劳动力回流将产生新的人口红利的素质效应。

从实践观察和逻辑推理判断，全省县（市）净流出人口中有相当大一部分是转移输出的农村劳动力。2012 年以来，四川转移输出农村劳动力流向发生重大变化，省内农民工数量首次超过出省人数 174.6 万人，2015 年前三季度，全省转移输出农村劳动力 2434.7 万人，其中省内转移 1330.4 万人，同比增长 4.7%；省外输出 1101.5 万人，同比减少 3.7%，二者之间差距扩大到 228.9 万人。2015 年以来，从中央到地方都出台了一系列政策措施，鼓励青年农民返乡创业，加上内外经济形势的影响，东中部地区吸纳非农就业趋弱，全省返乡农民工总数达 135.9 万人，占转移输出总数的 5.6%，同比增长 7.8%，新增返乡创业农民工 3.4 万人，创办企业 1.3 万个，实现产值 73.8 亿元。农民工群体的特殊性决定了大多数返乡创业的农民工的创办企业以低成本的劳动密集型为主，创业地点以家庭为中心的最短半径范围为主，可以预见，在宽松的条件和合理引导下，有条件的县镇将迎来一个加速城镇化的机遇期。

3. 人口流向特征鲜明，区域性中心城镇将加速建成

除传统的“胡焕庸线”分界的人口流向特征外，新时期四川县镇人口流向呈现新特征。一是以经济中心为方向，典型的如郫县、双流县是全省的经济中心，九寨沟县、汶川县、米易县等是区域性经济中心，大渡口镇、淮口镇、蓬溪镇等是县域经济重镇；二是以公共服务中心为方向，如康定县、马尔康县，以及部分重点镇，如教育体系完备的石桥镇、养老服务健全的老观镇等。其含义在于，一方面依然要把经济增长作为城镇化的重中之重，把解决非

农就业、提高居民收入水平放在更加重要的地位，建成一批具有显著区位、资源优势的区域性经济中心，提高经济人口承载能力；另一方面，立足“农民工经济”现实，建成一批覆盖面广、生活成本较低的区域性公共服务中心，对于集聚人口同样具有十分显著的效应。

B.3
县镇城镇基础设施和公共服务报告

肖华堂*

摘 要: 基础设施建设是地区经济社会发展的重要保障，基本公共服务供给则是为更好地满足人们日常生活需要和实现人的全面发展的重要支撑。近年来，四川省不断加大城乡基础设施建设投入和基本公共服务供给，但现阶段全省县镇之间、城乡之间基础设施建设和基本公共服务供给不足，供给不均衡是客观现实。因此，继续加快基础设施建设、提升基本公共服务供给水平，对保障城乡经济社会快速发展、满足城乡居民生产生活需求，对2020年全面建成小康社会具有重要的现实意义。

关键词: 基础设施 基本公共服务 均衡

基础设施建设主要是指以基础交通、市政、通信等为代表，为保障城乡居民日常出行、生活、通信等基本需要，以政府供给为主要特征的一系列基础设施建设总和，良好的基础设施建设已经成为满足人们日常生活和工作需要的必要前提。基本公共服务则是建立在一定社

* 肖华堂，四川省社会科学院区域经济研究所助理研究员，主要从事中小城镇建设、县域经济关系问题研究。

会共识上由政府主导提供的，包括教育、医疗、科技文化、就业和社会保障等方面，旨在保障全体公民生存和发展基本需求的公共服务[①]，是保障城乡居民接受教育、生命健康、文化娱乐、劳动等权利实现的基础条件，是直接关系城乡居民切身利益的“刚性”需求。

从四川省来看，交通等基础设施“硬环境”整体水平建设与东部及中部局部地区相比仍存在一定差距，教育、医疗卫生、科技文化、就业以及社会保障等“软性”基本公共服务供给存在的差距则更大，在全省内部地区之间的基础设施建设和基本公共服务的水平差距也十分明显。今后一段时期，继续加快基础设施建设和加大基本公共服务供给，适当向农村地区倾斜，对进一步提高全省城镇基础设施建设和基本公共服务供给水平具有重要现实意义。

一　四川县镇基础设施建设总体状况

2014 年，为提高全省基础设施建设水平，四川省专门出台《关于加快城镇基础设施建设实施意见的通知》，编制实施《四川省新型城镇化规划（2014～2020 年）》，全面实施《四川省“十二五”综合交通建设规划》，对进一步缓解全省城乡经济社会发展、城乡居民现实需要同基础设施建设不足的矛盾，缩小地区之间基础设施建设水平差距提供重要现实支撑。

1. 交通基础设施建设情况

“十二五”时期以来，四川省不断加大交通基础设施投入力度，仅 2014 年全省交通建设就完成投资 1303 亿元（连续 4 年超千亿元，提前一年完成“十二五”规划目标），城乡交通基础设施建设水平得到较快提升。截至 2014 年底，全省公路总里程达到 30.97 万公里，

① 四川省基本公共服务体系“十二五”规划。

其中等级公路里程25.70万公里，占公路总里程的82.98%，高速公路总里程达到5506公里；每千人公路里程达到3.80公里，公路密度达到63.86公里/百平方公里。

全省有120个县（市、区）公路总里程超过1000公里，占全省县（市、区）个数的65.57%；56个县（市、区）公路总里程超过2000公里，占全省县（市、区）个数的30.6%；19个县（市、区）公路总里程超过3000公里，占全省县（市、区）个数的10.38%[①]。

全省有113个县（市、区）等级公路总里程超过1000公里，占全省县（市、区）个数的61.75%；34个县（市、区）等级公路里程超过2000公里，占全省县（市、区）个数的18.58%；10个县（市、区）等级公路总里程超过3000公里，占全省县（市、区）个数的5.46%。

全省公路里程最多的县（市、区）为安岳县，达到6025公里；等级公路里程最多的也是安岳县，达到4397公里。每万人公路里程最高的为甘孜藏族自治州的得荣县，达到568.16公里，最低的为成华区，仅2.44公里；每万人等级公路里程最高的也为得荣县，达到531公里，最低的为成华区，仅2.33公里[②]。

2. 市政基础设施建设情况[③]

全省围绕实施“三大发展战略”，加快城镇基础设施建设，构建功能配套、管理科学和安全高效的城镇基础设施支撑体系，改善人居环境和发展环境[④]。截至2014年底，全省城市城区面积达6426平方公里，建成区面积占城区面积的34.49%，其中，县级市城区面积达

① 凉山州县区未统计在内。

② 主要受得荣县总的户籍人口相对较少、公路总里程较长，而成华区户籍人口较多、公路总里程相对较短影响。

③ 本部分数据，仅限全省县级市、地级市以上地区，且不包括三州的统计数据。

④ 《关于加快城镇基础设施建设实施意见的通知》，http://www.sc.gov.cn/10462/10883/11066/2014/5/19/10302106.shtml。

1149 平方公里，建成区面积占城区面积的 32. 73%。

全省县级市以上城市地区道路总里程达 1. 25 万公里，面积达到 2. 63 亿平方米，人均城市道路面积 13. 32 平方米，道路路灯 92. 94 万盏。其中，地级市以上城市地区道路长度达到 1. 04 万公里，人均道路面积 13. 14 平方米，城市地区道路路灯共 72. 46 万盏。县级市城市道路总里程达 2069. 7 公里，最长的为都江堰市，达到 303. 2 公里，最短的万源市为 46. 3 公里；县级市城市道路面积 4633 万平方米，人均城市道路面积 14. 24 平方米，最高的彭州市达到 23. 89 平方米，最低的万源市为 4. 74 平方米；县级市城市地区道路路灯共 20. 47 万盏。

全省城市用水人口达 1796 万人，用水普及率达到 91. 12%，人均供水管道长 1. 53 米[①]，人均日供水综合生产能力达到 0. 529 立方米，污水处理率达 85. 36%，生活垃圾处理率为 97. 24%。其中，县级市城市地区用水人口为 284. 49 万人，用水普及率为 87. 47%，用水普及率最高的县级市为江油市，达到 100%，最低的为万源市，仅 67. 14%；人均供水管道长 1. 92 米，最高的为彭州市，达到 5. 4 米，最低的为简阳市，仅 0. 6 米；城市人均日供水综合生产能力为 0. 513 立方米，最高的为彭州市，为 0. 99 立方米，最低的为简阳市，仅 0. 21 立方米；污水处理率为 74. 22%，污水处理率最高的为简阳市，达到 100%，最低的为万源市，仅 30. 22%。

全省县级市以上城市地区天然气用气人口达 1595. 19 万人，占全省总人口的 19. 59%，其中地级市以上城市用气人口达 1383. 13 万人，县级市城市地区用气人口达 212. 06 万人。县级市以上城市燃气普及率达到 90. 89%，其中县级市城市地区燃气普及率为 87. 47%，最高的为绵竹市，达到 99. 82%，最低的万源市仅为 43. 2%。

全省县级市以上城市绿化覆盖面积达 9. 23 万公顷，建成区绿化

① 按用水人口数计算，下同。

覆盖率达 37.51%，人均公园绿地面积 11.26 平方米。其中，县级市城市绿化覆盖面积达 1.46 万公顷，建成区绿化覆盖率达到 38.51%，人均公园绿地面积 11.97 平方米，建成区绿化覆盖率、人均公园绿地面积最高的均为万源市，分别达到 56.34%、23.52 平方米，建成区绿化覆盖率最低的为华蓥市，为 21.92%，人均公园绿地面积最少的为广汉市，仅 7.96 平方米。

3. 通信基础设施建设情况

实施“宽带中国”战略，将宽带网络建设纳入各地城乡总体规划、土地利用总体规划，并统筹安排下一代广播电视网络和通信工程管网及相关设施，同步规划建设 NGB 网络、通信设施与其他城镇通信基础设施①。截至 2014 年底，全省固定互联网用户达到 883.1 万户；长途光缆线路长度 5.7 万公里，本地网中继光缆线路长度 48.7 万公里，接入网光缆线路长度 75.2 万公里；固定电话用户 1294 万户，固定电话普及率 16.0%。

全省有无线广播电台 1 座，中短波发射台及转播台 40 座，较上年增加 4 座；电视台 1 座，电视发射台及转播台 566 座，较上年减少 1621 座；广播电视台（站）165 个，广播覆盖率达到 97.04%，电视覆盖率达到 98.07%。全年广播播出节目套数达到 126 套，其中县（市、区）级广播电视台 78 套。有线广播电视用户数达到 1471.09 万户，其中数字电视用户数达到 1132.46 万户。

二　四川县镇基本公共服务供给现状

全省立足城镇化水平快速提高的现实，不断加强城镇基本公共服

① 《关于加快城镇基础设施建设实施意见的通知》，http://www.sc.gov.cn/10462/10883/11066/2014/5/19/10302106.shtml。

务供给，全面落实《四川省基本公共服务体系“十二五”规划》各项任务，深入实施《四川省民族地区教育发展十年行动计划(2011～2020)》《四川省民族地区卫生发展十年行动计划（2011～2020)》，积极促进城镇基本公共服务设施向民族地区延伸，优化基本公共服务配置水平，缩小地区之间基本公共服务供给差距。

1. 教育供给情况

2014 年底，全省共有普通高等学校 107 所，较上年增加 4 所；中等职业学校 568 所，较上年减少 27 所；普通中学 4633 所，较上年增加 3 所；普通小学 6959 所，较上年减少 298 所。普通高等学校教师人数达 8.14 万人，中等职业学校教师数 4.68 万人，普通中学教师数 29.3 万人，小学教师 30.49 万人。高等学校学生教师人数比为 16.32:1，中等职业学校学生教师人数比为 25.56:1，普通中学学生教师人数比为 13.9:1，普通小学学生教师人数比为 17.43:1（见表 1）。

表 1　2014 年全省教育供给基本情况

单位：个，万人

项目	普通高等学校	中等职业学校	普通中学	普通小学
学校数	107	568	4633	6959
专任教师数	8.14	4.68	29.3	30.49
学生教师人数比	16.32:1	25.56:1	13.9:1	17.43:1

全省普通高等学校最多的为成都市，共 56 所，普通高等学校数排第二位的为绵阳市，共 10 所，有 7 个市（州）仅 1 所普通高等学校。全省中等职业学校最多的为成都市，达到 84 所，其次为南充市 45 所，有 10 个市（州）中等职业学校达到 20 所以上。

全省县（市、区）普通中学学校个数最多的为仁寿县和简阳市，均为 105 个，最少的为新龙县、白玉县、色达县、乡城县、得荣县，均为 1 个；每万人普通中学学校最多的是芦山县，达到 1.09 个，最少的是色达县，仅0.17个。普通中学在校生人数最多的是涪城区，达到9.52万人，最少的为白玉县，仅607人；每万人普通中学生在校人数最多的是涪城区，达到1111人，最少的为白玉县，仅105.75人。普通中学专任教师人数最多的为巴州区，达到5967人，最低的为新龙县，仅64人；普通中学学生教师人数比最高的为九龙县，达到24.34∶1，最低的为西充县，为5.59∶1。

全省县（市、区）小学学校个数最多的为万源市，达到270个，最少的为芦山县，仅9个；每万人小学学校个数最多的是美姑县，达到8.04个，最少的为郫县，仅0.17个。小学在校学生人数最多的为安岳县，为9.29万人，最少的为理县，仅为2186人；每万人小学生在校人数最高的是普格县，达到1704人，最少的为五通桥区，仅299人。小学专任教师人数最多的为宣汉县，达到5287人，最少的为金口河区，仅200人；小学学生教师人数比最高的为简阳市，达到39.34∶1，最低的是理县，为5.61∶1（见表2）。

表2　2014年全省县（市、区）普通中小学学生教师人数比及每万人中小学学校个数情况

项目	普通中学学生教师人数比	小学学生教师人数比	每万人普通中学学校个数	每万人小学个数
最高	24.31∶1	39.34∶1	1.09	8.04
最低	5.59∶1	5.61∶1	0.17	0.17

2. 医疗卫生供给情况

截至2014年底，全省城市有各级各类医院857个，实有床位数17.24万张，每千人床位数达到4.57张，卫生技术人员15.61万人，每千人卫生技术人员4.14人。全省农村有各类医院965个，实有床位数14.68万张，每千人床位数3.36张，卫生技术人员11.48万人，每千人卫生技术人员2.63人（见表3）。

表3　2014年全省城市各级各类医院基本情况

	各类医院个数(个)	实有床位数(万张)	每千人床位数(张)	卫生技术人员(万人)	每千人卫生技术人员(人)
城市	857	17.24	4.57	15.61	4.14
农村	965	14.68	3.36	11.48	2.63

全省卫生机构数最多的三个市（州）为南充市、成都市、凉山彝族自治州，分别达到8780个、8190个、5482个；每万人医疗机构数最多的市（州）为甘孜藏族自治州，达到24.18个，最少的为成都市，为5.68个；每万人医院数最多的为阿坝藏族羌族自治州，达到0.38个，最少的为达州市，仅0.14个。每千人卫生技术人员数最多的市（州）为成都市，达到8.86人，最少的为广安市，仅3.6人。其中，每千人执业医师最多的为成都市，达到3.03人，最少的为凉山彝族自治州，仅1.08人；每千人职业助理医师人数最多的为巴中市，达到0.72人，最少的为南充市，仅0.28人；每千人注册护士最多的市（州）为成都市，为3.8人，最少的为甘孜藏族自治州，仅1.24人。每千人卫生机构床位数最多的市（州）为攀枝花市，达到7.79张，最低的为达州市，仅4.07张。

3. 科技和文化发展情况

科技方面。2014年全省R&D经费内部支出达到449.33亿元，占地区生产总值的1.57%，较上年提高0.05个百分点，其中政府投入资金达到193.23亿元，占全部R&D经费支出的43%，较上年增长26.48%。全省R&D人员折合全时人员达到11.97万人/年，研究人员达到6.28万人，较上年增加4800人，其中县级以上政府部门属研究与开发及情报文献科技人员达到10754人。全省专利申请量达到9.11万项，较上年增加0.87万项，专利授权量达到4.71万项，较上年增加0.9万项。

文化方面。2014 年全省有公共图书馆 198 个、文化馆 207 个、文化站 4601 个、博物馆 206 个、艺术表演团体 51 个。市（州）以上文化艺术和文物事业机构从业人员达到 13794 人[①]，其中公共图书馆 2152 人、文化馆 2902 人、艺术表演团体 2945 人。全年文化站举办各类展览 8864 个，组织文艺活动次数达到 4.81 万次，举办训练班 21861 次。

全省图书馆藏书达到 3162.1 万册，其中省级公共图书馆藏书 529.9 万册，市（州）级公共图书馆藏书 1001.9 万册，县级公共图书馆藏书 1630.3 万册。各级各类图书馆新增藏书 164 万册，人均藏书达到 0.38 册，全年书刊外借达到 836.1 万人次，借阅量达到 1535.7 万册。

4. 就业和社会保障

就业方面。全年公共就业（人才）服务机构为 111.7 万名城乡各类求职人员办理求职登记，累计为 79.5 万人提供职业指导服务[②]；共组织 12.8 万人参加创业培训，比上年增加 3.6 万人；扶持自主创业人员 1.0 万人，带动就业 4.2 万人；共帮助 582 户零就业家庭每户至少 1 人实现就业；促进 6182 名高校毕业生实现创业，比上年增加 1776 人；新建高校毕业生就业见习基地 144 个，共有 8315 名高校毕业生参加就业见习。

2014 年年末全省城乡就业人员达到 4833 万人，就业人员占常住人口总数的 64.04%。城镇就业人员达 1531 万人，比上年末增加 38 万人，城镇新增就业人员 96.2 万人；乡村就业人员 3302 万人，比上年末减少 22.3 万人。县（市、区）就业人口占常住人口的比例最高的为隆昌县，达到 95.43%，最低的为攀枝花市的西区，为 41.54%；

① 全省文化站从业人员达到 7529 人，大多属乡镇、社区一级。

② 资料来源：《2014 年四川省人力资源和社会保障事业发展统计公报》，http://www.scsi.gov.cn/hotnews/shownews.php?lang=cn&id=1529。

县（市、区）就业人口最多的为南部县，达83.77万人，最少的为得荣县，仅1.71万人。城镇登记失业人数54.36万人，较上年增加11.49万人，其中女性26.37万人，城镇登记失业人口最多的市（州）为成都市，达到15.33万人，最少的为阿坝藏族羌族自治州，为4000人。城镇登记失业率4.15%，较上年增加0.03个百分点，城镇登记失业率最高的市（州）为巴中市，达到4.3%，最低的为成都市，为2.87%。

社会保障方面。一是最低生活保障。2014年，全省城市居民享受最低生活保障家庭数98.93万户，较上年减少3.83万户，全省市（州）城市享受最低生活保障家庭数最多的为南充市，达到12.61万户；全省享受城市最低生活保障家庭覆盖面达到8.45%，覆盖面最大的为阿坝藏族羌族自治州，达到23.76%，最低的为成都市，仅1.01%。全省享受最低生活保障人数173.44万人，较上年减少10.13万人，城市居民享受最低生活保障覆盖面达到6.44%。全省享受城市最低生活保障人数最多的市（州）为南充市，达到23.45万人；城市享受最低生活保障覆盖面最大的为阿坝藏族羌族自治州，达到24.2%，最小的为成都市，仅0.46%。全省共发放城市低保资金46.88亿元，人均城市低保金达到2702.9元，人均城市低保金最多的为雅安市，达到4491.7元，最少的为南充市，为2270.2元。

二是社会保险[①]。2014年年末全省参加城镇职工养老保险人数为1839.7万人，较上年增加119.4万人；有611.4万名参保企业离退休人员领取养老金，较上年增加49.5万人，月人均领取水平达到1642元，较上年增加121元。全省参加城镇基本医疗保险人数达2581.5万人，比上年末增加90.5万人，参保覆盖率达98.0%，享受城镇居

① 资料来源：《2014年四川省人力资源和社会保障事业发展统计公报》，http：//www.scsi.gov.cn/hotnews/shownews.php？lang=cn&id=1529。

民医疗保险待遇人数325.2万人，比上年增加10.3万人。全省参加职工失业保险人数达到635.85万人，比上年末增加22.4万人，有20.8万名失地无业农民被纳入失业保险范围并领取失业保险金；全年共为30.0万名城镇失业人员提供失业保障，月人均领取失业金水平852.4元，比上年增加108.8元。全省参加职工工伤保险人数达709.7万人，比上年末增加19.6万人。年末参加城镇职工生育保险人数达到730.4万人，比上年末增加41.3万人。

三　四川县镇基础设施和公共服务存在的问题

目前，从四川省县镇城镇基础设施建设、基本公共服务供给水平的现状来看，全省县镇城镇基础设施建设水平、基本公共服务供给水平较“十二五”初有较大提升，但其推动地区经济社会发展、城镇居民的全面发展，保障城镇居民交通出行、通信、健康、接受教育、文化娱乐、劳动等权利的支撑保障作用并未完全发挥。从基础设施建设和基本公共服务供给数量来看，虽然总量提升很快，但人均资源拥有量仍然不足，全省内部城镇之间也存在较大差距，使得基础设施及公共服务的使用效率相对较低，即有限的资源未得到有效利用，主要体现在以下几个方面。

一是交通基础设施方面，受地缘和人口、经济等综合因素影响，供需矛盾仍较突出，且存在局部交通基础设施利用率较差的问题。目前，全省尚有一个市（州）未通高速公路，阿坝藏族羌族自治州高速公路里程也仅为51公里，这些区域的高速公路网络亟待完善。另外，全省公路总里程、等级公路总里程、每万人公路总里程最高的市（州）均为甘孜藏族自治州；县（市、区）每万人公路里程、等级公路里程最高的均为得荣县。然而，这些地区普遍存在人均公路里程高、区域公路密度低的问题，交通基础设施利用率相对较差。

二是市政基础设施建设地区之间存在较大差异的问题。如，目前，全省城市用水普及率、燃气普及率分别达到91.12%、90.89%，但仍然有8个县级市以上城市用水普及率为80%以下，有6个城市地区燃气普及率为80%以下，最低的仅43.2%。另外，全省每万人排水管道2.53公里，最高的攀枝花地区达到每万人5.19公里，而最低的仅0.16公里。全省每万人路灯平均114盏，最高的攀枝花市区达到387.14盏，最低的仅为19.74盏。全省城镇之间市政基础设施差异明显，在更为广泛的县域乡镇和农村地区，相关基础设施配套建设差距可能更大，供需矛盾更为突出。

三是城乡教育和医疗卫生公共服务供给方面。城乡教育问题主要体现在高等教育资源过度集中在成都市，各市（州）高等教育基本处于“低水平”均衡状态，严重制约地区经济社会发展人才供给。普通中小学等基础教育方面，城镇之间的教育硬件设施差距在一定程度上缩小，教育资源的供需矛盾在逐渐减少，但城镇之间在教师队伍数量、整体质量，以及教学方法、教学理念等“无形资源”方面的差距呈扩大趋势，且在短期内很难得到明显改善。医疗卫生公共服务供给问题则主要是高品质医疗资源过度集中在全省中心城市及地区性中心城市，医疗卫生资源分布不均衡。县级及以下地区普遍处于“低水平”均衡状态，特别是在乡镇和村（社区）级，医疗卫生人才相对缺乏，对满足农村地区居民健康需求产生较大影响。

四是社会保障城乡之间、地区之间差距大。如全省城市人均低保金最多的为雅安市，达到4491.7元，而最低的南充市仅为2270.2元，差距近一倍。全省农村人均低保金最多的为成都市，达到3050.4元，而全省市（州）农村人均低保金仅为1249.8元，最低的为甘孜藏族自治州，仅959.2元，城乡之间、地区之间的社会保障水平差距明显。

四　简要结论和建议

四川省应充分把握国家“长江经济带”“一带一路”“新一轮西部大开发”等有利战略机遇，进一步加快城乡交通、市政、通信等基础设施建设，尤其要加大对市（州）重点县镇的基础设施建设，适当向农村地区倾斜，逐渐缩小城乡之间、地区之间基础设施建设差距。基本公共服务方面，应进一步完善和落实相对欠发达地区公共服务领域人力资源支持政策，加大投入力度，增强其对人才的吸引力，突破基本公共服务供给的人才瓶颈，同时，鼓励市（州）及重点县镇进行教育、医疗、文化等领域的改革探索，积极探索“试错机制”，助推中小城镇基本公共服务供给改革，继续推动城乡基本公共服务均等化，缩小城乡之间、地区之间基本公共服务供给差距。

B.4
县域产业对城镇化发展支撑报告

冉　敏*

摘　要： 县域产业发展是新型城镇化进程能否顺利推进的支撑与前提。2014年四川县域经济发展速度持续较快增长，产业结构进一步优化，对城镇化进程起到了重要的支撑作用，但还存在以下问题：县域经济两极化现象较为严重，民族县经济发展水平较低；第一产业比重仍然较高，第三产业发展较为缓慢，产业结构合理化和高级化还需要加速推进；四川县域就业结构严重滞后于产业结构发展；四川县域城镇化严重滞后于工业化发展。为了进一步夯实县域经济产业发展，从而促进四川县域新型城镇化建设，本报告认为应从三个方面着手：加快县域经济体新型工业化进程；推动县域经济体农业现代化发展，促进农业提质增效；推动县域经济体服务业创新发展。

关键词： 县域产业　发展县域　城镇化　支撑作用

新型城镇化的核心是人的城镇化，亦即让聚集到城镇中的人员能够“安居乐业”。而能否“乐业”则取决于所“安居”的城镇能否

* 冉敏，四川社会科学院区域经济所助理研究员，研究方向为产业经济学。

为其百姓提供一份安身立命的工作。因此，县域产业的发展是县域经济体城镇化进程能否顺利推进的前提与支撑。那么，在过去的一年中，四川县域产业发展对新型城镇化是否起到了支撑作用？还存在哪些问题呢？

一　四川县域经济体产业发展概况

（一）2014年县域经济体发展总体水平

2014年年末全省常住人口8140.2万人，GDP总量为28536.66亿元，GDP增速为8.5%，城镇化率为46.3%，工业化率为48.9%；而175个县域经济体年末常住人口为7512.63万人，占全省的92.29%，其中22个平原县的GDP总量为6730.77亿元，GDP增速为10.16%，城镇化率为53.15%；69个丘陵县GDP为12831.49亿元，GDP增速为8.94%，城镇化率为42.43%；33个山区县GDP总量为2903.83亿元，城镇化率为38.75%，GDP增速为9.74%；51个民族县GDP总量为1868.20亿元，GDP增速为7.08%，城镇化率为28.24%（见表1）。

表1　175个县域经济体总体发展概况

项　目	GDP(亿元)	GDP增速(%)	人均GDP(元)
全　省	28536.66	8.5	35128
平原县	6730.77	10.16	48679.27
丘陵县	12831.49	8.94	31602.59
山区县	2903.83	9.74	29571.85
民族县	1868.20	7.08	21530.98

从2014年GDP总量看，全省农业人口超过30%的175[①]个县中，22个平原县的GDP占比为24%，69个丘陵县占比为45%，33个山区县占比为10%，51个民族县占比仅有7%（见图1）。而从人均GDP来看，2014年全省人均GDP为35128元，除了平原县的人均GDP为48679.27元，其他三类县域经济体的人均GDP均低于全省平均水平，尤其是民族县的人均GDP仅为21530.98元，约为全省平均水平的60%。可见四川县域经济体发展两极化现象较为严重，民族地区县域经济体的经济发展水平较低，而本应起中坚力量的丘陵县没有起到应有的支撑作用。因此，如何推进全省69个人口聚集的丘陵县域经济体的发展，不仅关系着全省经济社会总体发展水平，而且更影响着新型城镇化进程能否顺利推进。

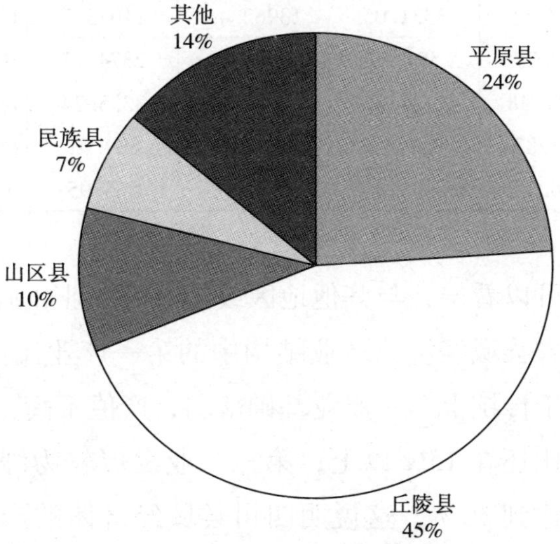

图1　2014年四川省县域经济体发展概况

① 本研究的县域经济总样本只包括了全省农业人口超过30%的175个县（市、区）（不包括成都市青羊区、武侯区、金牛区、成华区、锦江区，攀枝花市的东区、西区和自贡市自流井区8个区）。

（二）2014年县域经济体产业结构调整概况

2014 年全省产业结构进一步调整升级，三次产业比重为12.37:48.93:38.7，而175 个县域经济体中，平原县三次产业比重为8.24:56.48:35.28，丘陵县三次产业比重为16.61:57.23:26.15，山区县三次产业比重为15.15:57.16:27.69，民族县三次产业比重为1.91:50.55:30.29（见表2）。

表2　2014 年四川省县域经济体产业结构情况

单位：亿元

项目	GDP	第一产业产值	第二产业产值	第三产业产值	三次产业比重
全　省	28536.66	3531.05	13962.41	11043.2	12.37:48.93:38.70
平原县	6730.77	554.49	3801.51	2374.77	8.24:56.48:35.28
丘陵县	12831.48	2131.86	7343.88	3355.74	16.61:57.23:26.15
山区县	2903.83	439.97	1659.85	804.01	15.15:57.16:27.69
民族县	1546.73	35.78	944.40	565.95	1.91:50.55:30.29

从表2 中可以看出，与其他地区或国家的工业化后期阶段较为不一致的是：全省县域经济体产业结构中的第一产业比重仍然比较高，除了民族县由于传统上第一产业基础薄弱，产值不高，丘陵县和山区县第一产业占比还在15%以上；第三产业发展较为缓慢，丘陵县和山区县均没有达到30%。这说明四川县域经济体的产业结构合理化和高级化还需要加速推进。与其他地区相比，四川县域经济体的产业结构对于四川建设西部经济高地的支撑作用还不够明显。

1. 2014年县域经济体第一产业发展概况

2014 年全省第一产业总产值为3531.05 亿元，占GDP 总量的12.37%，增速为3.8%，远远滞后于全省GDP 增速的8.5%。而在

175 个县域经济体中，平原县第一产业总产值为 554.49 亿元，增速为 3.9%，占全省第一产业比重为 15.7%；丘陵县第一产业总产值为 2131.86 亿元，增速为 3.8%，占全省第一产业比重为 60.37%；山区县第一产业总产值为 439.97 亿元，增速为 4.2%，占全省第一产业比重为 12.46%；民族县第一产业产值为 35.78 亿元，增速为 4.5%，占全省第一产业比重为 1.01%（见表 3）。

表 3　2014 年县域经济体第一产业发展情况

单位：亿元，%

项目	第一产业产值	第一产业增速	占全省第一产业比重
全　省	3531.05	3.8	—
平原县	554.49	3.9	15.7
丘陵县	2131.86	3.8	60.37
山区县	439.97	4.2	12.46
民族县	35.78	4.5	1.01

2014 年县域经济体的第一产业发展具有以下特征。一是总产值继续攀升，但增速放缓。2014 年，全省县域经济体第一产业整体发展较为平稳，但产值增速开始有所下调。二是农业产业化经营进展迅速。从 2012 年开始，四川便开始在各类县域经济体中加快建设现代农业产业基地，积极发展农业产业化经营模式，着力培育龙头企业和农业专业合作社等新型农业主体，带动农民发展现代农业从而致富增收。从表 3 中可以看出，四川农业的大头在丘陵县，农业现代化能否顺利实现，取决于丘陵县农业的产业化水平的推进与提升。

2. 2014年县域经济体第二产业发展概况

2014 年全省县域经济体第二产业发展具有以下特征。一是产值增速出现下调。二是工业和建筑业增速同步下滑，但工业下降幅度更大。三是优势产业产值再上新台阶。四是产业发展空间格局极其不平衡。四川县域经济体工业发展极度不平衡，相对而言，平原县和丘陵县工业发展较好，而山区县和民族县工业发展较为薄弱，尤其是民族地区的工业发展更是欠缺。

四川县域经济体工业主要集中在平原和丘陵地区。2014 年全省第二产业产值为13962. 41 亿元，增速为8. 9%。在175 个县域经济体中，平原县第二产业产值为 3801. 51 亿元，增速为 11. 8%，占全省第二产业比重的 27. 2%；丘陵县第二产业产值为 7343. 88 亿元，增速为10. 0%，占全省第二产业比重的 52. 6%；山区县第二产业产值为1659. 85 亿元，增速为 11. 2%，占全省第二产业比重的 11. 9%；民族县第二产业产值为 944. 40 亿元，增速为 11. 3%，占全省第二产业比重的6. 8%（见表4）。

表4　2014 年县域经济体第二产业发展情况

单位：亿元，%

项目	第二产业产值	第二产业增速	占全省第二产业比重
全　省	13962. 41	8. 9	—
平原县	3801. 51	11. 8	27. 2
丘陵县	7343. 88	10. 0	52. 6
山区县	1659. 85	11. 2	11. 9
民族县	944. 40	11. 3	6. 8

3. 2014年县域经济体第三产业发展概况

根据工业化理论，随着工业化和城镇化进程的推进，第三产业在国民经济中的地位越来越高，第三产业在 GDP 中的比重在一定程度上是衡量产业结构高级化和国民经济运行效率与质量的一个重要指标。第三产业的兴旺与发展不仅有利于建立和完善社会主义市场经济体制，而且有助于加快经济发展，提高综合国力，促进就业，是全面建设小康社会的内在要求。近年来，四川县域经济体第三产业发展取得了长足的进步，占 GDP 的比重逐渐增加，已经成为县域经济体经济社会发展的一支重要力量。

2014 年四川县域经济体第三产业发展有以下几个特征。一是总量快速扩张。2014 年全省第三产业产值为 11043.2 亿元，增速为 9.4%。在 175 个县域经济体中，平原县第三产业产值为 2374.77 亿元，增速为 9.4%，占全省第三产业比重的 21.5%；丘陵县第三产业产值为 3355.74 亿元，增速为 10.0%，占全省第三产业比重的 30.4%；山区县第三产业产值为 804.01 亿元，增速为 10.0%，占全省第三产业比重的 7.3%；民族县第三产业产值为 565.95 亿元，增速为 6.2%，占全省第三产业比重的 5.1%（见表5）。二是传统产业占主导地位。近年来，四川各类县域经济体加大招商引资力度，不断夯实基础设施建设，一大批城市综合体、商场、超市相继建立，为商品贸易业的发展注入了新的活力，批发零售、住宿餐饮业在竞争中不断发展壮大并日趋成熟。三是新兴行业不断涌现。随着市场经济的不断发展，全省县域经济体的第三产业在传统产业持续发展的同时，新兴行业不断涌现，除了房地产业、计算机和软件服务迅速发展外，各县区在发展农业现代化、促进工业化发展的同时，推动了电子商务以及仓储物流等新兴第三产业在山区县和民族县的发展。

表 5　2014 年县域经济体第三产业发展情况

单位：亿元，%

项　目	第三产业产值	第三产业增速	占全省第三产业比重
全　省	11043.2	9.4	—
平原县	2374.77	9.4	21.5
丘陵县	3355.74	10.0	30.4
山区县	804.01	10.0	7.3
民族县	565.95	6.2	5.1

二　四川县域经济体产业结构调整对城镇化进程的影响

县域城镇化的过程实际上就是一个县域产业结构由低级向高级、由不合理到合理的发展演变过程，因此，县域产业的发展对县域城镇化进程的推进起着重要的支撑作用。

（一）产业结构调整与城镇化进程的互动关系

刘易斯认为，非农产业的发展能够大量吸纳农村剩余劳动力，从而推动就业人口从农业产业转移到非农产业，这实际上就是城镇化过程。简言之，随着经济的发展，在农业要素转向工业和服务业的同时，农业部门中的剩余劳动力也会随之转向第二、三产业。这种转移促使企业和工人逐渐聚集到城镇中，从而推动产业结构升级和城镇化进程。随着城镇化的发展，城镇集聚作用日益显现，促进了区域经济的增长，带动第三产业的发展，从而促使产业结构调整。因此，产业结构调整和城镇化进程是互相促进的，在一定程度上可以说，产业结构的变动体现为城镇化的推进。产业结构的升级推动劳动力转移到第二、三产业，从而促进了人员和要素在城镇聚集，形成了城镇；反之亦然，城镇化的进一步发展，必然促使服务业等第三产业的出现与发展，再次吸纳剩余劳动力聚集到城镇，从而推动城镇规模的扩大，资源的聚集。总之，县域城镇化的产生与发展既是社会、经济、政治、文化条件的制约和影响的产物，更是县域产业结构调整推动下的产物。

既然城镇化进程表现为农业剩余劳动力转向非农产业就业，那么，在产业部门的构成中，每一种产业所能吸纳的就业人数实际上就体现了城镇化的潜力与水平。因此，我们可以通过分析县域经济体的产业结构与就业结构之间的关系来衡量四川县域经济体产业发展对城镇化进程的支撑作用。

（二）2014年县域经济体产业结构与就业结构偏差分析

如同前文所述，本研究拟通过测量四川县域经济体的产业结构与就业结构的关系，来分析县域经济体产业发展对城镇化进程的支撑作用。

为了更好地分析全省县域经济体产业结构与就业结构的关系，本研究引入“结构偏离度”指标来分析产业结构与就业结构的偏离程度。结构偏离度的计算公式是：

$$S_i = \frac{G_i/G}{E_i/E} - 1(i = 1,2,3)$$

其中，S 表示结构偏离度系数，G_i/G 表示第 i 产业的 GDP 占整个 GDP 的比重，E_i/E 表示第 i 产业就业人数占全部就业人数的比重。

通常而言，当 $S = 0$ 时，表明产业结构与就业结构耦合度较高，二者完全一致，即产业中不存在闲置的劳动力或者没有闲置的工作岗位，处于均衡状态；当 $S > 0$ 或者 $S < 0$ 时，表明产业结构与就业结构发生偏离，其绝对值越大，说明偏离程度越大，反之亦然。当 S 为正值时，表明该产业的产值比重大于就业比重，因而该产业还可以吸纳更多的劳动力，而当 S 为负值时，表明该产业产值比重小于就业比重，因而该产业存在大量闲置劳动力需要转移出去。

表 6 列出了 2014 年四川县域经济体产业结构与就业结构的偏离度。从中可以看出，2014 年四川省各类县域经济体第一产业的结构偏离度为负值，与全省总体水平较为接近；第二产业的结构偏离度为正值，但是差异较大，平原县为 0.71，低于全省总体水平 0.85，但其他三类县域经济体的偏离度都大于 1，尤其是民族县的结构偏离度达到了 7.58；第三产业的结构偏离度除了民族县为 0.4 之外，其他

三类县域经济体的偏离度均为负值。由上表可以看出，第一产业的产值比重小于就业结构比重，说明第一产业吸纳了过多的劳动力，应该把部分闲置的劳动力转移到第二、三产业中去。第二产业的结构偏离度远远大于0，尤其是民族县达到了7.58，说明产业产值比重大于就业结构比重，应该吸纳更多的劳动力。民族县除了其他三类县域经济体第三产业的结构偏离度为负值，产值比重小于就业比重，说明县域经济体的第三产业也存在着富余劳动力需要转移出去。

表6　2014年四川省县域经济体产业结构与就业结构偏离度

项　目	第一产业	第二产业	第三产业
全　省	-0.69	0.85	0.13
平原县	-0.64	0.71	-0.06
丘陵县	-0.43	1.22	-0.19
山区县	-0.65	1.74	-0.01
民族县	-0.6	7.58	0.4

从四川县域经济体的产业结构与就业结构偏离度指标特性可以看出，四川省的就业结构滞后于产业结构的发展。第一产业存在着大量的闲置劳动力需要转移，而第二产业则具有吸纳大量劳动力就业的潜力。全省县域经济体第二产业的就业结构偏离状态说明还有比较大的就业潜力，尤其是民族地区的偏离状态达到7.58，这表明四川工业化尚未完成，尤其是民族地区处于工业化加速阶段，第二产业的发展排斥劳动力的转入，丰富的廉价劳动力资源还未被充分利用。

而尤其应该引起重视的是，县域经济体第三产业居然也存在着一定程度的闲置劳动力，特别是平原县和山区县的结构偏离度已接近于0，这表明在未来一段时间内第三产业吸纳劳动力的能力有限，甚至可能存在转移出劳动力的压力。第三产业的就业结构偏离度趋于零，并不说明四川第三产业已经步入成熟，反而意味着全省产业结构需要进一步调整，加大第三产业发展力度。当一个国家工业化进程完成和经济发展到一定阶段，国民消费服务的需求也随之增加，从而第三产业吸纳劳动力的空间扩大。这再次印证了前文所述，四川县域经济体第三产业发展较为滞后，且以传统工资收入相对较低的行业为主，从而无法产生更多的就业岗位来吸纳更多的就业人员。

（三）2014年县域经济体城镇化发展与工业化互动关系

城镇化的本质就是产业、要素和人口在空间的高度集中，而产业的集中是人口与要素集中的前提，更是推进城镇化进程的前提。如果没有非农产业的发展，单纯的农民进城只会成为城镇发展的负担；而如果城镇非农产业发展了，或者说产业已经城镇化了，而人还没有完成城镇化，这说明城镇没有提供相应的公共服务设施让进城的农民能够安居下来。简言之，人的城镇化与产业的城镇化必须相互协调，互相促进，否则不是城市沦为“贫民窟”，就是人成为暂栖居于城市的“候鸟”。

2014 年四川县域经济体城镇化率严重滞后于非农就业比率，22 个平原县的城镇化率为53. 15%，但非农就业比重为71%；69 个丘陵县的城镇化率为42. 43%，非农就业比重为62. 29%；33 个山区县的城镇化率为36. 75%，非农就业比重为50. 93%；51 个民族县的城镇化率为28. 24%，而非农就业比重为34. 22%（见表7）。可以看出，平原县和丘陵县城镇化率相对较高，但是也严重滞后于非农就业比重，接近于20%。这表明四川县域经济体的城镇化进程严重滞后。

表 7　2014 年四川省县域经济体城镇化率与非农就业情况

单位：%

	城镇化率	非农就业比重
全　省	46.3	60.5
平原县	53.15	71
丘陵县	42.43	62.29
山区县	36.75	50.93
民族县	28.24	34.22

而从人均 GDP 来测量，也可以看出四川县域经济体城镇化水平严重滞后于工业化进程。国际上还有一种衡量工业化率的指标是人均 GDP。根据钱纳里 - 赛尔昆模型，当人均收入水平上升后，工业化的演进将推动产业结构的改变，从而促进城镇化进程。根据其预测，当人均 GDP 约为 6000 美元时，城镇化率约 60%。2014 年全省县域经济体中，22 个平原县的人均 GDP 为 48679.27 元，折合美元高达 7500 美元，城镇化率才 53.15%（见表 8）。这充分表明四川县域经济体的城镇化率滞后于工业化进程。

表 8　2014 年县域经济体城镇化率与人均 GDP 关系

单位：%，元

	城镇化率	人均 GDP
全　省	46.3	35128
平原县	53.15	48679.27
丘陵县	42.43	31602.59
山区县	36.75	29571.85
民族县	28.24	21530.98

可以看出，四川县域经济体城镇化进程与单纯的工业增长相互作用不够协调，城镇化水平严重滞后于工业化进程。但是，工业化进程对城镇化的带动效应，主要取决于工业化对非农产业的拉动效应。由

此可以看出，在四川县域经济体的工业化进程中，建筑业和服务业对城镇化率的上升起到了非常重要的作用。

工业化若超前于城镇化，会因为城市配套设施的缺乏，出现交通拥挤、环境污染、资源短缺、房价暴涨等问题；反之，如果在城镇化进程中没有产业发展的支撑，那么就会出现就业不足从而产生“贫民窟”等一系列社会问题。因此，四川在县域经济体发展过程中，必须坚持统筹谋划和协调推进，夯实“两化”基础，协调区域发展，形成城乡一体化发展格局，推动全省经济社会全面发展。

三　夯实县域经济体产业基础，推动城镇化进程的对策建议

从前面对县域经济体产业发展对城镇化进程的支撑作用分析可以看出，四川县域经济体产业发展极其不平衡，产业结构还需进一步优化调整，产业集聚水平不够，特色优势不明显。由此我们提出以下建议：

（一）加快推进县域经济体新型工业化进程

以省委、省政府关于大力推进工业强县富县、夯实底部基础的实施意见为指导，以战略性新兴产业和五大高端成长型产业为主导，结合区域特色优势资源和产业发展基础，强化创新驱动，促进工业化、信息化、城镇化的深度融合。通过淘汰落后产能、鼓励和引导传统行业企业改造升级，促进县域特色优势产业走创新发展的新型工业化道路。在平原县，鼓励承接和自主创新创业一批具有知识产权的高新技术产业和企业；在丘陵县，鼓励加速产业链本土化延伸，促进产业的本地根植性，同时大力发展一批“精专特新”产业和企业，培育一批能够吸纳大量富余劳动力的高端劳动密集型产业；在山区县，鼓励依托现有工业基础，在开发本地资源禀赋的同时，培育一批具有区域

特色的地域性品牌，提高附加值，弥补高昂的物流成本；在民族县，鼓励发展具有民族特色的各种手工艺品和文化产品，依托互联网和电子商务，积极促进本地工业在高速发展的同时，吸纳更多的本地富余劳动力。

（二）推动县域经济体农业现代化发展，促进农业提质增效

根据省委、省政府的意见，改造提升200个万亩亿元示范区以及360万亩粮经复合现代农业产业基地，促进农业产业化和集约化发展。除此之外，县域经济体在进一步促进农业现代化发展的同时，还应抓好粮食生产，大力推进牛羊富民工程，培育一批农业产业化龙头企业。具体而言，在平原县，应该鼓励促进农业产业化发展，创建培育一批具有自主知识产权的高端农产品深加工产业和企业；在丘陵县，应该鼓励通过土地流转，促进粮食种植的集约化生产，稳定粮食播种面积，积极鼓励培育一批安全生态的种粮大户，与此同时，还应发展具有规模效益、经济附加值高的种养殖业，并对农副产品进行深加工，提高农业产值；在山区县，应该依托本土资源，大力发展生态绿色的高附加值农副产品，利用电子商务和互联网，促进农民增收，农业增产；在民族县，政府应支持先进的种养殖技术的下乡科普，指导农民生产，提高农副产品产量和农业产值。

（三）推动县域经济体服务业创新发展

根据省委、省政府指示，在县域经济中，要加快推进五大新兴先导服务业发展，促进生产性服务业与制造业的融合。加快推进城乡的现代流通体系建设，加快农村电子商务发展。尤其是要以加快发展新业态为契机，改造升级批发、零售、住宿、餐饮等传统服务业，积极推进物流、金融、信息等新兴服务业，打造互联网+服务业。本研究

认为，四川县域经济体的第三产业发展严重滞后，进一步发展的重点在于依托当地特色资源，分类发展：在平原县，大力推进生产性服务业发展，尤其是具有自主知识产权的技术研发、金融服务业、会展业等的发展；在丘陵县，则以推进商贸业、物流业为主导；在山区县和民族县，则以大力发展农村电子商务和特色旅游业为主导。

B.5

县镇扩权改革报告

吴 翔*

摘 要： 四川省自2007年开始在县一级进行扩权改革，自2010年开始在镇一级进行扩权改革。改革激发了扩权县镇经济社会发展活力，有效缓解了基层政府权责不匹配的矛盾，使县镇政府的公共服务能力和社会事务管理能力得到提升。当然，四川的县镇扩权改革还有进一步深化的空间，如建立健全贫困地区扩权县镇的人才支撑制度体系，着力提升镇一级政府的行政执法能力，适时推进人事考核权和任免权的下放，落实撤县设区的扩权试点退出机制，试点推进民族地区的扩权强县改革等。

关键词： 县级扩权　镇级扩权　扩权强县　强县扩权

一　四川县级扩权改革情况

县级扩权改革包括强县扩权和扩权强县，无论是强县扩权还是扩权强县，都是在既有的县（市）行政区划不变的情况下，县（市）与所在市的行政隶属关系、行政管理职责、行政管理权限维持不变。

---

* 吴翔，四川省社会科学院政治学研究所副研究员，研究方向为行政体制改革。

由省级政府赋予县（市）级政府地级市的经济社会管理权限，从而使县（市）扩大管理权限，减少管理层次，提高工作效率，降低行政成本，推动扩权县（市）加快经济社会发展，通常，这一举措又被称之为省直管县。扩权强县是加快县域经济持续稳定快速发展，加快推进县域新型工业化、信息化、城镇化、农业现代化协调发展的政策选择，是全面深化改革的政策选择，为我国广大农村地区全面建设小康社会创造了有利的条件。

我国针对县一级的扩权改革于20世纪90年代开始出现，1992年，浙江省对所属13个经济发展相对较快的县（市）进行了扩权改革，下放给这些县（市）扩大基本建设、技术改造和外商投资项目的审批权。2007年7月，为贯彻落实“坚持科学发展、构建和谐四川”的主题，加快县域经济发展，努力实现“四个跨越”，促进城乡共同繁荣，四川省委、省政府决定选择一批县（市）开展扩权强县试点工作①，选择的基本原则是：“近期内经济能够腾飞、经济实力较强、在不同类区县有明显的带动辐射作用。”本着这一原则，在统筹考虑各县（市）经济总量、财政状况、工业基础、产业结构、城镇化水平、发展潜力，并对各主要指标进行综合比较的基础上，最终选择了27个具有代表性的经济强县、百万人口大县、类区代表县（市）进行扩权改革的试点。这27个县（市）分布在15个地级市，其中：平原县5个、丘陵县20个、盆周山区县2个。具体名单如下：自贡市富顺县，攀枝花市盐边县，泸州市泸县，德阳市什邡市、绵竹市、广汉市、中江县，绵阳市江油市、三台县，遂宁市射洪县，内江市威远县、资中市，乐山市峨眉山市、夹江县，南充市南部县、仪陇县、阆中市，宜宾市宜宾县，广安市岳池县、华蓥市，达州市大竹

① 《四川省人民政府关于开展扩权强县试点工作的实施意见》（川府发〔2007〕58号），http：//www. sc. gov. cn/sczb/lmfl/szfwj/200711/t20071102_ 219537. shtml。

县、渠县、宣汉县，资阳市简阳市、安岳县，眉山市仁寿县，巴中市平昌县①。其中，德阳市选择的县（市）最多，除罗江县外，其余县（市）全部被纳入首批试点扩权改革县。

这27个县被赋予8个方面共56项、90多条与地级市相同的经济管理权限。主要包括计划直接上报、财政审计直接管理、税收管理权部分调整、项目直接申报、用地直接报批、资质直接认证、部分价格管理权限下放、统计直接监测发布等方面的管理权限。同时规定，今后国家和省赋予所在市的经济管理权限，除国家法律法规有明确规定的，扩权试点县（市）直接享有②。

在对这27个县（市）进行经济管理权限扩权改革的同时，为了理顺省、市、县三级间财政关系，进一步增强基层财政的保障能力，四川对扩权试点县（市）的财政管理体制进行了相应的改革和调整。省对扩权试点县（市）实行与市相同的分税制财政管理体制。对增值税、营业税等8个税种，省与试点县（市）按35：65比例分享，其中对纳入扩权试点的民族待遇县省仍暂不参与分享。企业所得税实行中央、省级企业所得税40%的部分暂留省级，县级以下企业所得税40%暂留县级的分享办法。出口退税除中央负担的92.5%外，地方负担7.5%的部分省与扩权试点县（市）仍实行35：65的比例分别负担，对纳入扩权试点的民族待遇县继续按原规定由当地全部负担。同时规定，扩权试点县（市）与地级市互不参与税收分享。除中央、省按财政体制参与试点县（市）的税收分享外，市不参与试点县（市）税收分享。对扩权试点县（市）的行政性收费、专项收入、政府性基金收入等非税收入按照有关规定分别缴入中央、省、试

① 《四川省人民政府关于开展扩权强县试点工作的实施意见》（川府发〔2007〕58号），http：//www.sc.gov.cn/sczb/lmfl/szfwj/200711/t20071102_219537.shtml。

② 《四川省人民政府关于开展扩权强县试点工作的实施意见》（川府发〔2007〕58号），http：//www.sc.gov.cn/sczb/lmfl/szfwj/200711/t20071102_219537.shtml。

点县级金库或财政专户，所在地级市不再参与试点县（市）非税收入的分享。原市属企业、事业单位在试点县（市）范围内的，其隶属关系和收支基数经市、县双方协商一致后，由省财政办理相关划转手续。[①]

这次扩权改革的目标是通过对试点县（市）扩权，确保县域经济和民营经济发展速度和效益的各项主要指标明显高于全省县域经济发展的平均水平。到2010年，扩权县（市）规模以上工业增加值、民营经济增加值、财政总收入的增长幅度高于全省县级平均增长幅度，并在2006年基础上翻一番[②]。经过近两年的扩权改革，27个试点县（市）县域经济主要指标明显高于全省县域经济平均水平，实现了预期的目标。

2009年，根据中央“1号文件”“稳步推进扩权强县改革试点，鼓励有条件的省份率先减少行政层次，依法探索省直接管理县（市）的体制”[③] 的精神，四川省于当年3月25日召开了全省深化和扩大扩权强县试点工作会议，本着“发挥特色优势，鼓励做大做强”的原则，将全省粮、油生产和生猪调出大县中发展较快的县、新增百万人口大县、省辖市代管的县级市、2008年县域经济激励考核先进县新增为扩权试点县（市）。最终，根据各县（市）粮食、油料年产量和生猪出栏量相关数量，考虑经济总量、财政状况、城镇化水平、发展潜力等主要指标，将32个县（市）纳入扩权强县试点范围。此次试点增加的县（市）名单如下：自贡市的荣县，泸州市的合江县、叙永县、古蔺县，德阳市的罗江县，绵阳市的盐亭县、梓潼县、安

---

① 《四川省人民政府关于开展扩权强县试点工作的实施意见》（川府发〔2007〕58号），http：//www. sc. gov. cn/sczb/lmfl/szfwj/200711/t20071102_ 219537. shtml。

② 《四川省人民政府关于开展扩权强县试点工作的实施意见》（川府发〔2007〕58号），http：//www. sc. gov. cn/sczb/lmfl/szfwj/200711/t20071102_ 219537. shtml。

③ 《授权发布：中共中央国务院关于2009年促进农业稳定发展农民持续增收的若干意见》，http：//news. xinhuanet. com/newscenter/2009 -02/01/content_ 10746024_ 3. htm。

县，广元市的苍溪县、剑阁县、旺苍县，遂宁市的蓬溪县、大英县，内江市的隆昌县，乐山市的犍为县、井研县，南充市的西充县、蓬安县、营山县，宜宾市的南溪县、江安县、长宁县、高县、兴文县，广安市的邻水县、武胜县，达州市的万源市、开江县，巴中市的南江县、通江县，眉山市的彭山县，资阳市的乐至县①。至此，全省的百万人口大县（市、区）中除了市辖区，全部被纳入扩权改革试点县。德阳、巴中、泸州、南充、广安、资阳等地级市所辖县（市）全部被纳入扩权改革试点范围。

为更好地发挥扩权强县试点政策机制的导向作用，实事求是、客观科学地反映扩权试点县（市）加快发展的成效，省政府决定从2009年起，对各扩权试点县（市）实行分类考核，根据县域地理地貌特征，按照主要经济指标要高于全省平均水平的要求，将所有试点县（市）分平原、丘陵、山区3个类区进行考核，既考察其在类区中发展的先进性，也考察试点前后的变化程度。同时，还决定对扩权县（市）实行动态管理，尝试建立扩权改革的退出机制。对那些经济发展水平低于全省县域经济发展平均水平的县（市）给予告诫，连续两年达不到全省平均水平的，不再列入扩权强县试点范围②。对虚报浮夸考核指标成绩的，不再列入扩权试点县（市）范围。

针对四川百万人口大县（见表1）在全省经济社会发展中的重要地位，2013年11月四川省委办公厅、省政府办公厅联合印发的《关于支持百万人口大县改革发展的政策措施》提出了支持百万人口大县的十项政策措施。在扩权改革上，要求进一步依法下放市级经济管

① 本段根据《四川省人民政府关于深化和扩大扩权强县试点工作的通知》（川府发〔2009〕12号）中的材料整理而成，http://govinfo.nlc.gov.cn/scsfz/sczb/200913/201104/t20110414_707665.shtml。

② 本段根据《四川省人民政府关于深化和扩大扩权强县试点工作的通知》（川府发〔2009〕12号）中的材料整理而成，http://govinfo.nlc.gov.cn/scsfz/sczb/200913/201104/t20110414_707665.shtml。

理权限和社会事业管理权限，选择个别条件成熟的人口大县探索开展省直接管理县行政体制改革试点，同时，支持人口大县开展扩权强镇改革试点，将建设管理、市场监管、公共服务、民生事业等部分县级管理权限下放到试点镇。支持人口大县规划建设县域副中心，培育发展小城市。支持乡镇行政区划的优化和调整。加大财政转移支付力度，适当提高人口大县基本公共服务支出转移支付补助系数，减轻政策性新增支出负担压力。在保护耕地、确保粮食播种面积和粮食总产量的基础上，加大对人口大县建设用地指标的倾斜力度，优先安排年度用地计划指标。在干部激励机制上，建立人口大县领导干部激励机制，落实符合条件的人口大县县委书记职级高配政策[①]。

表1　四川省扩权改革试点县（市）一览

市(自治州)	第一批扩权县(市)(2007年7月)	第二批扩权县(市)(2009年3月)	第三批扩权县(市)(2014年7月)
成都市	—	—	—
自贡市	富顺县	荣县	—
攀枝花市	盐边县	—	米易县
泸州市	泸县	合江县、叙永县、古蔺县	—
德阳市	绵竹市、广汉市、什邡市、中江县	罗江县	—
绵阳市	江油市、三台县	盐亭县、梓潼县、安县	平武县、北川县
广元市	—	苍溪县、剑阁县、旺苍县	青川县
遂宁市	射洪县	蓬溪县、大英县	—
内江市	威远县、资中市	隆昌县	—
乐山市	峨眉山市、夹江县	犍为县、井研县	沐川县、峨边县、马边县
南充市	南部县、仪陇县、阆中市	西充县、蓬安县、营山县	—

① 本段根据《中共四川省委办公厅 四川省人民政府办公厅关于印发〈关于支持百万人口大县改革发展的政策措施〉的通知》整理而成，http：//www. geocities. ws/shuchuan/czfg/showart_ home63b3. html。

续表

市(自治州)	第一批扩权县(市)(2007年7月)	第二批扩权县(市)(2009年3月)	第三批扩权县(市)(2014年7月)
眉山市	仁寿县	彭山县(2014年10月20日设区)	洪雅县、丹棱县、青神县
宜宾市	宜宾县	南溪县(2011年撤县设区)江安县 长宁县 高县 兴文县	筠连县、珙县、屏山县
广安市	岳池县 华蓥市	邻水县、武胜县	—
达州市	大竹县 渠县 宣汉县	万源市、开江县	—
雅安市	—	—	荥经县、汉源县、石棉县、天全县、芦山县、宝兴县
巴中市	平昌县	南江县、通江县	—
资阳市	简阳市、安岳县	乐至县	—
阿坝藏族羌族自治州	—	—	—
甘孜藏族自治州	—	—	—
凉山彝族自治州	—	—	—

2014年，四川省再次加大扩权强县改革的力度，根据7月11日四川省人民政府公布的《四川省人民政府关于进一步深化和扩大扩权强县试点改革的通知》精神，明确从2014年7月起，全省新增19个扩权强县试点县。这19个县（市）为攀枝花市米易县，绵阳市平武县、北川县，广元市青川县，乐山市沐川县、峨边县、马边县，宜宾市筠连县、珙县、屏山县，雅安市荥经县、汉源县、石棉县、天全县、芦山县、宝兴县，眉山市洪雅县、丹棱县、青神县。

至此，全省183个县级行政区划中，一共有78个县（市）被纳入了扩权强县名单。全省21个市（州）中，只有成都市、阿坝藏族羌族自治州、甘孜藏族自治州、凉山彝族自治州等4个市（州）没有扩权改革县，其余17个地级市除市辖区外的下辖县级行政区全部被纳入扩权改革试点县。扩权县在183个县级行政区划中占比达到42.62%。如果除成都市这个副省级城市和阿坝藏族羌族自治州、甘孜藏族自治州、凉山彝族自治州三个民族自治州因民族区域自治政策因素的影响没有推行扩权改革外，再除了各地级市本身所辖区级行政单位，全省从理论上来说能够参加扩权改革的县（市）全部被纳入。从涵盖范围上来说，这种改革力度不可谓不大。

在扩权内容上，此次改革比照原扩权强县试点改革的内容，同样赋予新增扩权试点县在计划直接上报、财政审计直接管理、税收管理权部分调整、项目直接申报、用地直接报批、资质直接认证、部分价格管理权限下放、统计直接监测发布等 8 个方面共 56 项市级管理权限。

此次改革的一个亮点是要求建立撤县设区试点退出机制。对于扩权试点县（市）中已经撤县设区的，要求按照程序退出扩权试点改革范围，恢复由所在的地级市全面管理。为有利于行政和经济管理体制调整衔接，在市、区协商一致的基础上，可设立两年左右的过渡期。

此次改革，四川省政府还要求省发改委会同相关省直部门编制扩权试点县（市）权限清单，按照简政放权的要求，抓紧研究将与改善民生密切相关的社会事务管理权限下放到扩权试点县（市）。

2015 年 2 月 15 日，四川省人民政府发布《四川省人民政府关于印发进一步向扩权试点县（市）下放部分市级管理权限目录的通知》，深化提升扩权强县试点改革，决定在 2007 年已赋予扩权试点县（市）部分市级经济管理权限基础上，再进一步下放 20 项市级经济管理权限和 20 项市级社会事业管理权限。

下放的 20 项市级经济管理权限涉及价格管理、财税管理、环评审批、建筑施工管理、林业和野生动植物资源保护管理、商务管理、扶贫移民计划和方案审批、旅游管理等 8 个方面。今后，不涉及自然保护区等特殊保护地区的环评审批，包括学校、体育场（馆）、展览馆等和 300 张床位以下且不涉及传染病区的医院，生活垃圾集中转运站、生活垃圾卫生填埋场、日处理5000吨及以下生活污水处理厂，批发（零售）市场、仓储（涉及有毒、有害及危险品的仓储、物流配送除外）、公交枢纽、长途客运站等，以及四星级、三星级农家乐和乡村酒店旅游服务质量等级评定等，扩权试点县（市）可以“自己做主”①。

下放到试点县（市）的20项市级社会事业管理权限包括了公共安全管理、优抚安置和社会福利事业管理、基层法律服务监督管理、人力资源管理、广播电视管理、医疗卫生服务管理、质量技术监督管理、人防工程建设管理等8个方面。包括大型焰火晚会焰火燃放许可、拥有300张及300张以上床位的社会福利机构设立的审批、假肢和矫形器（辅助器具）生产装配企业资格认定、基层法律服务工作者的年度考核、特殊工种人员提前退休审批、机关工勤和事业单位工人技术等级资格证书（初、中级）核发、职业培训机构认定和培训项目审批、中级专业技术职称评审和中级专业技术职务任职资格证书的核发、乡镇中心卫生院等级评审以及城镇地下空间规划和开发利用审批等。这也是四川自实行扩权强县以来，首次在经济管理权限下放之外，明确下放社会事业管理权限，从而实现了下放权限的扩展。

二　四川镇级扩权改革情况

镇级扩权改革包括强镇扩权和扩权强镇两种情况。在实践中，首先进行的是强镇的扩权改革。随着经济社会发展程度的深化，一些经济社会发展水平较高的镇的场镇规模、非农产业发展程度、社会管理的难度都远非一个镇级的行政机构能够管理得过来的，于是，在社会

① 本段根据《四川省人民政府关于印发进一步向扩权试点县（市）下放部分管理权限目录的通知》（川府发〔2015〕12号）的内容整理而成，http：//www.sc.gov.cn/10462/11555/11562/2015/3/16/10329640.shtml。

管理、公共服务、市场监管等政府职能的行使上出现了典型的小马拉大车的局面，镇级政府机构在政府职能的行使上举步维艰。在职责同构的行政体制带来的无限事务和压力型的上级政府绩效考核的双重作用下，这些强镇被迫从政府权力的拥有和使用上寻求突破，于是各地的强镇开始在不涉及行政区划层级调整的情况下进行扩权改革，纷纷要求将一部分属于县级政府的经济社会管理权力通过延伸派驻机构、下放人财物到镇等形式赋予镇政府以便更好地推进当地的经济社会发展。

当这些强镇的扩权改革进行到一定时候，积累了一定的经验，上级政府就会选取那些处于农村地区的中心镇开展扩权强镇的试点，以图通过扩权，带动一大批农村地区中心镇的城镇化建设，促进农村地区的就地城镇化建设。

四川省的镇级扩权改革同样走过了从强镇扩权到扩权强镇的过程。在政府下放的政策文件中，这些被纳入扩权改革的镇通常被称之为“经济发达镇”，对其下放权力的扩权改革试点工作是这些镇的行政管理体制改革试点的重要内容之一。

为贯彻落实中央关于“依法赋予经济发展快、人口吸纳能力强的小城镇相应行政管理权限”的精神，四川省按照中央统一部署，于2010年6月正式启动了新津县花源镇、大竹县庙坝镇两个镇的行政管理体制改革试点工作。新津县按照“权责一致、依法下放、能放则放”的原则，通过设立派驻机构、委托和直接交办等形式，将14个县级部门共96项行政管理事权以及与城乡居民生活密切相关的公共服务事项下放给花源镇。花源镇则将所有行政许可和政务服务事项向镇便民服务中心集中，并依托村村通电子信息政务网络向村（社区）延伸，在所有村（社区）设立便民服务室，实行“一站式”服务，将劳动、民政等6个部门的28项涉农服务事项（如求职登记、申请低保、申领独生子女证）延伸到村（社区）便民服务室，免费为群众代理服务。在财政权力的下放和支持上，新津县明确将花源镇域内地方财政收入县级所得部分全额留镇，县财政每年划拨2000万元用于花源镇基础设施建设，并将镇域内土地有偿使用收入净收益的11%划拨镇财政用于社会管理和公共服务支出[①]。庙坝镇作为全国经济发达镇、行政管理体制改革试点镇之一，积极探索西部欠发达地区农村中心镇的扩权改革，重点在“下放事权、扩大财权、改革人事权、完善决策监督机制、强化服务能力”等五个方面进行了改革探索。

与此同时，四川所属的一些地级市也在积极探索扩权强镇改革。2010年以来，自贡市在19个乡镇开展了扩权强镇改革试点，把该给试点乡镇的权限全部下放，重点将面向基层和群众的社会管理、公共服务权力事项分类扩权到乡镇，同时加大试点乡镇编制的倾斜力度，赋予试点乡镇党委机构设置权。扩大试点乡镇财政收入权力。试点乡镇符合条件的产业、社会事业和基础设施项目，优先被列入各级政府重点建设目录，按标准给予补助[②]。

2013年，成都市在花源镇改革试点的基础上，将范围扩大到全市除主城区以外的全部14个县（市）共14个镇，同时，四川也在全省范围内启动了扩权强镇试点，自贡、宜宾、资阳、德阳、广元、广安等市根据发展需要和各地实际，也选取部分镇开展了改革试点探索，并积累了具有当地特色的试点工作经验。

为贯彻落实省委、省政府“全省百镇建设试点行动”决策部署，2013年底，省委编办会同省经济发达镇行政管理体制改革试点工作指导小组成员单位研究起草并印发了《关于创新体制机制推动全省百镇建设发展的若干意见》，在全省范围内启动了创新体制机制推动百镇建

① 《四项措施加快推进花源镇行政体制改革试点工作》，新津县公众信息网，http://www.xpz.xinjin.gov.cn/index.php?cid=16&tid=3115&qs=。

② 谭豹：《“一改三放”扩权力 扩权强镇添活力》，《四川日报》2015年3月26日，第7版。

设发展相关工作，将经济发达镇行政管理体制改革试点与省委、省政府中心工作紧密结合起来，进一步丰富了镇级行政体制改革的内涵，拓展了改革的外延，使此项改革在与时俱进中进一步巩固深化。

随着新型城镇化建设的推进，特别是百镇建设试点行动的展开，四川各地加快了扩权强镇的步伐。2015 年 5 月，南充市政府审议通过了首批扩权强镇改革试点镇名单，全市九县（市、区）各有 1 个试点镇，顺庆区芦溪镇、高坪区东观镇、嘉陵区世阳镇、阆中市柏垭镇、南部县建兴镇、仪陇县马鞍镇、西充县义兴镇、营山县骆市镇、蓬安县徐家镇等 9 个镇入选，这些试点镇将在土地使用、资源、资金等方面享受优惠政策，市政府将给每个试点镇补助 100 万元资金，每年在下达土地年度计划指标中优先安排 50 亩[①]。三台县通过 19 个候选镇激烈的竞争最终确定塔山、观桥、西平、芦溪、建平、景福 6 个镇为扩权镇，并通过委托、授权、机构延伸等方式，将原属于发改、住建、国土、农业、林业等部门的 88 项行政管理权限下放到试点镇，依法赋予试点镇更多的人事管理权、行政管理权、财政管理权[②]。恩阳区依法将老年优待证办理及城乡低保审批权限等部分行政权力下放至玉山、渔溪、柳林三个扩权试点镇，切实做到便民、利民、惠民[③]。

总体来看，四川对镇一级的扩权改革主要包括三个方面。

第一，充分下放事权。根据经济社会发展需要，新津县、大竹县通过委托或直接交办等方式，分别将 97 项和 111 项县级经济社会管理权限以及与城乡居民生活密切相关的公共服务事项下放到花源镇和

① 《南充 9 个乡镇入围首批扩权强镇改革试点镇》，http：//www. sc. gov. cn/10462/10464/10465/10595/2015/5/29/10337758. shtml。

② 《为镇乡体制改革“破冰探路”》，《四川农村日报》2015 年 11 月 2 日，http：//www. farmer. com. cn/xwpd/gdnmb/201511/t20151102_ 1150837. htm。

③ 《巴中市恩阳区民政局为扩权强镇试点乡镇简政放权》，http：//www. scmz. gov. cn/InfoDetail. asp？ ID = 16084。

庙坝镇，并细化了下放权限的内容、办理时限和责任主体，增强了试点镇对区域经济社会事务的统筹协调能力。广元、自贡、宜宾、资阳等地也相应下放部分县级行政审批和社会管理权到试点镇，实现了大部分与法人和自然人相关的政务服务事项就近就地办理。

第二，着力扩大财权。按照财力与事权相匹配的原则，各试点地区进一步理顺县（市、区）与试点镇财力分配关系，积极探索建立和完善有利于经济发达镇发展的财政体制。在试点中，将县级部分超收收入通过转移支付安排给试点镇，并在土地净收入和城市基础设施配套费返还，产业、社会事业和基础设施项目建设以及用地指标等方面对试点镇给予倾斜，扩大了试点镇财权，确保试点镇有钱办事。通过加大财政支持力度，近年投入试点镇的基础建设、产业发展、新村及场镇建设等经济发展和民生工程的资金逐年增长，有效地改善了试点镇的基础配套设施，有力地促进了教育、文化、卫生等社会事业的均衡发展。

第三，适度赋予人事权。在配备镇领导班子成员、选拔任用中层干部、任免派驻机构主要负责人、优先选用新进人员等方面赋予试点镇一定的权限。一是试行灵活的用人制度。成都、宜宾等地立足试点镇近年来职能职责增加对人才需求迫切的实际，在适当调剂增加试点镇人员编制、充实试点镇工作力量的同时，通过赋予其采取公招、遴选和从高校选拔等方式引进或聘用急需紧缺人才的权力，有效地优化了人员结构，有力地推进了政府工作。二是改善乡镇干部的使用管理。明确乡镇班子成员配备提拔须听取乡镇党委意见；中层干部由乡镇党委任免并报组织人事部门备案；工作人员招录调动须事先书面征求乡镇党委意见；打破试点镇行政事业干部身份，根据个人特点和工作需要统一调配使用等。上述方式既提高了试点镇党委对干部管理的话语权，又调动了乡镇干部的工作积极性。三是探索实行“县管镇用”的管理模式。在编制、人事关系不变的基础上，宜宾、广元等试点地区将县级部门派驻乡镇机构人员的日常管理和考核权下放到乡镇，由乡镇根据工作表现进行考核，主管部门仅对乡镇进行工作考核，不再考核到个人，进一步强化了乡镇对县级派驻部门人员的管理，提升了乡镇统筹管理的能力。

三　四川县镇扩权改革取得的成效

在各级党委、政府及有关部门的高度重视下和精心组织下，四川各地的县镇扩权改革试点工作取得了明显的成效。

1. 通过扩权改革激发了扩权区域的经济社会发展活力

2014 年，四川省 78 个扩权试点县（市）全年实现地区生产总值（GDP）10731.6 亿元，比 2013 年增长 9.5%，增速比全省平均水平高 1.0 个百分点。其中，第一产业增加值 2133.1 亿元，同比增长 4.0%；第二产业增加值 5829.4 亿元，同比增长 10.9%；第三产业增加值 2769.1 亿元，同比增长 10.1%。三次产业结构由上年的 20.5∶54.3∶25.2 调整为 19.9∶54.3∶25.8。非公有制经济增加值 6463.8 亿元，同比增长 10.4%，占 GDP 的比重从上年的 59.5% 上升到 60.2%，提高了 0.7 个百分点。

2014 年，78 个扩权县（市）实现全部工业增加值 5036.2 亿元，比上年增长 10.6%，增速比全省高 1.2 个百分点。全社会固定资产投资 8817.2 亿元，同比增长 18.8%；社会消费品零售总额 3972.0 亿元，同比增长 13.2%。全年城镇居民人均可支配收入 22650 元，同比增长 9.8%；农民人均纯收入 9272 元，同比增长 11.7%。年末城乡居民储蓄存款余额 9009.6 亿元，同比增长 14.6%。[①]

就城镇化发展水平来看，扩权县的城镇化发展步伐明显快于全省

① 《2014 年四川省国民经济和社会发展统计公报》，http://www.sc.stats.gov.cn/sjfb/tjgb/201503/t20150309_179780.html。

平均水平。2013年，四川59个扩权县的城镇化率达35%，较上年提高1.43个百分点，增幅超过省平均水平0.06个百分点；城镇人口达1305.2万人，比2012年增加54.5万人。其中，20个扩权县的城镇化率提高幅度超过1.5个百分点，其中安县、营山、南部、渠县、阆中和叙永提高幅度超过2个百分点。从绝对水平看，59个县中有12个县城镇化率超过40%，峨眉山、江油和彭山居前三，城镇化率分别达51.3%、51%和47.8%[①]。

2015年一季度，巴中扩权县（通江、南江、平昌）实现GDP 60.9亿元，同比增长7.4%，高于全国平均水平0.4个百分点，与四川省持平。分产业看，第一产业增加值9.4亿元，同比增长2.8%；第二产业增加值33.9亿元，同比增长11.4%；第三产业增加值17.6亿元，同比增长3.3%。

扩权试点镇的经济社会发展水平提高同样较为显著。自2010年以来，花源、庙坝2个试点镇地区生产总值年均增幅达到17%左右，城镇居民人均可支配收入年均增幅达到19%左右，农民人均纯收入年均增幅达到18%左右，大大高于全省平均水平。成都市被纳入“百镇建设行动”的17个镇2014年一季度完成投资6.9亿元，国内生产总值达70亿元，就地吸纳农业转移人口25000人。同时，自贡、宜宾等地也通过试点，激发了试点镇经济社会发展活力，各项经济指标较试点前明显提高。目前，全省一批宜工则工、宜农则农、宜商则商、宜旅则旅、具有特色的小城镇已初具规模，为进一步巩固、深化和扩大改革试点积累了有益经验。

2. 权责不匹配的突出矛盾得到有效缓解

通过扩权改革，扩权县获得了快速发展所需要的市级经济事务和

---

① 《去年59个扩权县城镇化率达35% 增幅高于全省平均水平》，《四川日报》2014年3月27日，第2版。

社会事务管理权限，增强了权责的匹配度。对于扩权镇而言，扩权改革试点前，“责大权小”的状况得到根本改善，增强了其统筹镇域经济社会发展、促进就地城镇化的能力。

3. 公共服务和社会管理能力进一步提升

随着扩权改革实施，县级财力、镇级财力明显增强，县镇政府的公共服务能力进一步提升，县域、镇域内的社会事业发展取得明显成效。各试点县镇切实把工作重心转移到服务发展、服务民生、服务群众上来，通过规范县级政务服务中心建设、镇级便民服务中心建设、探索实施政府购买服务、充分发挥群众和社会组织作用、加大民生保障投入力度等方式，强化了辖区内公共服务和社会管理，使人民群众共享试点改革成果。

四　进一步深化改革的展望

1. 权力的承接与使用中可能存在的问题及应对措施

从总体来看，四川的许多扩权县（市）地处偏远，一部分县（市）还是国家级、省级贫困县，其经济社会发育程度不高，人文环境欠佳，缺乏吸引高端人才的软硬件条件，行使一些下放的权力所需的人才招不来、留不住，由此，随着权力的下放，行使这些权力有可能存在人才支撑的障碍。这样的障碍在镇一级显得更加明显，即使是在县域内经济相对发达的镇，要招来人才、留住人才都比县一级更加困难，由此导致了一些已经下放的权力接不住、用不好，扩权改革的效果受到影响。为此，应注重改革的制度建构和完善，从全省的角度统筹考虑，建立健全对贫困地区扩权县镇人才支撑的制度体系。

此外，对镇一级的权力下放还存在法律的障碍，按照现行相关法律规定，行政执法权只能授给县级政府部门，镇一级政府没有行政执法权，如果通过放权改革将大量的权限下放给镇政府，就有可能与现行的法律法规相冲突。实践中，一些地方不得不采取变通的形式变相下放给镇执法权，这虽有利于农村基层公共服务和社会管理水平的提升，但不可避免地造成了行政执法的法律主体责任的缺失，增加了镇政府的法律风险。在现行相关法律未进行调整之前，应通过向镇一级派出综合执法机构或延伸执法等方式，着力提高基层政府执法能力。

2. 权力进一步下放的问题

对县一级而言，目前四川一共向78个试点县下放了76项经济事务管理权限和20项社会事务管理权限，相对于浙江等地采取能放则放的原则，动辄下放数百项经济社会事务管理权限而言，四川放权的力度显得较弱，特别是与改善民生密切相关的社会事务的管理权限的下放才刚刚开始，放权对县域经济社会发展的提升作用显得较为有限。

对镇一级而言，则存在县级职能部门与镇之间的明争暗斗，县级职能部门和乡镇对于哪些权力应该下放、哪些权力不需要下放存在较大的争论。总体来看，县级职能部门希望将执行难度较大、执行过程中又不会产生较好经济效益的权限下放，以减轻自身的工作负担。对于自己不希望下放的权限，县级职能部门则以种种理由不下放，认为最好维持现行的片站模式或在镇上设立直属站点的模式。而镇则希望能够推动当地经济社会文化发展，在执行过程中能够给镇带来短期和长期收益的如产业发展、项目投资、规划建设、市政交通、环境保护、市场监管、安全生产、社会治安、民生发展等方面的权限下放下来①。

与此同时，四川迄今为止对扩权改革还没有涉及人事管理权限的

① 吴翔：《成都市乡镇管理体制暨运行机制的实证研究报告》，《当代中国政治研究报告（第11辑）》，社会科学文献出版社，2013，第165页。

调整，地级市还对扩权县的党政领导班子具有考核权和人事任免权，扩权镇党政主要领导的考核权和人事任免权还掌握在县一级。由于这项重要的权力的对接主体还没有发生变化，地级市对扩权县、县对扩权镇还具有绝对的影响力和控制力，由此导致了扩权县对地级市相关党政部门、扩权镇对县级职能部门均不敢得罪，扩权县既要对接好省直部门，又要对接好市直部门，人为地增加了工作量。因此，四川应加大扩权改革的力度，进一步向扩权县下放权力，特别是应在适当的时候推进人事考核权和任免权的扩权改革，将扩权县党政班子成员的考核权和任免权上收到省一级，使扩权县从行政管理体制上彻底脱离地级市，克服跛脚改革带来的弊端。对扩权镇，应普遍采取党政主要领导高配一级的形式，扩权镇的党委书记应进入县委常委班子，以加强县级职能部门和镇一级的工作协调性，加快下放扩权镇经济社会发展所需要的各项权力。

3. 撤县设区的退出机制的落实到位问题

四川实行扩权改革以来，一共有 2 个扩权县被撤县设区，一是宜宾市下辖的南溪县于 2011 年撤县设区，更名为南溪区。二是眉山市下辖的彭山县于 2014 年撤县设区更名为彭山区。如果按照川府发〔2014〕43 号文件精神的要求，原南溪县今南溪区被扩展的权限就应该收回到宜宾市，原彭山县今彭山区被扩展的权限也应在 2016 年收回到眉山市，由所在的地级市统一进行经济社会的发展规划和建设。但这一工作一直没有展开，从管理体制上来说，无疑对宜宾市和南溪区、眉山市和彭山区都造成了一定的麻烦。因此，四川应积极开展、认真实施扩权改革的退出机制，将撤县设区的扩权县的市级权限收回到市一级。

4. 民族自治地区的扩权强县改革探索和跟进

如果说成都市所辖的县不实行扩权改革，还与成都本身所具有的强大的辐射能力和经济社会发展带动能力有关，这些县处在成都市的管辖下比实行省直管更有利于县域经济社会的发展，同时，成都所辖的县不实行扩权改革，相应的权力由成都市统一实施，也有利于成都的城市发展和建设需要；但在民族地区，作为自治州首府所在地的城市，其经济社会发展的带动能力和辐射能力本身较弱，阿坝的马尔康、甘孜的康定还是在加快推动民族地区城镇化建设步伐的政策的优惠下刚刚成立县级市，其对州域内其他县的辐射和带动作用明显不足。这些地区的县从其本身经济社会发展需要来看，实行扩权改革，由省直管的内生动力比四川已经实施扩权改革的县更为强烈，但四川省囿于民族区域自治政策的限制而没有开展。因此，四川需借鉴其余省份的做法，在民族地区开展扩权强县改革的试点，促进民族地区县域经济社会的发展。

B.6
县镇社会治理报告

刘 伟*

摘 要： 四川省是内部区域社会发展存在较大差异的省份，聚焦各县镇之间的社会治理状况，对全面描述四川省社会发展现状更具现实意义。本研究以四川省县镇作为分析单位，从县镇人口情况、流动人口、收入状况、教育医疗、民族地区社会发展、社会组织等方面具体审视四川省县镇社会治理的总体趋势，基于总体趋势研判2015～2016年四川省县镇社会治理的总体特征，聚焦四川省县镇社会治理面临的主要难题，从县镇的角度分析，发现四川省存在社会治理方式多元混合、县镇社会活力激发“程度”难以把握、民族地区县镇治理难度将不断叠加、区域间社会治理的专业人才队伍极不平衡等难题，并基于上述问题，提出县镇社会治理的相应对策建议。

关键词： 县镇 社会治理 治理方式多元化

改革开放以来，我国社会变迁不断加速，风险社会特征日趋明

* 刘伟，四川省社会科学院社会学研究所助理研究员，研究方向为乡村治理、城市少数民族流动人口、社会调查方法。

显。最近几年，四川省在“多难”之下快速发展，谱写了崛起于危难的恢宏篇章。2014 年，四川人均地区生产总值达 35128 元，为十年前（2005）年的 7. 09 倍，成为全国经济大省中增长速度最快的省份。然而，伴随着工业化、城镇化、现代化的快速变迁，四川省面临的潜在社会矛盾大幅增加、社会冲突趋于激化、社会风险多重重叠。四川省社会治理的目标任务十分明确，就是要主动解决社会转型中的矛盾和冲突，防范和化解各类社会稳定风险；就是要建立适应现代化发展趋势和要求的现代社会治理体系，长期保持和谐稳定的社会局面。

以“县镇”为视域对四川省社会治理的考察更具现实意义。四川省社会发展就区域而言存在着双重非均衡。第一重不均衡体现在区域间，表现为地级市之间、经济片区之间、贫困片区之间等地理区位的不平衡，呈现“多点多极”特色，其中尤其以成都中心城区的社会发展水平最高，为全国社会发展领先水平，而一些老少边穷地区社会发展相对滞后，远低于全国社会发展平均水平，区域间社会发展的分化趋向较为明显。另一重不均衡体现在区域内，即不论在经济片区内部、同一地级市（州）内部，乃至同一贫困片区内部，均存在社会发展的相对差异。因此，不论聚焦经济发展片区、贫困片区还是地市（州），都无法完整覆盖和精准描述四川社会治理中的区域多元化，而以“县镇”为视域，则能更为具体、更为准确、相对全面地还原四川省社会治理的发展全貌。

社会治理需要以党中央国务院、四川省委省政府关于社会建设的目标、关切与行动策略作为重要的文献资料。党的十八届三中全会提出，要加快形成科学有效的社会治理体制，确保社会既充满活力又和谐有序。创新社会治理，依然要将民生建设、提升居民生活质量和生活水平作为起点，解决好政府向社会放权问题，吸引更加多元的社会力量参与社会治理，有序、有效地最大化激发社会活力。

本报告在上述论述基础上，审视四川省县镇社会治理的总体趋势，基于总体趋势研判 2015 ~2016 年四川省县镇社会治理的总体特征，聚焦四川省县镇社会治理的主要难题，并提出县镇社会治理的对策建议。

一　四川县镇社会治理的总体特征

（一）县镇人口的城乡差异显著，社会治理的县镇城乡侧重将多元分化

一个地区的城镇化水平将深刻影响该地区的社会治理方针、侧重、策略与内容。如今，四川省总体城镇化率正不断提升，但这并不意味着四川省已经进入到可采取普遍针对城镇化较高水平地区而实施的社会治理方式。

近十年间，四川省城乡人口比重比率发生较大变化，城乡人口的总体变化趋势在时间序列维度上正趋于“闭合”。四川省城镇人口由 2005 年的 2710. 0 万人，逐年递增至截至 2014 年末的 3768. 9 万人，而四川省农村人口则由 2005 年的 5502. 0 万人，逐年递减至 2014 年末的 4371. 3 万人。农村相对城镇人口比率由 2005 年的 203. 0∶100，降至 2014 年末的 120. 1∶100（见图 1）。

而将视域聚焦县镇时，发现四川省城乡人口比例均值趋于“闭合”的背后，隐藏着十分巨大的“标准差”[①]。一方面，部分县镇城镇化水平很高。如成都市五个主城区城镇化率已达 100%，即便 100% 的城镇化率不能纳入县镇的讨论边界内，城镇化率超过 70% 的亦有攀枝花东区、攀枝花西区、自贡自流井区、南充顺庆区、遂宁船

① 标准差代表均值的差异，标准差数量大则意味着均值的代表性差。

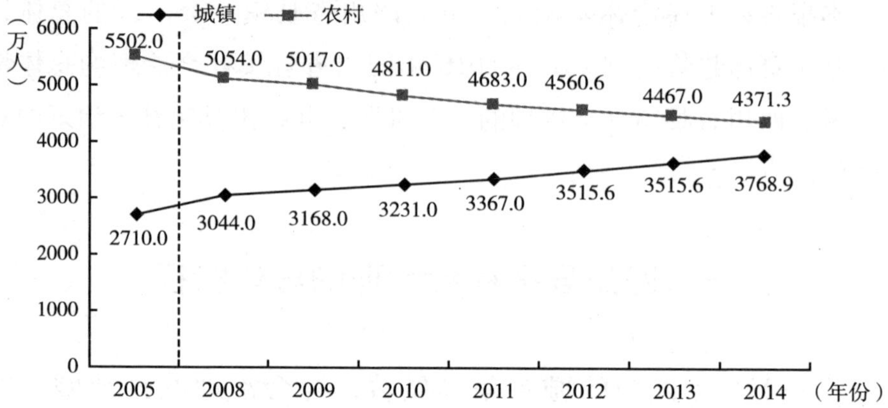

图 1　四川省城乡人口变迁趋势

山区、广元利州区、泸州龙马潭区、绵阳涪城区、泸州江阳区、翠屏区等地市区县。而一些经济相对发达城市，如成都的二圈层各县城镇化率几乎都超过 50%。另一方面，尚有不少县镇的城镇化水平很低。美姑县、木里县、新龙县、金阳县、石渠县、德格县、白玉县、布拖县、甘洛县、得荣县等县的城镇化水平排在四川省最末位，城镇化水平均未超过 20%，而美姑县的城镇化水平尚未超过 10%（见图 2）。再一方面，各市（州）内部的各县镇，城镇化水平也差异明显。仅

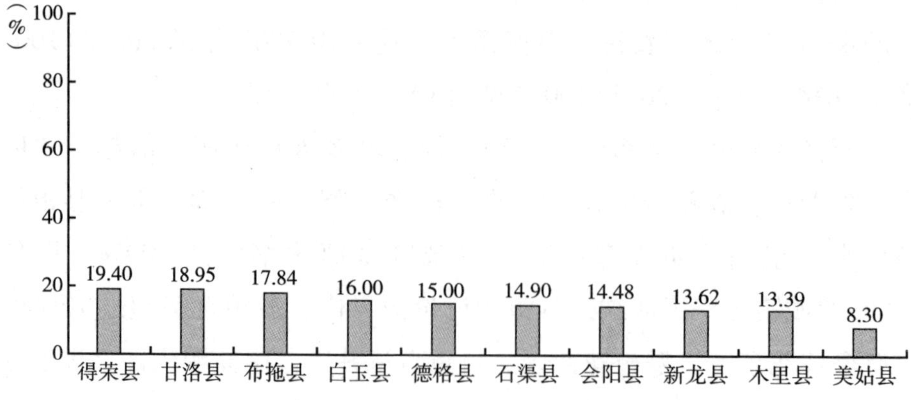

图 2　四川城镇化率排位最末 10 位县镇城镇化率状况统计

以成都市为例，一圈层的五大主城区城镇化率已达100%，二圈层各县镇的城镇化率基本在50%～60%区间，而三圈层各县镇的城镇化率则低于50%，普遍在30%～40%区间。

社会治理首先必须尊重社会发展水平与本土社会环境与社会现实。四川省各县镇的城乡人口比例呈现显著的多元特征，县镇之间呈现较大的多元分化，这为四川省的区域差异化社会治理提出多元、更高的要求，比如美姑县的社会治理方式一定无法参照也无法在短期内达到成都市五大主城区的标准，而所在县镇的社会城乡人口结构，也必将影响所在县镇的社会治理客体及社会治理的主要内容。这提示我们县镇之间在宏观社会建设、基层社区营造、激发社会活力、培育社会组织、吸纳社会治理主体等方面可能各不相同。

（二）人员流动方式县域差异较大，县镇职工收入水平可观

1. 从就业人员占户籍人员比重差异看县镇流动人口的治理策略

就业人口占户籍人员比重，能够反映一个地区的流动人口数量、地区人员流出率、城市的人口集聚（吸纳）效应等，而这些将引发不同的社会矛盾、社会稳定风险而促成不同的针对就业人员的治理策略。

在一般的看法中，四川省是外出务工大省，有序引导并协助人口流入地开展属地化人员的社会管理是四川省各地社会治理的一项重要内容。而数据显示，四川省不仅是外出务工大省，从县域层面审视，四川已经出现大量极具人员集聚（吸纳）效应的县镇。如表1所示，锦江区、青羊区、攀枝花东区、金牛区、崇州市、武侯区、涪城区、隆昌区、通州区、沙湾区10个区（县），在四川省各县镇的就业人口同户籍人口比例排名中居前10，而锦江区的比例已经超过100%（104%），也即在锦江区的就业人员数量已经超过该区的户籍人口数量。除去年幼、年长、伤残等人员数量，排名前10的县镇就业人员数量均已超过本地劳动力数量。而另一方面，攀枝花西区、石渠县、古

蔺县、雁江区、富顺县、广安区、岳池县、安岳县、乐至县、简阳市的就业人口与户籍人口悬殊。这表明，四川省县镇间在流动人口治理内容上，存在两种较为明显的治理类别。一类需密切关注流动人口的城市融入，需要不断防范流动人口的社会稳定风险，尤其是少数民族流动人口的社会稳定风险，同时不断提升城市公共服务水平，令公共服务覆盖更多流动人口群体；另一类则需动态追踪外出务工群体，需同时提升“留守”县内及外出务工两部分人群的公共服务水平。

表1　地区就业人口同户籍人口比例状况统计

单位：%

降序比例	区　县	就业人口占比	升序比例	区　县	就业人口占比
1	锦江区	104	10	攀枝花西区	43
2	青羊区	98	9	石渠县	43
3	攀枝花东区	94	8	古蔺县	43
4	金牛区	85	7	雁江区	43
5	崇州市	80	6	富顺县	42
6	武侯区	79	5	广安区	42
7	涪城区	79	4	岳池县	40
8	隆昌县	78	3	安岳县	40
9	通川区	78	2	乐至县	36
10	沙湾区	78	1	简阳市	35

2. 从大学生就业意愿看高端人才的县镇流动趋势

据2015年四川省统计局人口就业处和调查中心组织开展的2015年四川高校毕业生就业创业意向问卷调查显示①，在全部受访的3000名学生中，愿意回到家乡所在地区就业的占2/3，其中，男生占比68.5%，较女生高3.1个百分点；农村学生占比69.9%，较城镇学

① 调查采用面访方式，抽选了成都、绵阳、西昌等地21所重点和普通本专科院校的部分应届毕业生进行调查，调查内容涉及就业与创业意向两方面，共计完成有效样本3000个。

生高6.1个百分点；硕/博士生占比69.8%，分别比本、专科学生高2.3个和5.5个百分点（见图3）。

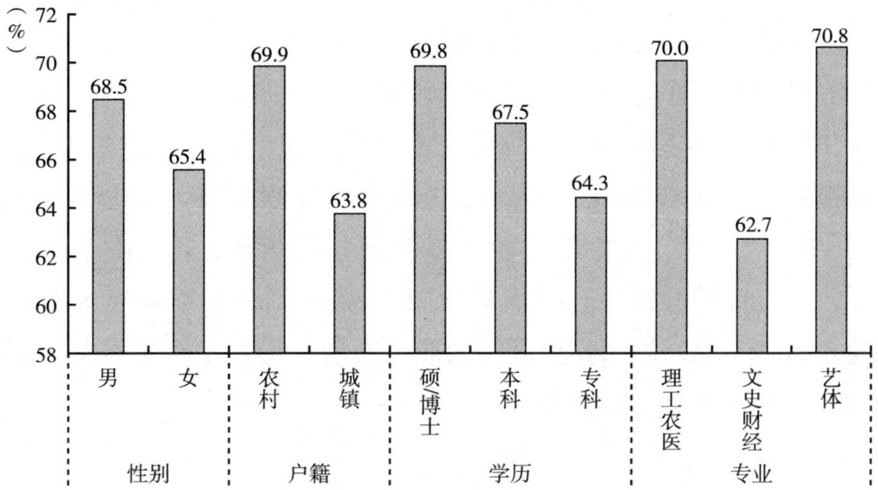

图3　大学生返乡就业意愿情况统计

资料来源：四川省统计局提供。

同时调查显示，约一半的学生愿意到基层就业。对于有到基层（小城镇及乡村社区）就业的机会，45.3%的大学生表示乐于接受，35.4%的大学生表示勉强可以接受，只有19.3%的大学生表示不接受。其中，来自农村的学生（49.2%）比来自城镇的学生更愿意到基层就业，比城镇学生占比高8.3个百分点（见表2）。

表2　四川大学生愿意到基层就业情况统计

单位：%

	性别		户籍		学历			专业		
	男	女	农村	城镇	硕/博士	本科	专科	理工农医	文史财经	艺体
愿意到基层就业情况	47.7	43.3	49.2	40.9	36.2	44.8	51.1	48.4	42.6	42

可见，受到就业压力影响，不仅来自农村的大学生群体更倾向于返回自己所在县镇就业，整个大学生群体，不论怎样的学历，都有较大比例能够接纳到基层县镇工作。短期来看，四川各县镇正处在吸引高层次人才参与社会治理与社会发展的较佳时机。

3. 四川各县职工收入水平较为可观

2015 年，各县镇职工人均收入水平得到较大提高。如表 3 所示，各县镇的职工人均收入水平（以非私营单位职工年人均收入替代）达到 47975. 97 元，其中职工收入最高的县镇达到人均 84665. 00 元，职工收入最低的县镇也达到人均 30569. 00 元。职工年均收入的标准差为 8336. 27 元，说明县镇之间的职工人均年收入差异并不大。县域间的收入分化形势并不突出。

表 3　四川省各县职工人均年收入（非私营单位职工年均收入）状况描述统计

单位：元

项目	N	极小值	极大值	均值	标准差
收入	183	30569. 00	84665. 00	47975. 97	8336. 27
有效的 N(列表状态)	183	—	—	—	—

（三）县镇教育医疗水平不断进步，而县域平衡发展仍是主要努力方向

1. 教育资源的县镇分布较为均衡，县域平衡发展重在教育质量

学校数量代表了县镇教育资源的硬件状况。如表 4 所示，截至 2014 年末，四川省各县每千名学生拥有学校数量为 2. 02 座，标准差为 1. 33，表明县域之间每千名学生拥有学校数量之间存在一定差异，但差异并不太大。其中拥有学校数量最多的县每千名学生拥有 6. 86 座学校，而拥有学校数量最少的县每千名学生仅拥有 0. 50 座学校。

表4　四川省各县每千人拥有学校数量情况统计

单位：座/千人

项目	N	极小值	极大值	均值	标准差
每千名学生拥有学校数量	183	0.50	6.86	2.02	1.33
有效的 N(列表状态)	183	—	—	—	—

师资数量则代表了县镇教育资源的软件状况。如表5所示，截至2014年末，四川省各县每百名小学生拥有教师数量平均为6.84名，而每百名中学生拥有教师数量平均为8.03名。总体来说，各县的中学教师师资要优于小学。百名小学生拥有教师数量的标准差为2.60，而百名中学生拥有教师数量的标准差为2.05，不论小学或是中学，各县之间的百名学生拥有教师率差异都不大，尽管如此，标准差亦表明县域之间小学生百人拥有教师率的差别大于县域间中学生百人拥有教师率的差别。显然，在教育软件问题上，四川省各县镇更关注中学教育的软件投入，而小学教育的软件投入相对较弱。另外，如表5所示，县域间百名学生拥有教师数量的最大值与最小值的差值较大。

表5　四川省各县百名学生拥有教师数量情况描述统计

单位：人次/百人

项目	N	极小值	极大值	均值	标准差
百名小学生拥有教师数	183	2.54	17.84	6.84	2.60
百名中学生拥有教师数	183	4.11	17.88	8.03	2.05
有效的 N(列表状态)	183	—	—	—	—

具体而言，表6显示，在四川省百名小学生拥有教师数量的县镇排位情况：百名中学生拥有教师数量最多的十个县依次为理县、昭化区、金川县、青川县、汶川县、松潘县、宝兴县、马尔康县、得荣县、万源市；而百名小学生拥有教师数量最少的十个县依次为简阳

市、温江区、安岳县、合江县、越西县、成华区、资中市、普格县、会东县、新都区。

表 6　四川省百名小学生拥有教师数量县镇排位情况描述统计

单位：人次/百人

降序排序	县镇	百名小学生拥有教师数	升序排序	县镇	百名小学生拥有教师数
1	理　县	17.84	10	新都区	3.92
2	昭化区	16.82	9	会东县	3.82
3	金川县	16.73	8	普格县	3.65
4	青川县	14.96	7	资中市	3.62
5	汶川县	14.58	6	成华区	3.54
6	松潘县	13.54	5	越西县	3.52
7	宝兴县	12.75	4	合江县	3.33
8	马尔康县	12.41	3	安岳县	3.20
9	得荣县	11.97	2	温江区	2.61
10	万源市	11.89	1	简阳市	2.54

表 7 显示四川省百名中学生拥有教师数量的县镇排位情况：百名中学生拥有教师数量最多的十个县依次为西充县、武侯区、理县、阆中市、沙湾区、峨边县、温江区、白玉县、安居区、青神县；而百名中学生拥有教师数量最少的十个县依次为九龙县、普格县、盐源县、会东县、冕宁县、雅江县、布拖县、昭觉县、合江县、叙永县。

表 7　四川省百名中学生拥有教师数量县镇排位情况描述统计

单位：人次/百人

降序排序	县镇	百名中学生拥有教师数	升序排序	县镇	百名中学生拥有教师数
1	西充县	17.88	10	叙永县	5.15
2	武侯区	16.04	9	合江县	5.07
3	理　县	14.86	8	昭觉县	5.07

续表

降序排序	县镇	百名中学生拥有教师数	升序排序	县镇	百名种学生拥有教师数
4	阆中市	13.82	7	布拖县	4.94
5	沙湾区	12.56	6	雅江县	4.93
6	峨边县	12.46	5	冕宁县	4.86
7	温江区	11.66	4	会东县	4.84
8	白玉县	11.53	3	盐源县	4.77
9	安居区	11.35	2	普格县	4.14
10	青神县	11.17	1	九龙县	4.11

2. 各市（州）出台举措，县镇医疗水平不断提升

2015 年，各地县镇在市（州）统一部署下，医疗水平不断进步，医疗资源不断整合，医疗卫生资源利用率不断提升。如南充市将县级医疗卫生机构作为 2015 年卫生项目建设的重点，在总人口超过 80 万人的县（市、区）规划建设 1～2 个县级医疗中心，进一步整合卫生资源，对 6 所整体迁建、7 所扩建二院区的县级医疗机构的新老院区进行了统筹规划。[①] 绵阳市政府则于 2014 年末正式印发了《绵阳市城镇居民基本医疗保险办法》，将失地农民纳入参保范围；明确新型农村合作医疗同城镇居民基本医疗保险的互转，提高了住院支付水平；将原先一级医院和社区卫生服务中心、乡镇医院 80%，二级医院 70%，三级医院 60%，经批准转市外医院或在市外公立医院因急症住院 45% 的基础上，各增加 5% 的报销比例[②]。再如攀枝花市 2014 年试点地区乡村（社区）医生签约服务率达 62%，德阳市社会保险网上个人查询系统于 2014 年 12 月 31 日成功与省人社厅网站对接并上线试运行[③]。

① 资料来源：四川省人民政府网，http://www.sc.gov.cn/。

② 资料来源：四川省人民政府网，http://www.sc.gov.cn/。

③ 资料来源：四川省人民政府网，http://www.sc.gov.cn/。

（四）民族自治县社会发展较快，但仍是全面建成小康社会的区域短板

至2020年，与全国全面同步建成小康社会，是当前四川社会治理与社会建设的核心目标。近年来，四川省民族自治县在基础民生、基本公共服务、社会参与等基层社会治理内容方面取得了长足进展，但相对全省各县的平均水平而言，仍然相对落后，是全面建成小康社会的区域短板。

总体而言，四川民族自治县社会发展水平取得长足进步，表现为：截至2014年末，城镇居民人均可支配收入23722元，农村居民人均纯收入7742元；社会福利院数（含敬老院）县均4个，社会福利院床位数（含敬老院床位数）县均460张，县均参加养老保险职工数9514人，县均参加基本医疗保险人数14166人；县均小学在校学生人数14591人，县均普通中学在校学生人数7120人；县均医疗卫生机构数207张，县均医疗卫生机构床位数615张；县均医生、卫生院技术人员593人，县均执业（助理）医师214人。

然而，就全面建成小康社会的目标而言，民族地区自治县成为区域短板。2014年，四川民族自治县的总体全面小康水平低于全省县均水平9.13个百分点。其中，“经济发展”低于全省县均水平24.28个百分点，“资源环境”低于全省县均水平7.63个百分点，“人民生活”低于全省县均20.09个百分点，“民主法治”低于全省县均4.74个百分点，“文化建设”低于全省县均30.90个百分点①。可见民族地区自治县应该成为全面建成小康社会目标的重点建设区域。

---

① 根据四川省统计局提供数据测算。

（五）大多县镇社会组织发展水平较低，各地出台举措助力社会组织管理

1. 县镇社会组织发展水平受区域影响显著

党的十八届三中全会指出，要激发社会活力，核心是政府放权于社会。而社会组织是协同政府参与基层社会治理、体现基层社区活力的核心力量之一。当前，四川省各县镇社会组织发展状况尚不均衡。成都和雅安地区的区县社会组织发展相对成熟，成为四川省社会组织发展的典型。但遗憾的是，其余县镇社会组织发展水平普遍较低，一些地区甚至处在本土社会组织萌芽起步阶段。

截止到2015年6月底，整个成都市范围内各区县共登记注册社会组织8540家，社会组织逐渐成为构建和谐社会、深度参与社会治理不可忽视的力量。具体而言，2015年，成都市各区县社会组织在行业商会自律机制建立、规范行业健康发展方面取得较大成效。各区县依托律师协会组织开展“法律服务进园区、千名律师连千企”“国资监管法律大讲堂”“法制大讲堂·劳动法讲堂”等多个专项活动，覆盖412个社区、14000多人，并为3万余名农民工提供免费法律援助；充分发挥社会组织在参与扶贫济困、救灾防灾、安老抚幼、助学助医等各种民生难题上的重要作用；依托社会组织搭建市民表达利益需求的平台，建立起群众利益表达的“安全阀”①。雅安市则在“4·20”地震灾后重建中，建立起社会组织服务中心，三年来，孵化了一批本土社会组织，培养了一批本土社工人才。

而成都及雅安以外的区县，社会组织发展水平普遍不高。以南充市地区为例，2014年南充市9县市中，社会组织最多的南部县也仅有316家，最少的是营山县，仅125家；社会组织类别也较为单一，主要是

---

① 资料来源：四川省民政厅网站，http：//www. scmz. gov. cn/InfoDetail. asp？ID＝16184。

社会团体和行业协会，公益慈善类社会组织、社区社会组织数量十分稀少[①]。

2. 各地积极出台各类举措，大力促进县镇社会组织发展

针对除成都、雅安地区外，其余地区社会组织发展水平普遍较低，而各地的社会发展水平又导致其对社会组织参与县镇社会治理的诉求较为强烈的现状，四川省各地纷纷出台举措，大力促进辖区内各县镇社会组织发展，尤其大力推进基层及社区的社会组织发展。

如2015年乐山市为了促进社会组织发展，实行了社会组织直接登记制，取消了社会团体筹备审批环节，取消了社会团体分支机构、代表机构、办事机构的成立、变更、注销登记，将社会团体分支机构、代表机构、办事机构的成立、变更、注销登记纳入社会团体自治范围，取消了社会团体会费标准备案，会费标准由社会团体依照章程程序经会员大会民主表决。为了加快对农村专业合作组织的孵化，规定凡农村村级专业合作经济组织会员达到20人，注册资金达到2000元，有固定办公地点、相应专职或兼职人员的，可以直接到县级民政部门进行登记，并对达不到登记条件的城乡社区社会组织进行了备案试点。[②] 巴中市则于2015年从降低登记门槛、强化执法监管、加快社会组织行政脱钩、推动政府向社会组织购买服务、规范档案管理、培养管理人才等方面对促进社会组织发展进行行动尝试[③]。资阳地区则在依法治理的视域下探索社会组织党建工作。2015年，资阳全市建立社会组织党组织289个，全市各县区党组织在社会组织中的覆盖率达68%[④]。绵阳市在推进社会组织规

① 资料来源：南充市委政研室提供。

② 资料来源：四川省民政厅网站，http：//www. scmz. gov. cn/InfoDetail. asp? ID = 16099。

③ 资料来源：四川省民政厅网站，http：//www. scmz. gov. cn/InfoDetail. asp? ID = 16061。

④ 资料来源：四川省民政厅网站，http：//www. scmz. gov. cn/InfoDetail. asp? ID = 15968。

范化建设方面积极探索，近几年，社会组织年检率每年均达98%以上①。

二 2016年四川县镇社会治理的主要难题聚焦

（一）县镇社会治理方式多元混合

2016年，是四川与全国同步全面建成小康社会进入最后攻坚5年的起点，这意味着社会变迁、社会转型与新型城镇化步伐将进一步加快。在当前四川省县镇城镇化水平已呈现差异化的情形下，县镇间的流动人口变化情况将进一步复杂化，各县的公共服务供给客体、社会保障体系服务客体、县镇整合与接纳的能力等都需要紧随时代变迁不断调整变化。县镇社会治理的复杂性、治理难度都将加大。留守儿童、留守妇女、空巢老人、流入县镇流动人口、流出县镇流动人口、家庭碎片化、不断增长的基层社会诉求、可能存在的社会稳定风险等一系列社会问题将随着县镇所处的不同社会环境、所呈现的不同社会发展程度而不断地转化与叠加。这将令不同县镇之间的治理方式愈加多元与混合，也将不断加深县镇之间社会治理目标、手段、方式的差异化，将对四川省县镇社会治理提出较大的挑战。

（二）县镇社会活力激发“程度”难以把握

激发社会活力、放权于社会是创新社会治理体制的关键，而社会组织参与社会治理则是放权社会的主要载体。然而，当前四川省县镇社会组织发展水平参差不齐，绝大部分县镇尚处在社会组织尤其是公益慈善类社会组织的萌芽阶段，大部分县镇仍面临着培育和孵化各

① 资料来源：四川省民政厅网站，http：//www. scmz. gov. cn/InfoDetail. asp? ID =16135。

类社会组织以有效参与社会治理的现实挑战。如何有序激发社会活力，把握住激发社会活力的“度”，是各县镇培育和孵化社会组织需要思考的关键要素。这当中，既要警惕对社会组织揠苗助长，成为“二政府”，又要警惕过分激发社会组织活力，引发社会稳定风险；既要警惕社会组织亚健康社会生态的形成，又要注重对社会组织公信力的建设；既要引导并发挥社会组织服务社会的专业性、深入性和灵活性，又有必要建立起对社会组织的第三方监管制度，同时还需加强对政府购买社会组织服务的独立竞争性；对于发展落后的县镇而言，既要照顾到本地社会发展实际，又要时刻把握社会总体发展形势，跟上社会的和时代的发展步伐。总之，如何根据本土特色有序又有效地激发县镇社会组织活力，是当下四川各县镇进行社会治理面临的一大难题。

（三）民族地区县镇治理难度将不断叠加

如前所述，四川省民族自治县镇是影响全省与全国全面同步建成小康社会的主要短板。而未来 5 年内，全面建成小康社会的核心任务之一便是补齐短板和全面“追赶”。这将意味着四川省民族地区县镇社会发展水平在现有差异的基础上，还将快速变化。国际经验表明，赶超型区域往往更加容易出现社会动荡，而保持有效的社会秩序是赶超型区域社会稳定发展的必要条件。因此，民族地区县镇社会治理的复杂程度将不断加大，各类社会问题、社会矛盾将更多、更频繁地出现，四川民族地区县镇的社会治理难度也将不断叠加。

（四）社会治理的专业人才队伍区域间极不平衡

当前，受到不同地区县镇社会发展水平的影响，四川省各县镇社会治理专业人才的差异较大，区域间极不平衡。专业的社会工作人才以成都地区为主要高地，雅安地区受“4·20”大地震灾后重建的影响成为次要高地，除此之外，各县镇社会治理专业人才相对缺乏。而社会治理是多方参与的治理，现代化的社会治理并不仅仅需要专业的社会工作者，政府、企业、社区、社会组织中都需要具备社会治理理念、掌握现代社会管理与社会工作方法的专业人才，而这一专业人才队伍在县镇区域间也是极不平衡的。

三　四川县镇社会治理的对策建议

（一）社区建设进一步精细化

未来一个时期，社区建设仍是各县镇社会治理的重点突破口。在此基础上，各县镇应根据自身发展状况，进一步令社区工作、社区发展精细化，形成行政管理与社区自我调节、基层自治管理良性互动，社区治理与单位管理有机结合，多种手段综合运用，管理与服务融合，有序与活力统一的多元治理、源头治理、共建共享的社区建设模式。针对政府购买公共服务的放权方式，各县镇在社区层面应当规范各部门职责分工，尤其是项目审批中的分工协作；以社区实际需求为导向，严把社会组织资质关，培育和孵化本土性社会组织，尤其是公益服务类社会组织和社区社会组织，提升社会组织的社区服务效能；建立多元专业监督机制，保障政社合作良性发展。

（二）治理内容进一步具体化

首先，要完善流动人口和特殊人群的管理与服务工作体系。实现“以证管理、以房管理、以业管理”，并在证、房、业管理的基础上提供有针对性的服务。建立并推行以县镇为单位的“实有人口、实有房屋、实有单位”服务管理工作全覆盖，建立覆盖全省各县镇实有人口的动态管理服务与监测体系。其次，健全公共安全体系，尤其在变迁速率将进一步加大的四川民族自治县等地区，依法打击各类违法犯罪行为，建立和完善社会稳定风险监测与评估管理体制，健全食品药品安全监管机制，增强公共安全和社会治安保障能力。再次，继续建立健全党委、政府主导的维护群众权益机制，完善信访制度和大调解联动工作体系，广泛推广“文建明”工作法。最后，强化各县镇对网络服务管理体系与网络社会治理能力水平。依法促进信息网络健康有序发展，落实信息网络管理责任，健全网上网下结合的综合防控体系。

（三）人才培养进一步立体化

有效的社会治理强调社会各类主体的多方参与和多元合作。当前，尽管各个县镇的社会发展水平高低不一，但受益于社会主义市场经济的发展，各县镇社会主体已经多元化，不论成都地区的相对发达县镇，抑或凉山地区的欠发达县镇，除了党委、政府以外，传统的国有“单位”正在减少，非公组织在大量增加，各县镇“社会人”大量出现。

根据这一情况，各县镇就要进一步落实党委、政府、社会组织、企业、民众等社会主体在社会治理中的相应职责，提升其社会治理权能；均建立起党委领导、政府负责、社会协同、公众参与的社会治理格局。这就需要各县镇的社会治理人才培养立体化，具体来说，就是要提升不同治理主体的共治能力。

首先，要进一步强化党委在社会治理中的领导核心作用，就需要基于治理理念，强化各县镇党委总揽全局、制定方针、统筹协调、动员资源的能力。其次，要强化政府的社会管理职能，我们的政府，尤其是县镇层面的政府抓经济管理的能力较强，而基于治理理念的社会管理能力还需进一步提升，要做到社会管理的政策到位、放权到位、机构到位、职能到位、责任到位、工作到位、监督到位。再次，县镇的企业应发挥自身积极作用，发挥企业社会责任，与政府机构优势互补，增强社会治理参与意识。复次，县镇的社会组织则应不断提升社会服务专业技能，增强自我管理能力和社会治理参与意识。最后，广大人民群众应充分发挥在社会管理中的主体作用，积极、理性、有序、依法参与社会治理。

（四）治理方式进一步动态化

现代社会治理理论更适用于风险社会，现代的社会治理本身就应当是一种动态化的。对于四川县镇而言，区域间社会发展现状的多元差异并存，社会变迁与现代化趋向的速率也将进一步加强，以正确反映和协调县镇内各阶层、各阶段的社会利益诉求，防范和化解各类社会矛盾为根本导向，建立起动态、弹性、灵活的社会治理机制实为维护社会公平正义、保证群众有效共享改革发展成果的时代和现实所需。

从目前来看，县镇的动态社会治理，特别需要建立健全如下机制：一是建立源头治理机制，转变过去基层县镇社会稳定风险事件往往事后处理、亡羊补牢的工作机制，将轻视源头治理向更加重视源头治理的方式转变。二是统筹各方利益，建立健全党和政府主导的维护群众权益机制，建立科学有效的利益协调制度、诉求表达制度、权益保障制度，妥善处理人民内部矛盾，坚决纠正损害群众利益的不正之风，切实维护群众合法权益。三是支援下层，建立社区治理机制，强化城乡社区社会管理服务职能，把城乡社区管理作为加强和创新社会管理的重要切入点。

B.7
县镇土地利用与管理报告

高 杰*

摘 要： 在自上而下的行政体制下，处于行政末端的县镇一级，在发展中获取稀缺要素的能力有限，其中建设用地不足是对其城镇化进程的最大制约因素之一。为解决这一问题，四川省积极创新县镇土地利用和管理制度，有效提高了土地配置效率和县镇承载能力。但在全省县镇发展过程中，仍存在重增量而轻存量、部分土地性质不清、土地利用规划不合理等一系列问题。新的发展阶段，四川要通过建立县镇土地利用约束制度、强化规划管理、建立城乡统一的土地市场等手段提高全省县镇土地利用和管理的科学性，为推进新型城镇化进程建立良好的土地制度保障。

关键词： 县镇土地 土地利用 土地管理 四川省

县镇空间的扩展是新型城镇化进程的重要内容和必然表现，而土地是新型城镇化的要素基础，因此，县镇发展的过程也是土地要素不断积聚和重配的过程。自新型城镇化战略实施以来，四川省各县镇主

* 高杰，四川省社会科学院农村发展研究所副研究员、博士，研究方向为农村经济、组织经济学。

动创新土地利用和管理制度，有效提高了土地利用效率，为城镇发展奠定了重要基础。但同时，县镇土地性质复杂、产权结构混乱、历史遗留问题较多，随着城镇空间的扩展，人地矛盾逐渐突出，导致县镇土地利用和管理过程中面临着一系列问题和矛盾。在新的发展阶段，如何通过制度创新解决县镇土地利用和管理中的问题，为县镇发展创造良好的土地制度环境，是四川省必须解决的重要问题。本报告以四川省县镇发展实践为依据，总结城镇化发展过程中各县镇在土地利用和管理方面普遍面临的问题，并提出针对性的对策建议。报告总体分为四部分：第一部分为全省县镇土地利用的特征总结；第二部分对全省县镇土地利用和管理的现存问题做出剖析和研究；第三部分是省内部分县镇土地利用和管理的案例分析；第四部分提出完善全省县镇土地利用和管理的对策建议。

一　四川县镇土地利用和管理的主要特征

2014 年底，全省辖 134 个县（含县级市和自治县）、1937 个建制镇，县辖区总面积约 45 万平方公里，占四川省总面积比重超过 70%。从土地利用和管理角度看，全省县镇普遍呈现以下特征。

（一）县镇土地产权结构复杂

全省县镇涉及国有土地、集体经营性建设用地、宅基地、农用地等多种性质和类型的土地，从土地产权角度看，包括国有土地和集体土地两种类型。在建设过程中，城镇建成区面积的扩张必然面临着大量土地性质转换，目前我国集体土地向国有土地转变的途径主要为土地征用和集体经营性建设用地直接入市两种方式。相对于城市而言，县镇建设过程中所涉及的产权问题更加复杂，归属不清晰的土地面积较大。在县镇建成区内，仍有许多历史遗留的土地问题，这一问题在建制镇尤为突出。

由于许多建制镇都是由村、集镇发展而来，原土地大部分为集体土地，在建制过程中，许多村组转变为社区，集体经济组织消失，土地所有主体也随之消失，当地政府多将这些土地作为建成区内的国有土地加以利用，但并未经过法定的征用程序，因此土地性质仍不清晰。

（二）建成区人均用地指标较高

随着城镇化进程的推进，全省县镇建成区面积不断扩大，但相对于人口增长速度而言，县镇土地城镇化速度显著较快。以全省镇级建成区增长速度为例，2013 年底，镇（含乡）建成区面积为 349400 万平方米，总人口 1965 万人，人均 178 平方米，高于全国人均 110 平方米左右的人均水平。全省县镇建设中土地利用效率相对较低，同时也反映了县镇发展中人口与土地城镇化的不协调问题。

（三）城镇空间以平面扩展为主

全省大部分县和建制镇的城区空间扩大都以平面扩展为主，形成了以增加土地投入为主要手段的外延式发展模式，具体表现为以下两方面：一是新老城区并立。在建设过程中，大部分县和部分建制镇都采取了老城区改造与新城区建设并行的方式，在对原有城区进行管网改造、道路翻修等基础设施改造的同时，选定新址建设新城区，形成了新老城区并立的格局；二是工业园区占地面积显著增加。通过修建工业园区吸引企业投资，进而实现产业发展是全省大多数县镇确定的发展路径，因此，工业园区建设也成为县镇土地利用规划中的重要内容。

（四）县镇建设用地多依靠征地方式满足

目前，全省县镇一级的城乡土地市场总体上仍处于起步阶段，县镇建设所需土地主要依靠年度用地指标划拨后进行征用的方式得到满足。据估算，全省县镇建成区土地超过90%为征地所得，依靠土地市场交易获得的建设用地不足10%。土地征用能够较快满足县镇建设中的用地需求，但是也会造成耕地流失、集体经济组织利益受损、农民失地等问题。以农民失地问题为例，调研中发现，许多县镇虽为被征地农民提供了城区住房，但无法为其提供能够获得长期收入的就业岗位，失地农民的长期生计来源成为困扰县镇发展的重要问题。

二　四川县镇土地利用和管理中存在的问题

土地是支撑经济发展的要素，随着全省县镇面积的扩展和产业结构的变化，土地性质转换、用途调整等情况日益增多，所面临的问题也日益复杂，总体而言，全省县镇土地利用和管理主要存在以下问题。

（一）县镇土地利用存在较为明显的重增量、轻存量倾向

与大中城市相比，县镇建设面临的土地约束相对较弱，用地成本也更低，加之全省县镇产业基础普遍较弱，地区发展对土地财政的依赖更强，因此，县镇具有更加强烈的扩张冲动，导致县镇建设过程中普遍存在“重增量、轻存量”的倾向。

由于用地成本较低且缺乏有效的约束机制，我国小城镇建设普遍存在着大规模圈占土地的问题。据统计，改革开放以来，全国城镇用地平均规模扩大了1.5倍，部分城镇的实际用地量已达到未来10年规划用地量的80%，更为严重的是，在城镇建设用地中，约80%是新增土地，其中60%以上都是优良耕地。通过对部分县镇的实地调研发现，修建新区、园区或开发区等外延式发展模式成为大部分县镇的主要发展方式。外延式发展能够避免老城区改造产生的矛盾，也能够实施更为科学的整体规划，但是同时，这种发展方式需要占用大量

土地，而县镇周边多为耕地，这就意味着，如果没有有效地开垦、补充耕地，外延式发展必然导致大量耕地流失。

大量圈占土地的同时，部分地区因财力不足等原因出现了建设项目停滞等情况，进而造成了大批土地闲置。调研发现，省内部分县镇将房地产业作为重要的经济增长支撑点，在未进行充分论证的情况下，大规模鼓励房产开发。在近年来房产市场下行和人口增速下降的双重压力下，许多地区已经出现了严重的商品房供过于求、商铺空置等问题，也导致了大量土地被浪费。

（二）部分土地主体权益难以保障

由于国有和集体两种性质的土地在县镇中交错分布，因此，在城镇建设过程中，集体土地向国有土地转变较为频繁，在土地性质的转化过程中，由于所有者主体缺失，出现了集体土地未经征用直接转变为国有土地，甚至土地性质在未转变的情况下直接被用于城市建设等问题，不仅严重侵害了集体经济组织及其成员的经济利益，也给县镇建设造成了潜在风险。

另外，目前县镇建设所需土地主要通过征地满足，通过征地实现土地性质转变后，土地价值相应提升，但作为被征地对象的农民往往只能获得土地作为农用地价值的补偿，而没有获得土地增值收益部分。土地收益分配的不合理导致了新的城乡矛盾，也使县镇建设中失地农民安置、社区维稳等压力不断增大。

（三）城镇土地利用规划的科学性有待提高

科学合理的土地利用规划是县镇健康有序发展的重要保障，但是在目前全省县镇，尤其是建制镇的建设过程中，土地利用规划编制与实施仍存在较大问题，主要表现在以下方面。一是土地利用规划脱离城镇实际情况。土地利用规划与城镇实际情况和发展目标的有效协同是城镇土地合理利用的基础和前提，但是调研发现，部分县镇的土地利用规划与城镇人口和产业发展实际情况严重脱节，规划中对土地宽打宽算的现象较为严重，出现了场镇常住人口不足1万人的小城镇规划了十余个大广场和多条步行街，远离城市的山区镇规划了大面积的湿地公园等现象。二是土地利用规划与其他规划的协同性不强。目前，我国城镇建设仍采用多项规划并行的方式，土地利用规划与城乡规划、环境保护规划等多项规划能否有效衔接和协调是规划是否科学的重要表现。但在目前的小城镇建设中，各项规划不协调的问题较为突出，如土地利用规划与城乡产业规划相冲突、土地利用与环境规划相矛盾等。规划间的不协调不仅使规划失去权威性和指导性，还造成了土地供给与城镇设施布局相互脱离，导致土地闲置、交通拥堵、环境恶化等一系列问题。三是规划执行不力。由于规划缺乏科学性和协同性，加之县镇缺乏规划人才和综合执法能力等原因，部分地区土地利用规划的实施、监管不力，不遵守规划或更改规划的情况仍较普遍。

（四）城乡一体的建设用地市场仍未建立

在全省县镇建设中，建设用地的供给主要通过征地方式完成，集体建设用地入市进程缓慢，城乡统一的建设用地市场仍处于起步阶段。据统计，2014年，除少数地区使用挂钩指标外，全省其他县镇建成区所占土地指标基本通过征地满足。征地方式能够较快获得土地，且成本相对较低，但是大量事实证明，征地不仅累积了大量矛盾，并且不利于集体经济的长期发展和农民的持续稳定增收，因此，中央多次提出“缩小征地范围”，通过建立城乡统一的建设用地市场实现城乡土地要素的自由流动和高效配置。但从目前情况来看，在县镇一级，集体经营性建设用地入市仍面临较多阻碍，如入市主体不明、入市政策和操作办法不清晰、土地估价系统和中介服务机构缺失等问题，加之地方政府对土地财政的依赖较重，推行集体建设用地入市的积极性不强，导致城乡土地市场仍处于二元分割的状态，城乡一体的建设用地市场尚未建立。

（五）镇级土地管理能力较弱

土地管理机构的管理能力是确保城镇建设中能够高效、科学利用土地的重要因素。与大中城市相比，县镇级土地管理更为复杂，涉及更多的土地利用变更调查、土地权属变更调查、地籍调查等工作。但目前，县镇土地管理机构的人员和经费缺口较大，特别是在镇一级，存在严重的人员和经费不足的问题。镇一级的土地管理部门多为国土管理所，其编制大多在10人以内，较小的镇仅为1～2人，还有部分镇的国土管理所与村镇建设管理所合并设置，并无专人承担土地管理工作。在人员和经费的制约下，土地管理工作难以有效开展，对土地违法行为也缺乏监察和查处的能力，从而造成县镇土地管理工作能力较弱。

三　部分县镇土地利用和城镇建设的案例分析

（一）成都市郫县安德镇：以集体建设用地流转突破城镇土地制约

成都市郫县安德镇地处郫县西部，辖11个行政村和2个居委会。近年来，安德镇抓住成都统筹城乡综合配套改革契机，积极探索城乡土地制度改革路径，通过城乡统一的建设用地市场的发展为县镇建设提供土地支撑，在避免征地矛盾的同时实现了城乡统筹发展、农民稳定增收，为传统农业区域进行小城镇建设与持续发展提供了借鉴经验。

为实现镇域经济的持续发展，安德镇将具备传统优势的川菜产业作为主导产业，通过产业链向上下游的延伸，形成聚合上下游产业企业和一二三产业的特色产业集群。在发展之初，安德镇仅是成都二圈层的农业小镇，产业发展面临着建设用地指标限制。为破解土地约束，安德镇充分利用成都试验区土地政策优势，积极探索农村土地制度改革路径，主要做法包括以下方面。一是土地综合整治，推动农民适度集中居住。以“拆院并院”等方式进行土地整理，并按照“宜聚则聚、宜散则散”的要求，运用“小规模、组团式、生态化”的规划理念，规划建设了农民新型社区，引导农民适度集中居住。二是多种方式探索集体土地入市路径。通过土地整理和集中居住结余的建设用地指标部分在县产权交易中心挂牌交易，收益除用于偿还投资贷款外，专项用于城镇基础设施建设；部分指标经批准后就地使用，用于川菜产业园区建设。三是坚持城镇建设中“以城兴城”的理念，充分利用城镇存量建设用地。安德镇建立了工业用地退出机制，通过投资强度、单位能耗、亩均税收等指标对工业企业进行考核，不达标者退出土地，近年来，安德镇已经收回260亩圈而不建、多占少建的工业项目用地。

（二）遂宁市蓬南镇：高度重视土地利用总体规划

蓬南镇位于遂宁市蓬溪县南端，距蓬溪县城67公里，距遂宁市52公里，地处二省市（四川、重庆）、三市（遂宁、南充、广安）、五县（潼南、合川、武胜、嘉陵、蓬溪）腹心，现辖4个居委会和44个行政村。2014年末，全镇辖区面积88.6平方公里，户籍人口8.12万人，常住人口6.01万人，场镇人口3.45万人。2013年5月，蓬南镇被确定为全省“百镇建设行动”重点镇。

在城镇建设过程中，蓬南镇高度重视土地利用总体规划的重要性，注重土地利用规划与城乡规划、环境规划等的整体性和协调性，根据场镇实际情况，提出“东进北拓、西优南控”的总体发展思路，根据这一思路编制完成了《蓬南镇土地利用总体规划》，并实现了与《城镇总体规划》《新村发展规划》的有效对接。

蓬南镇根据自身资源条件合理确定城镇建设规模和建设内容，在满足居民实际需求的同时，避免盲目求大、求全造成的空城问题。在基础设施规划、建设过程中，蓬南镇将适用性作为建设的首要标准，如针对场镇丘陵地貌特征设计了分隔式的人行栈道，在不占用周边土地的前提下拓宽了道路。

在规划实施方面，蓬南镇成立了“蓬溪县蓬南镇村镇规划建设管理所”“蓬溪县城市管理行政执法局蓬南中队”，设置2个乡村规划师岗位，负责规划的实施和监督，全部规划建设项目实行“三证一书”制度，在组织、人力和权能方面有效保证了规划的合理实施。

（三）阆中市老观镇：集约化的城镇建设方式

四川省阆中市老观镇地处阆中东北部，距阆中市区45公里，全镇辖区面积66.66平方公里，其中耕地面积1.8万亩；场镇占地3平方公里，其中古镇核心面积1.5平方公里。2013年末，全镇户籍人口3.8万人，城镇常住人口2.3万人，其中城镇户籍人口1.3万人，外来常住人口约1万人，主要是商贸户、陪读家庭、教职医务人员和企业员工。2012年，老观镇被省住建厅、文化厅等联合评为“四川最具保护价值古城镇”；2013年，被列为四川省首批“百镇建设试点行动镇”；2014年，被确定为全省首批国家建制镇改革示范试点镇。

在新型城镇化建设过程中，老观镇以“低成本、可持续的新型城镇化和公共服务均等化”为理念，在土地利用和管理方面，坚持集约利用存量土地、严格控制征地范围的原则，依托原场镇土地规模进行合理规划，在没有大规模土地扩张的条件下，有效改善了场镇基础设施和人居环境，并重点发展旅游、康养等产业，形成了宜居、宜游、宜业的集约化新型城镇化发展模式。

具体而言，老观镇在土地利用和管理方面做出了以下有益的探索。一是场镇建设“纵深化”，着力开发存量土地利用潜力。老观镇的城镇化建设并没有采取依靠场镇面积扩张的“土地先行城镇化”道路，而是积极推进场镇建设向纵深发展，在场镇的既有空间范围内进行各项工程建设，如旧房改建、水电管网入地、历史遗迹保护与开发。“纵深化”的发展方式不仅避免了大面积征地的矛盾和土地利用软约束的问题，更为重要的是，老观镇的“纵深化”建设模式有效利用了原场镇的既有资源，避免了高成本的大拆大建方式，将有限的城镇化建设资金集中于改善场镇人居环境和夯实产业发展基础方面。二是土地利用与人口集聚趋势、产业发展规划有机融合，实现了土地资源与人口、资金的有效整合。在发展过程中，老观镇采取了镇域统一规划、协同发展的方式，邀请同济大学城市规划设计院进行城镇总规、控制性详规、古镇和古街保护规划等相关规划设计工作。规划设计依托老观镇现实条件和发展趋势，特别强调了土地利用与人口集聚、产业发展等的协同。目前，老观镇的人口、产业、公共服务资源正向中心镇聚集，对阆中东北部地区的辐射能力进一步加强，已经形成古镇保护核心区、产业发展区、休闲度假区和商贸集中区的“一核三区”发展格局，基本形成以旅游文化和商贸物流为核心的产业布局，镇域经济步入跨越式发展的上行通道。

四　完善四川县镇土地利用和管理的对策建议

（一）建立县镇建设中集约利用土地的制度约束

扩大土地有偿使用范围，强化土地对城镇建设的约束；逐步缩小征地范围，制定《政府征地项目清单》，列明可采用政府征地方式建设的土地项目，不在清单上的项目禁止征地；建立土地集约利用评价考核制度，制定新增建设用地消耗考核指标体系，将考核结果作为制定和传达土地利用年度计划的主要根据。

（二）强化县镇土地规划的权威性和科学性

加强对县镇规划的审核力度，建立严格的规划审核制度，保证规划的可行性和合理性；建立与土地出让、转让的市场机制相适应的规划用地管理机制，加强规划对土地开发利用的调控能力；加快推进“多规合一”改革进程，统一各项规划的编制技术标准，做好土地利用总体规划、城乡规划、产业发展规划和环境规划等的协调与对接；加强对县镇一级，特别是镇级规划编制的财政投入和人才投入，鼓励和引导公众自主参与规划的编制、实施和监督；增强县镇规划实施能力，通过人才引进等方式吸引规划人才向县、镇流动；明确规划的法律效力，建立规划变更备案和问责制度。

（三）加快推进县镇土地产权制度改革

明确集体经济组织法人地位和组织成员认定标准，通过地方立法，确立农村集体经济组织的法人地位，规定农村集体经济组织为集体土地的唯一经营管理主体和法定主体；赋予集体经济组织市场主体地位，推进股份合作制改革，建立起现代企业经营管理制度，使集体组织成员能够按照股份分享土地增值收益；在农村土地和房屋确权颁证的基础上，支持村集体开展土地整理，通过自主经营或对外合作，盘活集体土地资源。

（四）鼓励县镇适度地自主探索集体建设用地入市的路径

建议赋予部分具备条件的县镇根据自身情况自主探索建设用地流

转和利用的权利；允许县镇在保证耕地总面积和质量的前提下，自主探索集体建设用地流转模式以及零星建设用地整理、利用方式；鼓励集体经济组织以土地入股等形式参与城镇建设；在建立起严格的监督机制的前提下，允许县镇在申报备案后将成员已分散、集体经济组织难以重新建立的零星集体建设用地转为国有土地；完善土地收益分配机制，向国家层面积极申请在省内选择有条件的县镇推行不动产税收制度试点，增加地方政府财政收入，调节城乡之间、城郊农村与边远农村之间、规划区内与规划区外之间的集体经营性建设用地入市收益分配。

（五）增强县镇级土地管理能力

增强县镇国土部门土地管理权能，强化镇级土地管理部门管理城乡土地的能力，根据辖区实际情况适度增加部门人员编制和工作经费；扩充基层土地监察队伍力量，提升人员素质，赋予镇级土地监察机构执法权；建立小城镇基准地价评估与公告制度，完善小城镇土地估价和中介服务体系。

B.8
县镇城镇化投融资报告

王 娟*

摘 要： 推进县镇城镇化对四川省新型城镇化战略具有重要意义。四川县镇城镇化进程中就近实现农民非农化和农民市民化的资金需求暴露得较为明显，同时县镇城镇化投融资存在着财政资金依赖度过高、市场化融资渠道仍较狭窄、农村金融改革仍相对滞后、成本分担机制不健全及隐藏了一定风险等问题。为积极稳妥加快县镇城镇化进程，四川省应改革提升现有主要融资渠道，如：大力推进政府性投融资平台改革转型、有效加强项目建设和继续深化农村金融体制改革，并进一步发挥市场在融资资源配置中的决定性作用，努力提高 PPP 模式的运用力度和创新其他融资模式等，配套推进相关改革，降低融资成本和风险，从而显著增加县镇城镇化资金供给总量。

关键词： 就近城镇化 投融资 土地财政

经过改革开放 30 年的发展，我国城镇化战略已经走上了转型之

---

* 王娟，四川省社会科学院农村发展研究所副研究员、博士；主要研究方向为农村金融、城镇化。

路，被赋予了扩大内需、促进经济发展方式转变的历史重任。尽管以往实践表明西部地区县镇城镇化发展远不如东部地区成功，但在我国实施新型城镇化战略背景下，推进西部地区县镇城镇化依然重要和迫切仍是我们的一个基本判断。对四川来讲，推进县镇城镇化是加快新型城镇化进程的重要着力点之一，也是通过就近城镇化实现农业人口转移的现实途径，还是促进区域协调发展、夯实“多点多极”底部支撑的牢固基石。新型城镇化建设需要大量的资金投入，县镇城镇化进程中就近实现农民非农化和农民市民化的资金需求同样暴露明显。然而，当前由于受投融资体制、宏观经济环境等因素影响，四川县镇城镇化建设的资金需求缺口仍较大，亟待进一步加大改革探索力度加以突破和解决。本报告首先分析了四川县镇城镇化资金需求重点领域，然后分析目前全省县域城镇化投融资存在的主要问题，进而剖析全省县镇城镇化投融资典型成功案例的经验，最后提出促进四川县镇城镇化投融资的对策建议。

一　四川县镇城镇化资金需求重点领域

（一）县镇城镇化发展态势总体判断

县镇涵盖城乡两种经济，处于大中小城市和广大农村地区的交会区，在国民经济发展中起着承上启下的关键作用。在实施新型城镇化战略中，推进县镇城镇化意味着更多的农民就近转移到非农产业就业——农民非农化；更多的农民就近转移到县城和建制镇、中心镇生活——农民市民化[①]。截至 2014 年底，四川城镇化率达到 46.3%，

① 李富田：《西部农业大县的城镇化困惑——以四川省中江县为例》，《农村经济》2014 年第 8 期。

低于全国城镇化水平 8.47 个百分点；农业转移人口数量为 2467.7 万人，其中省外转移 1154.6 万人，省内转移 1313.1 万人。据本报告对四川除去市辖区、县级市后的 120 个县初步计算[①]，2014 年四川县镇常住人口、不完全城镇化人口分别占全省城镇常住人口和省内农业转移人口数量的 40% ~50%。然而，即便县镇不完全城镇化人口总量较大，其在县镇就近转变为城镇居民的意愿也很低。据四川省统计局 2015 年 9 月在成都、自贡、攀枝花、德阳、绵阳、内江、南充、宜宾和达州 9 个城市开展的进城务工人员市民化现状问卷调查表明，愿意落户城市首选省内县（市、区）的只有 14.9%，这说明进城务工人员在市民化意愿上并不看好省内县镇，仍倾向于大中城市。

尽管如此，推进县镇城镇化进程仍对四川省不仅意义重大而且十分迫切。首先，加快县镇城镇化有利于推动四川农业转移人口低成本实现市民化。近年在汶川灾后重建、国际金融危机、吸引国内产业转移等因素的综合作用下，四川农业转移人口的区域偏好发生了逆转，由以跨省到东部沿海务工为首选转变成以在省内短距离迁移务工为首选。2011 年省外农业人口转移规模首次下降，2012 年以来省内转移规模居主导（见表 1 和图 1）。县镇已经成为外出务工农民工回流及四川新增农业转移人口的重要空间选择（见图 2）。其次，加快县镇城镇化有利于优化全省城镇体系。城市经济本质上是集聚经济，规模报酬递增是集聚提升经济效率的关键所在。加快县镇城镇化并不违背城镇化发展中的集聚经济规律，而是通过制度创新使更多的县镇成长为中小城市，达到优化城镇体系而不是助长畸形发展态势的目的。最后，加快县镇城镇化有利于促进区域经济协调发展。区域经济发展不平衡很大程度上归根于城镇化进程的差距。加快县镇城镇化进程需要通过优化城镇体系，夯实四川构建“多点多极”发展格局的底部支

① 从严格意义上讲，市辖区和县级市本质是城市经济，故报告只计算一般县镇。

撑，促进全省区域经济协调发展。因此，在我国及四川加快实施新型城镇化战略背景下，推进县镇城镇化的重要性和合理性不容置疑，同时改革和创新也就成为县镇释放促进全省内需扩大、经济发展方式转变潜力的关键所在。

表 1　四川农业转移人口规模及变化

单位：万人，%

年份	农村劳动力转移规模	省外转移规模			省内转移规模		
		数量	占比	同比增减	数量	占比	同比增减
2005	1634	814	49.8	—	820	50.2	—
2007	1997.82	1109.04	55.5	—	888.78	44.5	—
2011	2296.90	1205.20	52.5	-21.4	1091.70	47.5	77.8
2012	2409.20	1117.30	46.4	-87.9	1291.90	53.6	200.2
2013	2446.90	1200.10	49.0	40.3	1246.80	51.0	-45.1
2014	2467.70	1154.60	46.7	-45.5	1313.10	53.3	66.3

资料来源：2005～2014 年四川省人力资源和社会保障事业发展统计公报及其他相关公开资料。

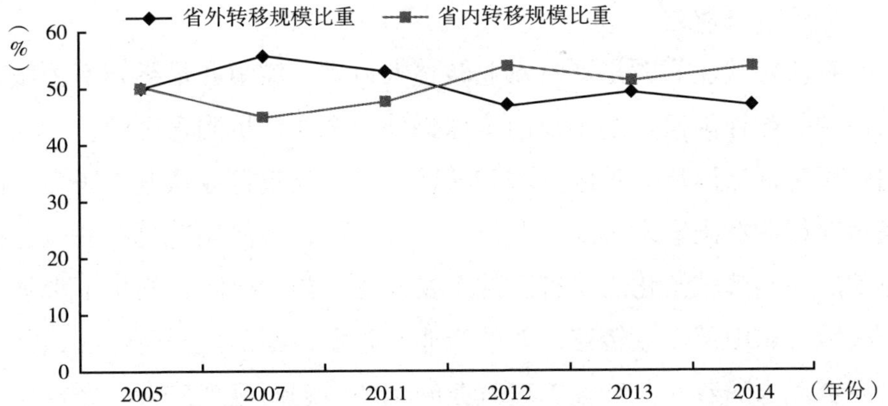

图 1　2005～2014 年四川农业转移人口省内外转移规模

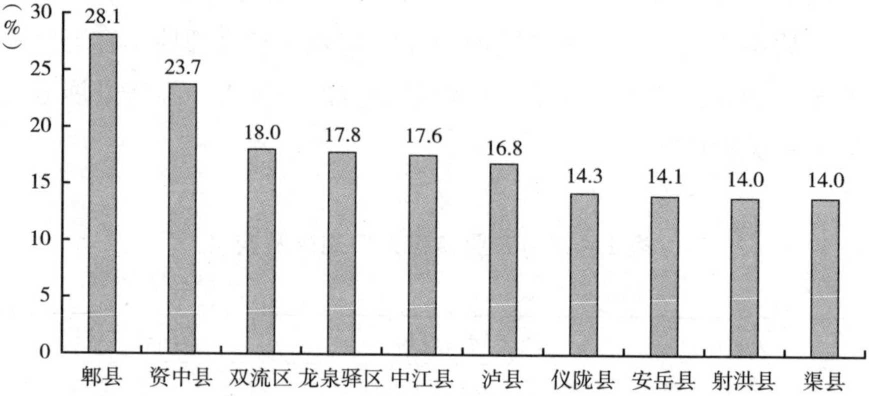

图 2　2014 年四川不完全城镇化人口数量排前十位的县

（二）四川县镇城镇化资金需求重点领域

在推进县镇城镇化过程中，为了实现农民非农化和农民市民化，四川县镇在产业园区发展、城镇基础设施建设、城镇基本公共服务提供、进城务工人员创业以及农民集中居住区建设等方面都产生了较为明显的投融资需求。

1. 产业园区发展

解决好就业问题是影响农业转移人口进入城镇并最终转变为城镇居民的关键性因素。由于目前全球仍处于金融危机阴霾之中，一些外出农民工逐渐回流到省内县城和城镇，其中建筑行业从业者居多，而房地产行业在国家宏观经济调控下萎靡不振，如何创造更多的就业岗位就成为县镇城镇化需要解决的重要问题。与此同时，四川不少县镇积极承接东中部产业转移，新的产业和企业不断落户产业园区，园区投融资需求随着农业转移人口就业问题的缓解而显现出来。企业自身的投融资需求大多通过银行贷款等市场化途径就可以满足，而园区基础设施建设、公共服务平台打造等就需要很大的政府投资。

2. 城镇基础设施建设

目前四川一些县镇人口集聚效应明显，已经有20个百万人口大县，一方面随着农业转移人口的大量涌入，原有的道路建设、排污、垃圾处理等基础设施承载力不适应问题逐渐暴露突出；另一方面原有的老县城城区和镇区空间规划不科学的弊端也越发明显。为适应新型城镇化进程，县镇完善基础设施需要大量的资金投入。

3. 城镇基本公共服务提供

省统计局的问卷调研同样表明，被调查的农业转移人口认为转为城镇户口最急需解决的基本公共服务中，基本住房保障、基本养老保障和子女义务教育居前三位，依次占50.9%、42.2%和37.5%，同时医疗卫生保障、最低生活保障和失业保险等也受到较多关注。实现县镇基本公共服务常住人口全覆盖既是县镇城镇化的重要要求，也对四川大多数县镇政府财政实力形成巨大挑战。

4. 进城务工人员

根据省统计局的问卷调研结果，农业转移人口担心转为城镇户口的所有问题中，“失业找不到工作”占38.5%；在他们认为最急需解决的基本公共服务问题中，劳动技能培训也比较受关注。由于劳动技能培训带有一定的公益性，除企业和其他组织承担以外，县镇政府是主要的负担者，需要投入一定的财政资金。

5. 农民集中居住区建设

新型城镇化本质上是城乡统筹的城镇化。为适应统筹城乡发展需要，四川推进农民集中居住区建设，农民集中居住区属于一种非城非乡的新型社区，其主要标志之一是基本公共服务水平明显高于传统农村社区。有些农民集中居住区靠近城镇，通过提高人口规模力度，很有可能逐步转变为城市社区。从已有实践来看，农民集中居住区启动建设及建成后基本公共服务提供等需要的资金量非常可观。

二 四川县镇城镇化投融资现状及主要问题

随着《国家新型城镇化规划（2014～2020）》、四川省《关于2013年加快推进新型城镇化的意见》等出台，创新城镇化投融资体制机制问题受到高度重视，四川县镇也在满足新型城镇化投融资需求方面进行了积极有益探索。然而，尽管自上而下的制度设计和路径选择必不可少，但从基层实践和实施的角度又具有现实难题和制度偏差。总体来看，四川以政府主导为主要特征的县镇城镇化投融资模式对加快城镇建设等起到了极大的促进作用，但随着国务院《关于加强地方政府性债务管理的意见》（国发〔2014〕43号）的发布，四川县镇城镇化传统投融资模式越来越难以为继，同时也呈现一些新的矛盾与问题。当前，四川现行县镇城镇化投融资模式存在以下突出问题。

（一）对财政资金依赖度过高

四川大部分县域经济都是吃饭财政，绝大部分县经济发展的任务主要是保"吃饭"，不少县（市）甚至连保吃饭都十分困难，县域经济自我发展、自我积累能力严重不足。在现行财政管理体制下，县级财政首先要保障对一般公共服务、基础教育、医疗卫生、社会保障的资金投入，这些项目虽然与城镇化建设有关联，但并不直接。可见，能够真正用于城镇化建设的资金非常有限。在财力有限的情况下，县级政府开始积极谋求国有土地补偿费、新增建设用地有偿使用收入等非预算内收入，土地增值税成为增加地方财政收入的法宝，土地出让金更成为地方财政预算收入的主要来源。县镇就形成了以土地做抵押获取银行贷款，通过政府性投融资平台运作，"融－投－还"循环的土地财政城镇化融资模式。国务院《关于加强地方政府性债务管理的意见》（国发〔2014〕43 号）公布后，县镇政府的融资约束加大，地方发债、发券功能受到限制，基本涉及不到资本市场的功能发挥，致使融资渠道基本为银行贷款。这种单一、狭窄的融资手段使城镇化融资成本较高，政府的财政风险也传递给了银行，不利于城镇化融资模式的健康发展。

（二）市场化融资渠道仍较狭窄

在很长的时间内，虽然县镇城镇化具有政府主导的特征，但也通过市场化机制吸引了民间社会资金参与，如：在城镇道路建设和污水、垃圾处理等采用了 BOT、BT 等模式，但这种市场化融资模式也只局限在以上领域，而且融资规模较小。随着新型城镇化融资问题日益受到学者和实际部门的重视，2013 年底以来国家财政部从制度、机构、项目和能力建设等方面大力推广政府与社会资本合作（PPP）模式，目的在于提高公共服务供给效率、防范化解政府债务风险，这也是政府融资模式和公共财政管理模式的重大创新。据此，国内各地都纷纷出台了 PPP 新规，四川省也制定了《四川省“政府与社会资本合作”项目管理办法（试行）》、《四川省财政厅关于支持推进政府与社会资本合作有关政策的通知》等，与全国其他省份相比，四川省在 PPP 项目优惠政策方面给出的干货最多。然而，即便如此，对于 PPP 这一新鲜模式，四川省大多数县镇仍持观望态度，具体实践操作存有疑惑并有实际困难。

（三）农村金融改革仍相对滞后

县域金融以农村金融为主体。尽管四川省不断探索农村金融体制改革，但与新型城镇化融资的要求相比，四川省农村金融改革仍相对滞后。由于新型城镇化的资金需求具有规模大、周期长和收益低的特征，大中型商业性金融机构不愿涉足，金融产品创新力度也不大，政策性金融机构和商业性金融机构并未形成支持新型城镇化发展的合力。为适应农村产权制度改革、保障进城农民的土地财产权利，一些农村金融机构进行了农村产权抵押贷款探索，但改革进展并不顺畅，贷款抵押物和担保物的范围仍较狭窄，实现农民土地财产的抵押功能仍需进一步探索。

（四）成本分担机制不健全

加快新型城镇化进程需要平衡好政府、农民和企业等多个主体的利益。毋庸置疑，走新型城镇化道路，保证城镇基本公共服务常住人口全覆盖是政府的责任，但这并不意味着政府应该大包大揽，这是因为进入县镇并转变为城镇居民也是农民基于自身发展的理性选择。因此建立新型城镇化的成本分担机制十分必要。土地财产权利是农民市民化的重要原始资本。目前四川省县镇农村土地制度改革虽然在逐步推进，但确权颁证工作还未全面推开、土地流转交易机制仍不健全、农村集体资产股份化改革缓慢等原因无法使农民拥有更多的财产性收入，从而导致农民既想进入县镇，又因自身原始资本积累不够而不敢进入县镇。

（五）隐藏一定的风险

过度依赖财政资金的传统城镇化融资模式带来了一定的潜在风险。县镇政府凭借政府信用从银行获取贷款，而最后又得通过财政资金来偿还银行贷款，由于目前过度依赖银行贷款，这使得财政资金与信贷资金的风险都在加大，银行信贷资金风险更为严重。尽管国发 43 号文件对政府融资进行了约束，但一些县镇政府为了筹集新型城镇化建设资金，仍抑制不了大规模举债的冲动，随着还款期的陆续集中到来，过度举债问题凸显，对县镇可持续发展带来一定影响。

三　四川县镇投融资典型案例分析

四川地域辽阔，区域发展十分不平衡，既有富庶发达的平原地区、地上地下资源短缺的丘陵地区，也有相对落后的山区以及贫困现象较为突出的高原少数民族地区。县镇城镇化投融资必须因地制宜，探索适合自己的模式。下面我们选取了 4 个典型案例，并剖析它们的典型经验，从而为四川其他县镇城镇化投融资提供有益借鉴。

（一）竹篙镇模式：利用集体建设用地发展工业

县镇与广大农村地区直接联系，盘活农村土地资源是支持县镇城镇化投融资的一个重要途径。在传统的城镇化发展模式下，农村集体建设用地只能通过国家征用转变为国有土地才能为城镇化建设提供宝贵的土地资源。成都市金堂县竹篙镇通过创新集体建设用地发展工业的模式对四川其他县镇城镇化投融资具有积极借鉴作用。

1. 基本情况

竹篙镇地处成都市金堂县境内东南部，距县城赵镇 45 公里，是简阳、乐至、中江、金堂的重要商贸和物资集散重镇，素有“小川北路”上要冲之称，面积 71.65 平方公里，2013 年常住人口 5.05 万人。2011 年 3 月以来，该镇在农村产权制度改革基础上，选择在红观音村和老虎寨村进行用地制度改革试点，利用集体建设用地发展农产品精深加工业，经市经信委批准 2012 年设立了竹篙农产品加工园区，具体运作模式表现为以下方面。一是成立土地股份合作社。2008 ~ 2010 年 8 月竹篙镇完成了宅基地、承包地、建设用地、林地等农村产权的确权颁证工作；在尊重农民意愿的基础上，引导农民以确权颁证登记土地面积入股组建集体土地股份合作社。二是成立资产管理公司。该公司通过农民自主实施土地综合整治，取得集体建设用地指标，并对项目用地范围内农户实施自主搬迁。三是成立园区投资管理公司。该公司以现代企业制度规范创立，土地股份合作社和资产管理公司是投资管理公司的股东，前者提供土地实物，后者提供用地指标，两者均折价量化股份入股到加工区投资管理公司，由加工区投资管理公司统一对外经营，对内支付股息红利。该动作模式开创了成都农村集体经济组织直接供地进行工业园区建设的先河，使群众从获得一次性转让收益向获得以土地入股长久的财产性收益转变，为集体建设用地和工业用地开发利用探寻了一条新的路径（见图 3）。

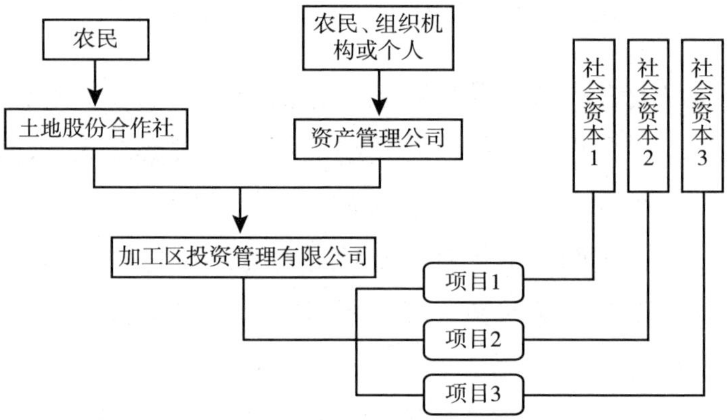

图 3　竹篙镇农村集体建设用地制度改革框架

2. 有益借鉴

成都市金堂县竹篙镇模式说明通过农村土地制度创新，既能为县镇城镇化投融资开辟新渠道，也能吸引社会资本向农村流动和保障农民的长期财产性收入。该探索具有以下重要制度特征。一是以实施农村土地产权制度改革为前提，只有通过“确实权、颁铁证”，明晰农村土地产权才能推进下一步改革。二是发挥了农民自主自愿的主体作用，让农民自主自愿进行土地入股，自愿自主实施土地综合整治，开展招商和成本核算，农民的积极性和参与度都很高。三是建立了农民持续增收的利益联结机制，通过公司化运作，变有形的土地为无形的股份，农户根据各自土地折算的股份份额取得财产性收入，并且随工业园区经营效益增加而不断增加。四是实现了供地主体的转变，竹篙镇改变了土地经国家征收再由国家职能部门负责出让的模式，进行了农村集体经济组织直接向市场供地的尝试。

（二）富顺模式：探索 PPP 模式

当前政府与社会资本合作模式（PPP）受到极大推崇，四川不少县镇也正在“摸着石头过河”努力探索，从目前的进展来看，富顺县的探索实践对县镇城镇化投融资具有一定的启示作用。

1. 基本情况

2009 年，富顺县政府通过委托国有公司建设城市生活污水处理厂一期工程，但建成后该工程只能满足半个城区的污水处理需求，亟待需要建设二期工程以满足整个城区的污水处理需求。如何解决二期建设资金来源是摆在县政府面前的一道难题。一期建设工程贷款 2900 万元尚未偿清，再加上配套建设，即便有中央补助，还要新增至少超过 1000 万元。与一期工程处理能力相当的二期工程所需的资金量可想而知，这对欠发达的富顺县来说心有余而力不足。经过积极思考与探索，富顺县通过 TOT 方式引入社会资本进行二期建设。

TOT 即“移交 - 运营 - 移交”，是政府与社会资本合作的一种方式，指在一定期限内，所有权不变，经营权转让给社会资本，投资人支付政府特许经营权转让款。富顺二期污水处理项目采取固定污水处理服务单价，竞争特许经营权转让总价的方式，公开招商选择特许经营者，特许经营期为 25 年。政府委托第三方机构测算，污水处理服务费定为 1.2 元/吨，竞标企业再据此计算自己能给出的特许经营权转让费胜出。项目吸引了北京首创、北控水务等国内一流水务公司投资人参与，最终北京首创以 6600 万元获得特许经营权。1.2 元/吨的定价并不是一成不变，而是按规定每 3 年投资方可申请调整一次价格，主要根据电价、GDP 增长率、CPI 指数等影响因素，再根据已确定公式的计算，进行调价。按照 TOT 模式合同的规定，北京首创在运营 25 年后，必须将资产设备维修好，并保持 95% 的完好性，无偿地还给政府。

富顺县政府获得 6600 万元左右的融资后，一期建设贷款可全部还清。二期建设所需资金 4500 万元，其中中央补贴 1900 万元，剩余 2600 万元也可从转让金中支出。解决了一期贷款和二期工程建设资金后，结余资金还可继续投入集污管网建设。一期工程建好后，政府向居民和非居民收取污水处理费平均 0.6 元/吨，按污水处理厂一期设计处理能力每年 500 万吨计算，政府每年可收取污水处理费 300 万元左右，而二期工程需向北京首创支付 600 万元左右，富顺县实际每年只需出 300 万元，负担大为减少。从 25 年来看，虽然政府让渡了一部分利润给社会资本，但这是政府资本和社会资本共同做大整个蛋糕后，政府把增量中的一部分给企业，实际上是实现了政府资本和社会资本的双赢。

2. 有益借鉴

富顺县 PPP 模式在以下方面做了积极探索，因而对四川其他县镇具有一定的借鉴作用。一是通过第三方机构确定污水处理费的合理定价。科学合理有效地确定污水处理费十分重要和关键，目前国家和省尚未设定 PPP 项目的融资投资回报率的合理区间，富顺县通过委托专业的第三方机构同时保证了测算的科学性和项目推进速度。二是以竞争确定最终的投资企业。富顺县根据竞标企业给出的特许经营权转让费，价高者得，最终确定投资企业。竞争市场对 PPP 模式运作成功非常关键，否则一个垄断性的社会资本并不比由政府垄断公共服务供给具备任何优势，甚至比由政府垄断供给更加糟糕，因为政府毕竟是一个公共组织，不一定有赢利的冲动，而社会资本是一个营利性机构，直接以获利为目标。虽然富顺 PPP 探索已经有了良好的开端，但总体来看也存在不足，其中一个很重要的方面就是，对投资方在实施工程建设全过程尚未建立监督机制，这是四川其他县镇在实践中应该进一步探索完善的地方。

（三）大渡口镇模式：发挥大企业大集团的资本集聚效应

创新县镇城镇化投融资模式必须立足自身实际，充分发挥优势，才可能有所突破。泸州市纳溪区大渡口镇发挥大企业大集团的示范带动作用，吸引民间资本聚集，破解了“钱从哪里来”的难题。

1. 基本情况

大渡口镇是泸州市纳溪区的中心镇之一，位于长江南畔，分别距离泸州市区、纳溪城区 40 公里和 19 公里，水陆交通方便，区位优势明显。2013 年，大渡口镇辖区面积 129.82 平方公里，辖 19 个行政村，常住人口 38978 人，其中城镇建成区总人口为 6468 人[①]。大渡口镇是泸州酒业强镇，在推进新型城镇化进程中，该镇依托泸州老窖集团，创新投融资体制，按照“政府主导、老窖牵头、企业联动、社会参与”的运作方式，吸引民间资本聚集。泸州老窖集团充分发挥核心企业的品牌影响与引领作用，动员旗下 10 个品牌率先投资建设酒庄，截至 2015 年 8 月已签约 16 家业主，引资 11.6 亿元，极大地充实了大渡口镇新型城镇化的资本支撑。在引导酒庄业主投资建设酒庄的同时，泸州老窖集团与酒庄业主共同组建绿色经济投资公司，参与项目区的基础设施建设、订单农业和循环经济发展。为确保大规模酿酒项目的生产建设和运行，泸州老窖集团专门发起组建“基酒公司”，负责原酒的收储与运营，打造“酒银行”，已与部分世界 500 强企业在内的大企业大集团，特别是大型金融企业签订了合作协议，

① 《2014 中国县域统计年鉴（乡镇卷）》。

协议投资超过10亿元。

2. 有益借鉴

大渡口镇的探索实践表明，在县镇城镇化开辟多元化投融资渠道的过程中，一旦通过一个“极”吸引到资金并形成资金的集聚效应后，社会资本和民间资金就会源源不断地跟进，从而极大地缓解资金短缺问题。而“极”的培育就要根据各地的实际来大力挖掘和塑造，大企业大集团的带动是一种较好的方式，通过努力仍然可以发现其他有利途径。

（四）苍溪县模式：创新农村金融服务

农村金融服务是县镇城镇化投融资体系的重要组成部分。地处四川山区的苍溪县近年大力创新农村金融体系，为解决“三农”问题发挥了积极作用，也由此增强了新型城镇化实施效果。这对四川县镇城镇化投融资提供了可贵经验和有益启示。

1. 基本情况

苍溪县位于四川盆地北部、广元市南端，面积为2330平方公里，2014年常住人口为58.64万人，农民人均纯收入7080元，属于国家级贫困县。苍溪县抓住被列为全省农村产权抵押融资、广元市农村土地流转收益保证贷款试点县契机，积极创新农村金融服务，充分放活农村产权，初步建立起多渠道、低成本的农村信贷服务体系；引进贵商银行、绵商银行，农村信用联社改组农村商业银行，成立全省首家农村资金互助社——益民资金互助社，创新“四不四包四坚持”的经营方式[①]，既盘活了民间资金，规范了金融市场，又促进了地方经济发展；制定了《苍溪县农村产权抵押融资试点方案》和4个配

① “四不四包四坚持”：不发放大额贷款，不发放异地贷款，不发放非社员贷款，不发放非农贷款；包发放，包管理，包收回，包赔偿；坚持安全第一，坚持规范经营，坚持服务社员，坚持让利于民。

套办法，选定了以县邮政储蓄银行为主，县农村商业银行、县贵商银行和县农业银行为补充的试点机构，设立农村产权抵押融资风险基金300万元，建立农村产权价值评估机制，探索完善风险分担机制，截至2015年9月，发放农村产权抵押融资贷款共5笔合计900万元，农村土地流转收益保证贷款2笔共105万元，林权抵押融资贷款1981万元，有效解决了新型经营主体和农民群众融资难、融资贵的问题。

2. 有益借鉴

苍溪县农村金融制度创新激发了农村经济和新型城镇化的发展活力，它从两个方面进行探索：一是围绕农村金融制度本身，加强农村金融机构自身的改革，大力创新农村金融产品和服务；二是响应深层次农村改革，以农村产权制度改革为先导，探索农村产权抵押贷款等农村土地金融产品。这两个方面为四川省其他县镇探索提供了方向，同时随着互联网金融下乡，县镇城镇化投融资模式将进一步被拓宽和丰富。

四　完善县镇城镇化投融资机制的政策建议

综上，四川县镇应进一步完善投融资机制，总体思路是：紧紧围绕四川县镇城镇化资金需求重点领域，以推进改革创新为突破口，改革提升现有主要融资渠道，进一步发挥市场在融资资源配置中的决定性作用，努力开辟新的投融资方式，降低融资成本和风险，壮大投融资可持续增长能力，显著增加资金供给总量，促进四川县镇新型城镇化健康发展。为贯彻好总体思路，四川县镇还应坚持政府主导与市场引导相结合、融资创新与风险防范相结合、盘活存量与引导增量相结合的基本原则。由此，本报告提出以下完善四川县镇城镇化投融资机制的政策建议。

（一）大力推进政府性投融资平台改革转型

在当前融资较为困难的情况下，政府性投融资平台无疑仍然是四川县镇城镇化投融资的主渠道之一，当前四川县镇应逐步改变传统的运作模式，加大改革转型力度，使政府性投融资平台能够真正发挥公共财政的作用与功能。

一是理顺体制与机制。严格“借－用－还”相统一的政府债务管理机制，剥离投融资平台的政府融资职能，使政府逐步退出一般经营性投资领域。按照现代企业制度法人治理要求，淡化直至最终去除现有投融资平台的行政化色彩，出台过渡性政策安置投融资平台公司的行政管理人员，推动投融资平台公司由事业法人向公司制法人转型，明确和赋予其市场主体地位，为其进行市场化运作打好基础。

二是增强融资平台自我发展能力。要加大资源整合力度，对规模较小、实力较弱的融资平台进行合并重组，打造实力较强的融资平台公司。通过注入现金资产、可变现资产、股权、优质资产、特许经营权和税收返还等，做大融资平台资产规模，充实其资本实力。同时，支持融资平台积极投资实体产业、一些经营性领域等，不断提升平台的市场化融资能力。

三是严控金融风险。认真贯彻国发〔2014〕43 号文件要求，制定政府性债务管理的措施，建立健全投融资风险评估和预警机制，定期测算和发布投融资统计数据，合理控制政府性债务规模与风险。

（二）有效强化项目建设

鉴于当前投融资环境较为艰难，抓好已有项目建设是四川县镇城镇化投融资的另一主渠道，是大力发挥财政资金引导和带动作用的现实途径。

一是优化财政资金支出结构。年末应由发改、住建、交通等部门提出下一年度拟建的重点项目，重点项目的选取应该落实到农业转移最迫切需要、反映情况最多、供给最为薄弱的城镇基本公共服务上，并经县政府筛选后进入项目备选库。县财政专项资金使用要坚持有保有压、有保有控和区分轻重缓急的原则，确保县镇重点项目建设投入。此外，重点项目一经确立，不能随意变更，如确有需要变更，应报送县人大常委会和县委常委会审批。

二是建立和实施财政增量资金激励机制。遵循“增量调整、奖补并用”原则，在规划先行的条件下，对项目采取前期激励和事后激励。前期激励方式是指县镇制定了项目建设规划并通过评审，财政增量资金就给予支持。事后激励方式是指县镇实施了相关项目并通过了验收，财政增量资金就给予支持。

三是强化财政资金使用的绩效评价与监督。要继续对财政拨款1000万元以上的专项资金实行绩效目标管理。区分不同财政资金的支持方向、补助对象等，设置可测量、可比较和可追踪的评价指标体系，探索科学合理的绩效评价体系。支持第三方机构客观、公平、公正地独立开展评价，并探索建立评价结果与预算安排挂钩制度，将评价结果作为实施行政问责的重要依据，真正做到“花钱必问效、无效必问责”。

（三）继续深化农村金融体制改革

继续推进农村金融体制改革是支持县镇投融资不可或缺的重要力量。应加强政策性导向，并积极创新农村金融服务和产品，当前着力探索健全农村融资担保体系，切实缓解新型农业经营主体等融资难、融资贵问题。

一是发挥好政策性金融作用。引导国家开发银行、农业开发银行等政策性金融机构加强金融服务力度，加大它们对县城、中心镇和建制镇等发展的信贷投入力度，建立上级财政对县镇城镇化投融资的贷款贴息制度。强化政策性金融机构与商业性金融机构的合作，拓宽城镇化的融资渠道，重点加强对农业转移人口的综合性服务。

二是创新金融产品和服务。加大金融、证券、保险机构之间的合作力度，开发适合县镇城镇化需要的金融产品和服务，如：典当融资、金融租赁、风险投资、债贷组合，积极筹措县镇城镇化所需资金。以农村产权制度改革为先导，继续探索深化农村土地承包经营权抵押贷款试点，慎重稳妥地开展农民住房财产权抵押试点，推广以农业机械设备、运输工具、承包土地收益权等为标的的新型抵押担保方式。

三是建立健全县域融资担保体系。鼓励组建或设立政府出资为主、重点开展涉农担保业务的县域融资性担保机构或担保基金，支持其他融资性担保机构为新型农业经营主体等提供融资担保服务。鼓励有条件的地方探索建立合作性的村级融资担保基金。加大政策性农业保险的宣传力度和推广力度。加强涉农信贷与涉农保险合作，将涉农保险投保情况作为授信要素，探索拓宽涉农保险保单质押范围。

（四）提高 PPP 模式的运用力度

PPP 模式虽然在县镇城镇化投融资中的应用潜力巨大，但目前县镇对 PPP 模式的认识还不深刻，加之配套体制机制不健全，导致县镇运用该模式存在不少实际困难。为此，应尽快解决实际难题，为 PPP 模式顺利发挥作用提供良好条件。从省委、省政府层面来看，应在以下方面加大支持力度。

一是加大对 PPP 项目的金融支持。组织人行、银监会制定并出台支持 PPP 发展的指导意见，引导鼓励金融机构主动参与并支持 PPP 项目建设。

二是设立科学合理的 PPP 项目回报率区间。全省应研究并设立行业或区域的 PPP 项目回报率区间，提高政府与社会资本对接的效率，加快 PPP 项目建设速度。

三是建立第三方咨询服务机构库。应根据领域和业务能力，建立多个第三方咨询服务机构库，以便各县镇根据自身项目选择相应的服务机构，提高 PPP 项目包装策划水平和成功率。

四是完善其他相关制度。例如，探索建立 PPP 项目监管机制，大力引进具体负责 PPP 项目推进的专业人才并给予其与专业技术能力水平相匹配的薪酬。

（五）进一步创新融资模式

除了以上主要的投融资模式外，县镇还需要开辟创新其他融资模式。目前可尝试探索以下具体模式。

一是设立产业基金。集中县镇财政收入增量部分，设立产业基金，以政府财政投入为基础，积极吸引民间资金，扩大产业基金规模。依托产业基金对确需扶持的重点项目、重点企业，采取投资入股、信用担保和融资贴息等方式给予扶持。

二是允许地方政府发债。建立完善政府债券发行制度，提高政府资产负债透明度，合理控制地方债务规模，将政府性债务纳入全口径预算管理，设立政府偿债基金。抢抓国家允许发行地方政府置换债券的机遇，推动地方债券顺利发行，满足城镇化进程中纯公共性领域的资金需求。

三是吸引大型央企、省企、知名民企参与并支持县镇城镇化发展。大型企业拥有资金、技术、管理等优势，具有延伸产业链、推进产业集聚发展的作用。发挥大企业大集团的产业集聚效应，可以带动上下游产业发展，催生一大批配套企业，可以吸引民间资本聚集，破解了“钱从哪里来”的难题。

（六）配套推进相关改革

投融资体制改革与农村改革、县域经济改革密切相关，配套推进相关改革有利于提升县域经济发展实力，增加农民进入城镇并转变为城镇人口的原始资本，健全农业转移人口市民化的成本分担机制。

一是进一步深化农村产权制度改革。探索三权分立，促进农村土地承包经营权顺畅流转，加快集体资产股份量化、集体经营性建设用地入市等试点并努力争取有所突破，切实增加农民财产性收入。

二是继续推进扩权强县改革并加快启动扩权强镇改革。通过扩权强县、扩权强镇改革，县镇自我发展能力将进一步增强，市场化运作和融资能力也将有效提升，从而强化对城镇化发展的资金支撑。

专题调研篇

Special Survey

B.9

四川省重点镇调查报告

盛 毅 张鸣鸣 池瑞瑞*

摘 要： 作为“城市之尾、农村之首”的建制镇，在新时期不仅是连接城乡的关键节点，同时也是“大中小城市和小城镇协调发展”的新型城镇化体系的重要组成部分。四川拥有1821个建制镇，在全省整体进入工业化和城镇化加速发展时期，部分镇已经在人口承载、经济集聚、公共服务均等化和行政服务下沉等方面发挥着日

* 盛毅，四川省社会科学院副院长、研究员，主要研究方向为产业经济、区域经济等；张鸣鸣，四川省社会科学院区域经济研究所副研究员，主要研究方向为城镇发展、“三农”问题；池瑞瑞，四川省社会科学院经济研究所助理研究员，主要研究方向为产业经济、区域经济、新型城镇化。

益重要的作用。在对全省21个重点镇[①]进行调查基础上，我们认为，重点镇已经成为四川就地就近城镇化的重要载体，始自2013年的“重点镇建设”项目在产业发展、扩权改革、公共服务有效供给、行政管理体制创新等方面已经取得较为显著的阶段性成果，在全省范围内加大建制镇建设力度，提升就地就近市民化水平，深入实施统筹城乡、多点多极等战略具有重要的试点示范作用。

关键词：　21个重点镇　就地就近转移　试点示范

一　基本判断

（一）重点镇建设具有必要性和可行性

2013年5月，四川省政府出台《关于2013年加快推进新型城镇化的意见》（川府发〔2013〕2号），提出“大力推进百镇建设试点行动，加快建设一批特色鲜明的经济强镇、区域重镇和文化旅游名镇。城镇道路桥梁、园林绿地、生活污水和垃圾处理及管网等市政公用设施、公共服务设施建设取得明显成效”。2013年9月，省政府发

① 2013～2015年，四川共遴选300个试点镇，将其中21个试点镇作为重点，强化示范镇。21个重点镇分别为：成都市金堂县淮口镇、德阳市中江县集凤镇、绵阳市三台县西平镇、巴中市恩阳区柳林镇、广元市朝天区羊木镇、阿坝州九寨沟县漳扎镇、眉山市彭山县牧马镇、内江市威远县连界镇、自贡市荣县长山镇、宜宾市南溪区江南镇、泸州市纳溪区大渡口镇、资阳市雁江区中和镇、遂宁市蓬溪县蓬南镇、广安市广安区恒升镇、达州市达州区石桥镇、南充市高坪区东观镇、雅安市荥经县龙苍沟镇、凉山州西昌市安宁镇、攀枝花市盐边县红格镇、甘孜州康定县姑咱镇、峨眉山市符溪镇。

出《关于印发进一步加快推进新型城镇化八条措施的通知》（川府发〔2013〕47号），提出要用3年时间，在全省推动300个试点镇建设发展。目标是加快扶持培育一批经济发展快、人口吸纳能力强的小城镇，为推进新型城镇化、促进县域经济发展和就地就近吸纳农村人口创造条件。措施包括试点镇遴选，加大建设投入力度、用地保障支持力度；要求试点镇在特色产业培育和发展、行政管理体制创新、基础设施建设、人才保障等方面先行先试，做出示范。2013～2015年，四川每年遴选100个试点镇，至今试点镇数量已达300个，其中设立21个重点镇以强化示范带动作用。

"百镇建设行动"的定位和思路主要体现在，以300个镇为载体，通过政策导向、加大支持和试点示范，切实提高镇在经济集聚和农村人口集聚等方面的能力。"百镇建设行动"的定位和思路遵循了发展规律，符合当前和今后一段时期的宏观发展方向，切中四川在经济社会发展的底部支撑上的薄弱环节，具有十分重要的现实意义。

2000年以来，四川城市和农村呈现双头并进的快速发展态势。2013年，全省18个地级城市中，人口在400万以上的城市1个，100万～200万人口的城市11个，50万～100万人口的城市6个；城市建成区面积达到2058.11平方公里，是1999年的3倍多。与此同时，一系列支农惠农政策使农村呈现翻天覆地变化，先后在全省范围内开展社会主义新农村、土地综合整治、百万安居工程、灾后农房重建、幸福美丽新村等建设，目前已累计完成各类新村建设8317个，其中新建新村聚居点3822个，改造提升旧村落4495个；新建村级公共服务中心5971个；在省级示范县累计建成新村聚居点2033个、新农村综合体218个、村级公共服务中心2307个。

然而，城乡之间依然存在较大差距。2013年，城乡居民收入比为2.83∶1，城乡基础设施和公共服务差距更为显著；农村空心化、农民老龄化、农业低效化等问题突出；2455万名农民工在城市、

56%的常住人口在农村保持着低成本、低水平的生活。收入偏低、积累不足，叠加上生活习惯、文化传承等社会适应问题，单纯依靠城市规模扩张和加大农村投入难以从根本上破解前述难题，大力推动小城镇建设，使之成为城乡之间节点式、广覆盖、低成本的生活和居住载体具有现实必要性。

值得注意的是，被视为“城市之尾、农村之首”的小城镇在这一阶段发展并不乐观。截至2010年底，四川有1821个建制镇，是全国建制镇数量最多的省份，镇区常住人口1634.04万人[①]，约占全省总人口的五分之一，是重要的人口承载空间。然而，总体上看小城镇的发展还处于低水平起步阶段。一是小城镇人口集聚水平偏低，镇均人口8973人，比全国平均水平少4744人；二是小城镇经济集聚能力不足，大多数小城镇特色产业和服务农村的第三产业发展不足；三是小城镇公共服务承载功能较弱，小城镇的供水普及率、燃气普及率、广电覆盖率、污水处理率和垃圾无害化处理率分别仅为37.1%、29.6%、59.8%、25.7%和32.5%，大部分指标远远低于城市水平；四是小城镇建设管理水平较为滞后，大多数小城镇缺乏科学规划，土地集约利用水平不高，城乡环境治理任务艰巨，社会管理能力不足。

就四川发展的现实需求而言，以部分基础较好、有发展潜力的小城镇为重点，加大建设投入，改革创新管理体制，使小城镇成为城市的延伸带、农村的核心动力源，具有较强的必要性和可行性。

21个重点镇占“百镇建设试点行动”三批次试点镇数量的7%，占全省建制镇数量的1.15%，总面积占全省辖区面积的0.72%，2014年末户籍人口78万人，常住人口70.4万人。重点镇整体上代表了四川建制镇的基本类型，从主导产业看，有工业镇、商贸镇、旅游镇以及一些综合性小城镇；从发展阶段看，有接近或达到小城市的

---

① 《第六次人口普查》。

镇，有处于城乡深度融合阶段的镇，也有刚刚起步的镇和已经融入城区的镇。

（二）重点镇建设的进展情况和整体效果

1.重点镇建设成效显著，部分镇体制机制上有创新突破

“百镇建设行动”自2013年5月启动，实施期为3年，21个重点镇政策落实和推动进展顺利，主要围绕镇建设和镇体制机制创新两个方面展开。

镇建设：一是规划的编制和实施，包括总体规划编制或修编、控制性详细规划编制、规划建设管理机构配置、规划实施等；二是城镇公共服务与配套设施建设，包括教育设施、医疗卫生设施、文化体育设施、商业金融服务设施等；三是城镇市政公用设施建设，包括城镇道路建设及硬化、城镇供水设施、城镇燃气及清洁能源使用、电力电信设施、邮政和广播电视设施、消防设施、防洪排涝设施等；四是城镇人居环境建设，包括公园绿地、生活污水处理设施、生活垃圾无害化处理设施、城镇风貌特色建设、生态环境保护、环境综合治理与改造；五是特色产业培育与发展。

镇体制机制创新：一是政府职能转变；二是理顺县镇之间事权关系；三是合理配置机构和人员编制；四是改进人员配置和管理方式；五是创新公共服务供给机制；六是优化管理服务工作流程。

调研发现，21个重点镇在上述内容中都有具体的牵头领导和负责人，实施中得到了省、市、县三级牵头单位和配合单位的支持，绝大多数镇建设内容得到落实，成效显著；镇体制机制创新方面有了一定突破，部分镇已取得突出成绩。

基础设施方面，通镇公路、通村公路通达率达到100%，21个重点镇中，通镇的道路硬化率达到100%，有的镇已完成低压弱电线路入地工程；城镇集中供水普及率达100%的镇有9个，占43%；城镇

燃气普及率达100%的镇有4个，占19%，达80%～99%的镇有9个，占43%；辖域内所有行政村均开通互联网宽带业务的镇有12个，占57%。

公共服务方面，镇均拥有幼儿园5个（包括镇村幼儿园），幼儿园师生比1∶21.7；镇均拥有义务教育学校5个，义务教育阶段师生比1∶18.3；镇均拥有卫生医疗机构10个，其中卫生院/保健站平均达6个，卫生人员数镇均101人，卫生机构床位数镇均146张，卫生院病床使用率镇均达78.7%。

人居环境方面，21个重点镇均实现了生活垃圾村收集、镇转运、县处理；实现场镇污水集中处理的镇有15个，占71%，仍有6个镇的场镇生活污水为直排；有18个镇设置了城镇综合执法机构，与县相关部门的驻镇机构实施联合执法、委托执法等方式进行城镇综合执法管理；有14个镇实施了棚户区、城中村和危旧房等旧城改造项目，占67%。

经济发展方面，到2014年末，21个重点镇地区生产总值平均达12.4亿元，三次产业占比平均为20.1∶53.8∶26.1。其中，地区生产总值最高的为成都市淮口镇，达75.9亿元。

2. 专项资金使用方向多样，带动效应显著

2013年、2014年，省级财政拨付各重点镇建设专项资金2340万元，合计4.914亿元。两年间，21个重点镇使用省级财政专项资金在规划编制、市政公用设施建设、人居环境改善、产业发展等多个大类上实施128个项目，其中由专项资金支付1.99亿元，其他资金（含市、县两级配套）支付12.11亿元（见图1和图2）。

3. 群众受惠显著，满意度较高

群众是否受益、是否认可、是否满意是衡量一切工作的根本标准。以此为出发点，“百镇建设行动”实施一年多来达到了较好效果，主要表现在以下两个方面。

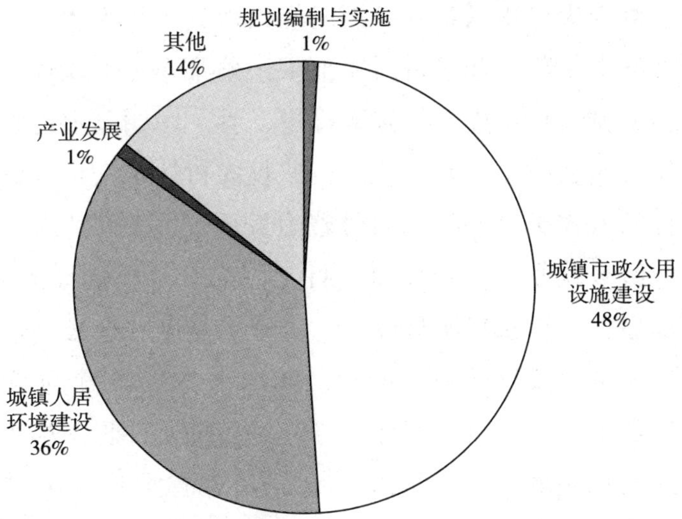

图 1　重点镇建设专项资金和配套资金使用方向及比例

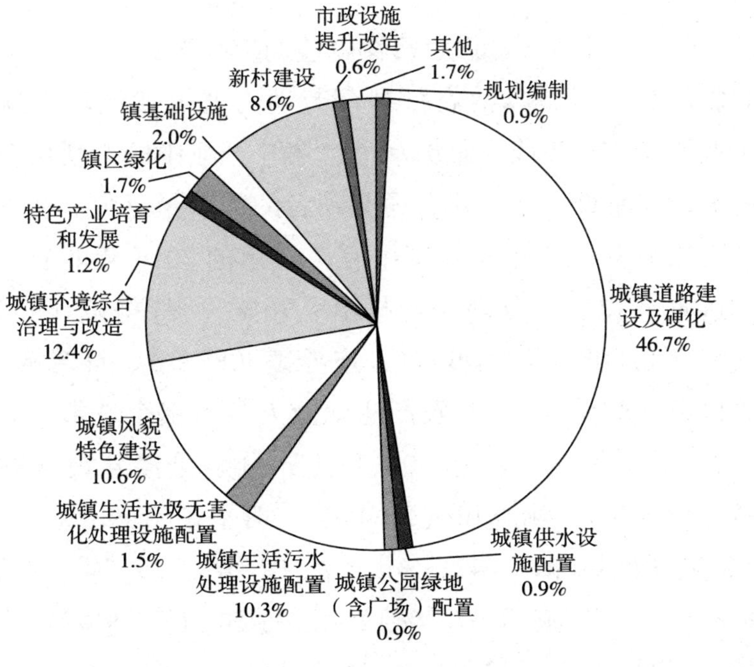

图 2　重点镇建设专项资金和配套资金使用具体方向和比例

第一，群众生产生活条件在短时间内得到了较大改善。例如连界镇船石村支部书记陈某和盘古村支部书记蔡某作为群众代表反映，近年来由于新型城镇化在连界的深入推进，县、镇明显重视农村建设发展，不仅使公路通村，方便群众出行，且农村饮水安全也以农村供水一体化工程的方式予以保障，同时着力发展“一村一品”，农民不管外出务工、留乡就业或者到场镇上打工，都有可以选择的多条出路，收入逐年提高，生活水平明显改善，群众满意度普遍较高。

第二，城乡居民增收较为明显。2014 年末，21 个重点镇城镇居民人均可支配收入 21421.1 元，达到全省平均水平（24381 元）的 88%，农民人均纯收入达 10439.3 元，是全省平均水平（8803 元）的 1.2 倍。

（三）重点镇成为四川就地就近转移就业的重要载体

1. 部分镇已成为就地就近转移就业的重要载体

非农产业发展是吸纳农村剩余劳动力就近就地转移就业的关键，工业发展需要吸收大量劳动力，第三产业中的生活服务业更是典型的劳动密集型产业，对普通劳动者的需求量巨大。从非农产业增加值占比来看，21 个重点镇中有 7 个镇的 2014 年非农产业增加值比重达 80% 以上，分别是柳林镇（96%）、红格镇（93%）、安宁镇（91%）、淮口镇（90%）、连界镇（87%）、符溪镇（82%）和大渡口镇（81%）。从非农产业就业人数占镇全域常住人口比例来看，有 12 个镇的占比达 30% 以上，分别是漳扎镇（88.6%）、羊木镇（58.9%）、柳林镇（51.4%）、西平镇（49.2%）、恒升镇（43.1%）、集凤镇（42.3%）、江南镇（39.7%）、蓬南镇（37.8%）、淮口镇（37.7%）、牧马镇（35.9%）、符溪镇（33.4%）和长山镇（32.6%）。这些镇的产业定位在工业、商贸、旅游领域均有涉及，但其共同点是主导产业均已比较成型，非农产业发展能力比较强，从而能够支撑小城镇成为就近就地转移就业的重要载体。

2. 部分镇具有就地就近转移就业的巨大潜力

21 个重点镇按全域常住人口统计分布见图 3，人口 5 万人以上的镇中，非农产业增加值占比均达 70% 以上，有 3 个镇的非农产业就业人数占镇常住人口比重未达到 30%；人口 3 万 ~5 万人的镇中，非农产业增加值占比均达 75% 以上，有 2 个镇的非农产业就业人数占镇常住人口比重未达到 30%。这些镇普遍已有较好的硬件设施基础，并完成了主导产业的选择，正在加大对产业的投入力度，在突出产业特色、提高产业竞争能力过程中，其吸引劳动力就近就地转移就业的能力正在逐步释放。

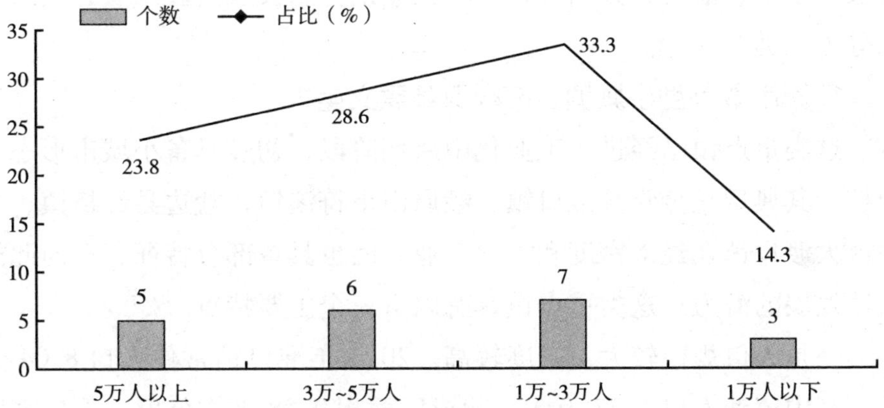

图 3　21 个重点镇全域常住人口分布

二　已经取得的经验和创新点

十八届三中全会中提出，“坚持走中国特色新型城镇化道路，推进以人为核心的城镇化，推动大中小城市和小城镇协调发展、产业和城镇融合发展，促进城镇化和新农村建设协调推进”。作为“大中小城市”和“新农村”的关键节点，小城镇通过改革创新，充分调动发展活力，成为经济集聚和人口集聚的重要载体，符合四川发展现实。以此为出发点，我们认为“百镇建设行动”至少在以下9个方面积累了一定经验，实现了创新突破，能够在全省推广借鉴。

（一）因地制宜分类推进

四川已经进入工业化中期发展阶段，但发展水平偏低、发展不平衡的问题依旧突出。“百镇建设行动”遴选出的300个试点镇大多在经济建设、人口规模、基础设施和公共服务等一项或多项指标中具有优势，其中21个重点镇是典型。然而调查发现，21个重点镇的发展阶段、水平、潜力、方向等存在较大差别，从发展阶段来看，大致可以分为三类。

1. 城市取向型小城镇，扩权改革意义重大

这类重点镇已经进入工业化中后期阶段，初步具备小城市形态和内核，其典型是金堂县淮口镇、峨眉山市符溪镇，盐边县红格镇、纳溪区大渡口镇在经济密度和主导产业方面也具备部分特征，有向此类城镇发展的潜力。这类重点镇具有以下三个主要特点。

一是人口规模较大，密度较高。2014年淮口镇常住人口8.04万人，其中流动人口1.23万人；建成区面积9.88平方公里，人口密度1.31万人/平方公里。符溪镇常住人口4.9万人，其中场镇常住人口2.9万人，流动人口0.6万人；建成区面积2.9平方公里，场镇人口密度达到1万人/平方公里。

二是经济密度较高。2014年，淮口镇实现地区生产总值75.9亿元，三次产业比重为9.98∶62.74∶27.28，人均GDP达到15225美元。符溪镇实现地区生产总值15.7亿元，三次产业比重为17.8∶62.4∶19.8，经济密度4.43亿元/平方公里，人均GDP达到

5176 美元。

三是主导产业与周边农村联系较为松散。淮口镇主导产业为节能环保、汽车零部件和电子产业集群，成阿工业园和节能环保产业园发展迅速；符溪镇主导产业为旅游服务、轻净工业和商贸服务业，工业集中区以及各类创业园具有较强吸引力。

这类小城镇往往基础设施和公共服务配套较为完善，已经成为非农产业和非农就业的重要载体，是较大区域内推进城镇化进程的关键领域，在经济建设、社会管理等方面发挥一级政府职能更有利于人口集聚和经济集聚。例如淮口镇，在推动“扩权强镇”试点和创新小城镇行政管理体制上，金党县利用成都市改革试点镇的机遇，积极探索小城镇行政管理体制改革创新，先后印发了《淮口镇行政管理体制改革试点工作实施方案》《关于下放淮口镇部分县级行政管理权限实施办法（试行）》《关于进一步深化淮口镇行政管理体制改革的方案》《关于加强和创新淮口镇社会管理的实施意见》《关于加强淮口镇公共服务体系建设的实施意见》等若干指导性文件，将 13 个部门的 660 项行政权力和 6 个县级部门的 45 项审批和服务功能下放延伸到淮口镇实施，行政管理体制成效明显，放权力度颇大，且具针对性和可操作性，有效地促进了淮口的经济社会发展。

2. 城乡融合型小城镇，基础设施先行

这类重点镇处于工业化起步阶段，但往往因区位、历史等原因成为区域商贸中心，集聚较大人口规模，其公共服务（特别是教育和医疗）能够显著辐射周边乡镇和农村，近一半的重点镇属于这一类型，如蓬安县彭南镇、广安区恒升镇、达川区石桥镇、高坪区东观镇、威远县连界镇、雁江区中和镇、荣县长山镇、朝天区羊木镇、三台县西平镇、恩阳区柳林镇、中江县集凤镇等。这类重点镇主要有以下特点。

一是镇域内人口较多，农业人口占比高。这 11 个镇平均户籍人口和常住人口分别为4.95万人和3.95万人，其中农业户籍人口和农业常住人口占比分别达到73.1%和47.4%，农业人口呈现净流出状态。

二是商贸业较为发达，公共服务特别是教育水平相对较高。例如恒升镇教育资源丰富、教育设施齐备，镇内公立幼儿园、小学、初中齐备，恒升高中是市级示范中学，学生5000余人，是区域型教育中心。

三是场镇发展与农村经济联系紧密。一方面，场镇是农业深加工和生产性服务业的重要载体，农村为镇工业提供主要原料，其典型是羊木镇、东观镇、西平镇。另一方面，场镇是周边农民创业就业的首选地，如蓬安镇引进劳动密集型企业，带动周边农民就地就近就业；又如恒升镇成为本地外出农民工返乡创业的重要选择地。

这类小城镇是区域性中心镇，已经成为深化和推动城乡统筹的基础支撑，具有吸纳本地农业人口就地就近转移就业、创业的巨大潜力。但这类小城镇大多处于工业化初期阶段，场镇基础设施建设相对滞后，难以满足大规模集聚人口的物质需求和精神需求，在经济下行压力面前，在短期内实现产业转型升级的超常规发展较为困难。因此，这类小城镇在开展重点镇建设时首要的选择都是完善场镇基础设施建设，改善场镇生产生活条件和人居环境建设。

3. 特殊资源型小城镇，挖掘潜力形成资源红利

这一类小城镇大多在某一方面具有独特的资源优势，如九寨沟县漳扎镇和荥经县龙苍沟镇具有得天独厚的旅游资源，南溪区江南镇和西昌市安宁镇已被划入城市规划区统筹安排，彭山区牧马镇和康定县姑咱镇具有独特的区位优势。这些镇在充分挖掘自身优势、形成资源红利方面有特殊的示范带动效应。

典型的如彭山区牧马镇，充分利用毗连黄龙溪景区的优势，打造“黄龙生态宜居城”，从城镇规划建设到产业的引进，从就业的解决

到税收的增加，都紧紧围绕牧马镇的特色和优势，成功引进恒大、复地两大开发商，发展旅游地产，延伸黄龙溪休闲文化，改善人居环境，吸纳农业人口就业，房产税成为该镇的主要税源；同时，树立开放式发展理念，明确“大黄龙溪”概念，打破行政区划的樊篱，与双流县黄龙溪镇、天府新区进行深度合作，签署项目投资协议，进行土地、资金等方面的优势互补，实现互利双赢，联合打造旅游度假目的地，成效较为显著；采取政府为主，整合资源，集中建设的模式，通过 BT、PPP、直接融资、间接融资相结合的多层次、社会化、市场化投入机制，引导有实力、有需求的企业参与省级重点镇建设，积极探索建立政府、银行、企业、社会互动多赢的投融资服务体系，如该镇农贸市场的运作采取由恒大建设，农民经营，政府管理的模式，这种模式既有效地利用了社会资本，又实现了政府对资源的有效管理，既惠及当地农民，又为恒大业主提供了便利，实现了一举多赢。

（二）专项资金投入机制较为科学

不同于以往项目资金投入方式，“百镇建设行动”专项资金并未严格规定项目内容，而是更加强调专项资金投入的导向作用。这种资金投入方式适合当前重点镇发展阶段差异化、建设需求多样化的现实，在实际中达到了较好的效果。2013 年、2014 年省级财政拨付重点镇建设专项资金共计4.914 亿元（不含集凤镇1720 万元经费），撬动地方配套资金和各项社会资金6 倍以上，已经完成和正在实施的项目涉及基础设施、公共服务、市政建设等几十个类别，支出项目多达上千种。调查显示，除按照规定必须开展规划编制或修编外，各重点镇以其资源禀赋为参照系，往往首选需求紧迫、收益显著、群众关注度高的项目。如符溪镇将资金主要用于道路维修改造工程、新建桥及沿河景观工程、建成区风貌改造和绿化工程等；羊木镇主要用于九龙路风貌塑造、玉凤路基础设施建设、三叉沟道路及连接桥建设；石桥镇主要用于场镇污水管网下地工程；大渡口镇主要用于110kV改电缆线路工程、酒庄大道建设和绿化、镇街改造等。

这种专项资金投入方式体现了“效率优先、投入导向”的原则，符合基层实际的优先需要，有效地避免了项目分散、交叉、重复投资等问题，提高了重点镇建设项目资金的综合效益，符合国家财政投入体制改革的方向。

（三）以城市理念和标准实施科学规划

“百镇建设行动”重点镇建设从最初就形成了科学发展理念，高标准、高水平规划是21个重点镇的首要共识。截至调查日，全部重点镇均完成了总体规划编制或修编，并通过评审，大多数控制性详细规划实现了全覆盖。同时大多数重点镇因地制宜地编制或修编完善专项规划，形成了较为科学的规划体系。按照重点镇建设和规划编制、实施、监管并重的要求，部分镇整合县级有关规划实施管理部门驻镇机构，进行镇相关规划实施的管理。

例如羊木镇按照“百镇建设试点行动”要求，对城镇总规和控规进行了修编，规划从生态、人文、功能、用地和景观等方面深入挖掘城镇特色，确立了“朝天城市副中心、广元北部生态山水园林城镇、川陕甘结合部统筹城乡发展的现代产业城镇”总体定位，形成了“两心、三轴线、四组团”空间布局；同时完善了羊木镇村建管理机构，配备了专职管理人员，确保了规划、执行、监管；对重大项目规划选址、重要基础设施建设方案严格执行审查程序，对违反规划的实行一票否决；修订了农房建设管理办法，制定了朝天区农房建设通用图集及农房建设风貌控制技术导则，使农房建设更符合区域规划；规划管理严格实行“三证一书”制度，对违规建设行为坚决不予核发“规划许可证”；加强建设项目动态巡查，对破坏规划的建设活动坚决予以查处，确保规划在建设实践中得到刚性落实。

又如石桥镇，让原有的乡镇规划模式提升至城市规划体系，注重高标准、高起点编制城镇总体规划、经济社会发展规划、土地利用规划、控制性详细规划和专项规划，完善市政基础设施、公共服务设施和产业发展规划，增强区域中心城市的辐射带动能力；同时注重严格执行规划，体现规划的严肃性和权威性，加强宣传教育，加大监管力度，依靠区级相关部门查处违法违规建设，促使群众了解规划、尊重规划，不断规范建设秩序，仅 2014 年石桥镇在“两违建设”查处中，先后强制拆除了 10 余起违反规划的建设行为，阻止了 9 起新增违法建设。

（四）探索建设用地集约节约利用方式

尽管每个重点镇每年能获得 60 亩建设用地指标，但相对于其庞大的经济、社会建设体量，建设用地指标的瓶颈制约十分突出。“百镇建设行动”中，除积极争取增减挂钩、土地整理、灾后重建项目外，部分重点镇在集约节约利用土地、创新建设用地管理方式等方面做出有益探索。

一是盘活闲置国有土地。如符溪镇，按照节约集约原则，综合采取“盘活存量、优化增量”等方式，千方百计保障符溪镇建设用地需求；定期开展征而未供、供而未用的建设用地清查，对项目取消、规划调整或征地拆迁等原因造成闲置的地块或用地指标，及时按照相关规定进行盘活利用。2014 年，按照相关规定，符溪镇对因原孵化园项目取消而闲置的约 87 亩土地进行盘活，用于建设九源汽车商贸城项目。又如东观镇原石油技校搬出后留下 200 余亩国有土地，在高坪区支持下，东观镇引进民营资本建立养老服务机构和高级职业中学，实现了土地再利用。

二是将城中村改造与土地集约利用相结合。如蓬南镇利用国土部门二调数据，将建成区范围内城中村建设用地确权，通过合法程序变性为国有土地，由所有者自行改善居住条件、按照规划增减容积率，超出部分确为国有土地，以此解决土地遗留问题，实现依规管理。

三是用好用活“飞地”。部分重点镇是在区划调整中由多个乡镇合并而成，原乡镇中有零散分布的闲置国有建设用地，形成国有“飞地”，一些乡镇正积极探索利用这些指标。

四是利用农民闲置财产。将新型农村社区与城镇建设相结合，着重农村风貌改造，完善农村配套设施建设，特别是交通网络和公共交通的改善。城镇居民租用城郊农民闲置住房，不仅有利于农民生活改善，也有利于土地集约节约利用。

（五）发挥比较优势形成主导产业支撑

产业支撑是小城镇发展的核心动力。我国采取省—市—县—镇的塔式级别化行政体制，不仅会造成土地、人才、资金等资源分配不公，在市场经济中还会加速优质资源——如企业做大后——向上一级行政单元集聚。镇处于塔式级别化行政体制的最底端，只有深度挖掘并用好用活比较优势，才可能积聚并留下优秀资源。调查显示，重点镇对自身比较优势有较为准确的把握，千方百计地推动建立主导产业。

一是挖掘农业优势资源，推动产业转型升级。如羊木镇根据自身优势大力发展食用菌产业、现代商贸物流业。该镇引进四川元清公司投资5000万元，带动香菇产业发展，积极打造川北地区香菇出口基地，年出口和外销食用菌1000吨，创产值5000万元；2014年，整合配套项目资金1.5亿元，建成羊木食用菌产业示范中心、食用菌精深加工示范区、食用菌产业观光区、食用菌标准化种植区及食用菌产业走廊，形成了羊木食用菌产业链，提升了品牌价值。目前，羊木镇已建成川北最大的食用菌生产基地，年产香菇580万袋、灵芝70万袋、木耳61万袋，带动当地农户充分就业、实现增收，种植户户平均收入10万元；同时，全面建成农副产品交易市场和九龙路商贸一条街，并将依托兰渝铁路货运站建设，规划建设物流园区，带动现代商贸物流业发展。

二是发挥低成本劳动力优势，重点引入和培育劳动密集型产业。如符溪镇、蓬南镇积极引入电子原配件厂、纺织厂等7家劳动密集型企业，吸纳周边农村妇女就业。

三是挖掘农民工技术和投资能力，撬动其返乡创业积极性。如恒升镇，积极动员本地农民工返乡创业，出台优惠政策，包括连续三年补贴厂房租金、企业主及员工子女可优先入学（高中）等。现该镇已有3家轻纺企业开工，年产值8000万元以上，就地就近吸纳1200余人就业，还有3家企业有意向建厂。

四是发挥区位优势，形成主导产业。如牧马镇借助黄龙溪景区，积极开发旅游地产；中和镇依托资阳汽车产业集聚区建设，积极推进汽车零配件产业发展；江南镇借力南溪区城市建设，加快打造长江上游“川滇黔”区域最美“山水生态田园示范区”；安宁镇立足西昌机场，大力发展物流产业园。

五是挖掘历史文化资源，在保护中谋求发展。四川重点镇中大多具有丰富的历史文化遗产，镇建设过程中注重挖掘这类资源，将历史文化资源与现代城镇建设相结合，在保护中谋求发展。如石桥镇列宁街是场镇重要的居民聚居点、旅游资源集聚点、公园绿化地、商贸流通地，是“川陕渝红色旅游经典景区”“民俗文化体验区”，是四川省、达州市、达川区重点文物保护单位，2014年列宁街所在的村被住建部等4部委评为国家传统村落，具有不可替代的历史价值和文化价值。2013年修编的石桥镇总体规划将列宁街纳入场镇规划区，根据规划，列宁街会被进行整体保护和开发。

（六）差异化实施扩权改革

立足现实需求，分类赋予重点镇县级经济社会管理权限、部分县级行政管理权限是推动重点镇加快建设、可持续发展的重要保障。调查显示，重点镇主要采取“自上而下”和“自下而上”两种方式实施扩权改革。

“自上而下”放权，强化小城镇发展的内生动力。典型的如淮口镇，在推动“扩权强镇”试点和创新小城镇行政管理体制上，金堂县利用成都市改革试点镇的机遇，积极探索小城镇行政管理体制改革创新，先后印发了《淮口镇行政管理体制改革试点工作实施方案》《关于下放淮口镇部分县级行政管理权限实施办法（试行）》《关于进一步深化淮口镇行政管理体制改革的方案》《关于加强和创新淮口镇社会管理的实施意见》《关于加强淮口镇公共服务体系建设的实施意见》等若干指导性文件，将13个部门的660项行政权力和6个县级部门的45项审批和服务功能下放延伸到淮口镇实施。

“自下而上”按需放权，循序渐进支持小城镇发展。蓬南镇的扩权强镇改革刚刚起步，为使镇级管理权能与城镇发展需求相适应，蓬溪县采取了权力按需下放的方式，由镇政府向县相关部门申请权限，县级部门根据实际情况逐渐放权。这种放权方式能够在一定程度上满足镇级政府的实际需求，同时避免了权力下放后因镇级政府承接能力有限带来的问题。

（七）创新行政管理体制机制

规范财政权，形成有效激励。例如，根据威远县对辖区各镇实施分类确定的财政管理体制要求，连界镇目前实行“明确收支范围、核定收支基数、超收分成、短收不补、节余留用”的财政管理体制，即严格划分县、镇收入范围，明确镇财政的支出责任和支出范围。具体来说，镇收入以2006~2008年三年的地方公共财政预算收入的平均数作为基数，支出以2008年末数据为依据，按照“人员经费按政策，公用经费按定额，专项经费按标准”的原则，核定作为基数，收入基数大于支出基数的部分，作为定额上缴。从2009年开始，收入超过基数部分，按县、镇三七比例分成；收入达不到基数部分，县财政不补；若当年财政有节余，可留作下一年继续使用。

形成“以镇为主”的人事考核机制。如威远县将镇政府中层及以下工作人员的考核权全部赋予连界镇，且县级职能部门驻镇派出机构的考核由其上级部门和镇政府各占50%，为理顺镇的管理体制机制松绑。

完善公共服务平台。如符溪镇，镇政府本身承担的以及所有下放到镇的公共服务事项，一律进入镇便民服务中心；整合基层资源，推动派驻机构、公共事业服务单位、社会组织进驻便民服务中心，实行“一站式”服务。积极培育社会组织；深化社会组织登记管理制度改革，简化设立程序，重点培育公益服务、社会事务、文化体育、慈善救济、社区法律服务类社会组织；加强完善基层社会管理体系，推进基本公共服务向村（社区）延伸；加强基层治理机制建设；理顺基层党组织与自治组织、其他经济社会组织的关系，促进基层党组织转变领导方式和工作方式。

（八）采取多元化有效的社会治理

在人口从分散化的农村向密集化的城镇转变过程中，实施积极有效的社会治理对于构建良好社会秩序、维护社会稳定具有重要意义。重点镇往往人口规模较大、密度较高，重点镇在现行框架下积极推进社会管理创新，形成了多元化的有效的社会治理机制。

一是将网格化管理与公共服务相结合。如大渡口镇实施“社会服务管理网络”工程，创新“网格化管理、组团式服务、片组户联系”“五链式”社会矛盾化解机制（以“和事佬”调“和”、人民调解促“和”、综治中心维“和”、人民法庭求“和”、综合机制保“和”为主要内容）、“三全十服务”工作模式（以“和事佬”调“和”、人民调解促“和”、综治中心维“和”、人民法庭求“和”、综合机制保“和”为主要内容的“五链式”社会矛盾化解机制），畅通群众利益诉求表达渠道，完善利益平衡与协调机制，维护社会公平正义，激发社会正能量。

二是以群众参与场镇社会管理提升场镇管理水平。如东观镇采取“场镇网格管理”“小手牵大手”“环境卫生曝光台”等方式，组建“夕阳红镇容镇貌监督员”，让老、中、青不同年龄阶段的群众成为场镇管理的主体，设立违规建设举报奖励制度，实现了横向到边、纵向到底的管理途径。

（九）综合执法改革效益显著

强镇扩权改革中，综合执法特别是城市管理执法权需求最为迫切，成效最为显著。

三　存在的主要问题和矛盾

“百镇建设行动”实施一年多来，取得显著成效，积累了一定经验，在诸多领域有创新和突破。然而，从当前四川“多点多极”和统筹城乡发展战略看，从四川城镇化发展的现实困难和复杂环节出发，从“百镇建设行动”的目标和要求考察，21 个重点镇还存在诸多问题和矛盾，主要表现在以下几个方面。

一是建设资金缺口较大，投融资渠道较为单一。如前所述，重点镇中的大多数还处于工业化初期阶段，自身“造血”功能不足，以城市标准考察，大多数重点镇基础设施“欠账”较多，面临较大资金缺口。调查显示，仅有极少数镇尝试采取 PPP 模式开展污水处理等项目建设，但还在论证阶段，尚无成熟模式。

二是产业支撑不足，先天不足加三大缺陷导致内生发展动力有限。一方面，塔式级别化行政体制下，产业布局往往优先考虑上级行政区需求，导致镇在上下级行政区的产业竞争中先天不足。另一方面，也是更加重要的，即重点镇存在的三大缺陷限制了产业发展水平：低水平的基础建设加大企业成本，以集体土地为主的土地性质使用地指标匮乏，金融服务滞后导致企业融资成本高。

三是人员结构不合理，编制与发展现状不适应。重点镇人员结构并没有得到优化，尤其是牵涉重点镇发展所需的重要部门，比如规划、建设、环保、环卫，缺乏懂业务、能干事的工作人员或专业人才支撑。同时，重点镇人员编制未增加，镇级工作人员忙于日常工作，几乎没有机会外出学习、交流和培训，无从得知其他重点镇建设的情况，难以借鉴吸收其他试点镇建设的先进经验，对镇发展的方向、目标、过程、标准、措施、手段等的理解和认识还有待加强。

四是重点镇管理体制与其人口规模、经济发展水平存在诸多不适应。改革开放 30 多年来，尤以 1994 年分税制改革为分水岭，我国的行政管理体制出现了从分权向集权的转变，作为行政管理体系最基层的乡镇一级，因构成其行政权基础的“七站八所”等职能部门被市县垂直领导而丧失了完整性。以财权上收、事权下放为特点的乡财县管制度则更是削弱了乡镇原本就不强劲的财政收支的自主能力，日益完善的人事考核制度则令乡镇政府越来越沦为上级政府的派出机构。21 个重点镇已经成为多点多极和统筹城乡发展战略的基础支撑，是就地就近吸纳农村人口的重要载体，是新型城镇化的关键环节，其中部分镇已经达到或即将达到小城市标准，仍然沿用的乡镇管理体制有诸多不适应。

五是由于城市建设和区域规划的调整，个别镇以城市需求为导向，难以更好地发挥带动周边乡镇和农村发展的作用。

六是专项资金管理和监督有待完善。2014 年以后，大部分区（市、县）级财政将其纳入四川省政府财政管理信息系统（简称大平台）统一管理，实行国库集中支付制度。但是与其他项目资金不同，重点镇建设专项资金并未下达具体实施项目，因此如果出现专项资金不直接支付给第三方的情况，容易产生以拨代支及资金的使用监管盲区，造成挤占、挪用情况发生。

四　对策措施

在继续扎实推进“百镇建设行动”的前提下，从新型城镇化的根本要求和基本原则出发，借鉴已有的经验和创新点，针对存在的问题和矛盾，我们认为应在 6 个方面加以完善。

（一）完善重点镇（试点镇）评价考核退出机制

出台“百镇建设行动”整体方略，从指导思想，适用范围，重点镇（试点镇）遴选原则、遴选程序、遴选依据、退出办法、考核形式等方面细化规定。对重点镇（试点镇）考核和退出实行动态调整、统筹考虑，根据形势变化，决定考核项目的列入、退出、合并以及考核项目类型和形式。

（二）建立省级重点镇建设投融资公司

建立省级重点镇建设投融资公司，以重点镇（试点镇）为对象，以实施基础设施、公共服务设施和市政设施为主要内容，科学确定融资额度，由省、市、县、镇四级政府分担资金利息，破解重点镇（试点镇）基础建设投融资问题。

（三）加强专项资金规范使用

一是专项资金由省财政每年通过专项补助下达到相关区（市、县）财政，区（市、县）财政直接划拨给镇级财政，镇级财政应开设“重点镇（试点镇）专项资金”专用账户，并负责专项资金的统一核算。市、县两级政府应根据预算将年度配套资金足额、同步下拨。

二是专项资金实行专账核算、专款专用，主要用于镇域基础设施、公共服务设施、市政设施建设，允许一定比例资金用于社会管理和公共服务。

（四）推动建立“编制随着服务转”机制

一是在严控编制总量和机构规模的宏观背景下，通过县镇两级之间以及区域内编制的调整，适当向重点镇进行编制配备和人员支持的倾斜。

二是强化镇党委政府对区级部门派出机构的综合管理和人员使用的能力，做到向改革要效能，向改革要编制和人员，对于一些专业技术类人员的需求以及市政公共服务人员的需求可以通过购买服务、借调、挂职锻炼、政府雇员、院地合作等形式满足需要。

三是着力提升镇级工作人员的素质和能力。加强对镇一级工作人员的培训和再教育，特别是应强化对镇一级工作人员关于新型城镇化专业知识、技能的培训。在培训方式上，既可以采取请相关领域专家走进来讲课的形式进行培训，也应该给镇级工作人员提供走出去进行系统交流和学习的机会，使之对新型城镇化建设有一个全面清晰的了解，对相关业务知识的掌握有一个质的提升。

四是创新借智借力机制，建立省级科研院所信息系统和专家库，推动院地合作，加强专业服务能力。

（五）选择有条件的镇开展镇级市试点

通过放权改革赋予有条件的重点镇以经济社会核心主体的地位，为未来的正常化经济运行奠定制度基础。特别是通过开展镇级综合执法改革，以及县级部门驻镇机构改革，将“经济主体”的相关制度性权利坐实。

一是赋予有条件的镇县级经济社会管理权限和部分县级行政管理权限，镇一把手可高配为副县级，并建立相应机构，扩大人员编制。

二是推动财政体制改革，有条件的镇建立镇级金库，完善镇级财政。通过完善土地财政政策，解决中心镇的财政保障问题。

三是在有条件的镇实施综合执法改革。建立综合执法大队，对城管、交通、卫生、文化、环保等行政执法权进行整合，整合归并行政执法管理权限，形成综合行政执法新体制。

四是县级部门驻镇机构改革。发改、公安、财政、土地、住建、环保、教育、卫生等县级部门驻镇机构实行分局建制，机构升格为副科级。按照“业务接受县级部门领导，财政属地管理，主要负责人任免书面征求镇党委意见，考核以镇为主”的要求，理顺镇与驻镇机构的关系。

（六）在有条件的重点镇开展“人地挂钩”试点

按照“封闭运行、集约用地、群众受惠”的原则，选择部分有条件的重点镇开展城乡之间“人地挂钩”试点。立足不同基础，可采取“地随人走”和“城乡土地小挂钩”两种方式开展试验。

B.10
四川青年就业创业调查

四川省统计局*

摘　要：　当前，四川青年就业形势不容乐观，随着改革开放的不断深入和发展，经济下行压力的增大，就业矛盾凸显出来。本文以普查数据和劳动力调查数据为基础，分析四川青年就业状况，探究失业原因，特别对大学生创业就业进行专题调查，了解大学生创业就业现状、问题、意愿等，提出解决就业和促进创业的对策及措施。

关键词：　青年　大学生　就业创业

一　青年人口现状及其变化

（一）男性青年人数略多于女性，乡村青年多于城镇

青年一般指16～24岁年龄段人群。根据2010年人口普查，四川青年达1124.75万人，占人口总数的13.99%。其中，男性565.75万人，占男性人口总数的13.86%；女性559.00万人，占女性人口总数的14.12%。所占比例女性较男性高0.26个百分点，性别比101.21，比

* 统计局供稿，张鸣鸣改编。作者：陈炜、陈智、魏翰、王雪梅、李建华、马本昌、王军、任利华。

全部人口性别比低近 2 个百分点。

分城乡看，城镇青年 530. 02 万人，占城镇人口总数的 16. 39%。其中，男性 264. 79 万人，占男性人口总数的 16. 23%；女性 265. 23 万人，占女性人口总数的 16. 55%。乡村青年 594. 73 万人，占乡村人口总数的 12. 37%。其中，男性 300. 96 万人，占男性人口总数的 12. 28%；女性 293. 77 万人，占女性人口总数的 12. 47%。虽然乡村青年多于城镇，但占人口总数的比例低于城镇，这一现象女性较男性突出。这是乡村人口总量多于城镇，乡村中的青壮年人口外出，使城乡人口年龄结构发生变化所致。

（二）青年人数减少，占比下降

据推算，2014 年全省青年 1082. 34 万人，比 2010 年减少 42. 52 万人，占人口总数的比例较 2010 年降低 0. 69 个百分点。其中，男性 555. 98 万人，占男性人口总数的 13. 52%；女性 526. 36 万人，占女性人口总数的 13. 07%。男女两性青年所占比例分别较 2010 年分别下降 0. 34 个和 1. 05 个百分点，降幅女性高于男性。

分城乡看，城镇青年 473. 89 万人，比 2010 年减少 56. 14 万人。其中，男性减少 25. 20 万人，女性减少 30. 94 万人。乡村青年 608. 39 万人，比 2010 年增加 13. 66 万人。其中，男性比 2010 年增加 15. 39 万人，女性比 2010 年减少 1. 73 万人。根据占人口总数的比例，城镇比 2010 年下降 3. 84 个百分点，乡村比 2010 年增加 1. 60 个百分点。城镇青年人数减少，可一定程度地缓解城镇青年就业压力。

（三）流动人口中的青年占比较高，增幅较大

根据 2010 年人口普查，全省由乡村流入城镇的人口中，青年为 211. 67 万人，占流动人口总数的 20. 34%。其中，男性 104. 56 万人，占男性流动人口的 19. 46%；女性 107. 11 万人，占女性流动人口的

21.28%。2014年流动人口中的青年达253.55万人，比2010年增加41.88万人，增长近20%，年均增长4.62%，高于全省人口总量增幅的两倍多。

流动人口中的青年人口所占比例高于常住人口，女性多于男性，且占比也高于男性。青年流动人口增加，进一步增加了城镇就业难度。

二　青年就业状况及特点

（一）第二、三产业就业青年所占比例高于全省平均水平，地区差异较大

根据2010年人口普查，就业青年中有52.27%的人从事第一产业，比全省就业人口中从事第一产业人口所占比例低7.96个百分点；从事第二、三产业青年所占比例分别为20.63%、27.10%，分别比全省平均水平高3.72个和4.24个百分点。第二产业就业青年主要从事体力劳动型的制造和建筑业，所占比例分别高达61.36%和34.09%；第三产业就业青年主要从事较低层次的批发和零售、住宿和餐饮及居民服务和其他服务业，所占比例分别为37.11%、18.09%和11.08%。

分地区看，第一产业就业青年占比最低的成都市只有16.78%，比全省就业青年平均水平低35.49个百分点，较高的凉山、甘孜两州分别比全省就业青年平均水平分别高36.62个和29.56个百分点；第二产业就业青年所占比例高于全省就业青年平均水平20.63%的遂宁、南充、成都、内江、自贡、巴中和德阳7市，其占比依次比平均水平分别高10.88个、10.82个、8.87个、7.51个、4.69个、4.57个和1.94个百分点，最低的凉山州仅相当于全省平均水平的20%；第三产业就业青年所占比例最高的成都市，占比高达53.71%，比全省平均水平的27.10%高近1倍，占比较低的凉山、甘孜州和宜宾、

雅安、内江、广安市，分别比全省平均水平低 19.16 个、13.12 个、10.09 个、7.49 个、7.46 个和 7.35 个百分点。

（二）就业青年的职业层次较低

普查资料显示，绝大部分青年的职业属于一线体力劳动型、生产型，从事行政工作和经营管理性工作的人员比例较低。除 52.17% 的农、林、牧、渔、水利业生产人员外，在从事非农职业的青年中，生产、运输设备操作人员和商业、服务业人员所占比例分别为 20.01% 和 19.81%，而国家机关、党群组织、企业、事业单位负责人，专业技术人员，办事人员和有关人员所占比例分别只有 0.47%、4.79% 和 2.64%。男性生产、运输设备操作人员及有关人员所占比例为 26.85%，比女性高 1 倍多。女性商业、服务业人员所占比例较男性的 15.87% 高 8.06 个百分点。

在城镇就业青年中，商业、服务业人员所占比例最高，其次为生产、运输设备操作人员及有关人员，所占比例分别为 41.68% 和 24.72%。分性别看，男性从事体力型工作的比例高于女性，占比最高的生产、运输设备操作人员及有关人员，比女性的 14.55% 高 20.26 个百分点。女性近 50% 的人员从事商业、服务业，其占比较男性的 34.40% 高 14.62 个百分点。

（三）城镇就业青年大多为雇员

2014 年劳动力调查中，城镇青年就业身份主要为雇员，其次为自营劳动者，所占比例分别为 82.99% 和 10.30%，雇主和家庭帮工分别只占 4.10% 和 2.62%。分性别看，男性青年就业身份为雇员和雇主的占比分别较女性的 86.67%、4.53% 低 6.20 个和 0.73 个百分点；女性青年就业身份为自营劳动者和家庭帮工所占比例分别较男性的 12.39%、3.34% 低 5.16 个和 1.78 个百分点。

三 青年失业状况及特点

（一）青年劳动参与率低于成人

2010 年人口普查中，青年劳动参与率为 58.18%，比全省平均水平低 14.59 个百分点。其中，男性劳动参与率 59.27%，女性比男性低 2.19 个百分点。城镇青年劳动参与率不足 50%，比乡村的 68.75% 低 24.47 个百分点。城镇男性青年劳动参与率 44.93%，比女性略高 1.28 个百分点。乡村男性青年劳动参与率比城镇高 1/4，比乡村女性高 2.46 个百分点。乡村青年劳动参与率性别差异大于城镇。

2014 年劳动力调查，城镇青年劳动参与率为 48.86%，比 2010 年提高 4.58 个百分点，但仍较成人低许多。青年劳动参与率低主要是随着教育事业的发展，特别是高等教育事业的发展，更多的青年劳动力进入学校学习，低龄组青年就学率上升，致使就业人口的年龄构成发生变化，同时也缓解了就业压力。

（二）青年失业率高于成人

2010 年人口普查中，四川青年失业率达 5.92%，比全省平均水平的 2.37% 高 1 倍多。城镇青年失业率 11.27%，比城镇失业总水平高 5.82 个百分点，比乡村的 3.30% 高 2 倍多。城镇男性青年失业率 11.38%，比女性高 0.22 个百分点，乡村女性比乡村男性的 3.20% 高 0.2 个百分点。一般认为，青年失业呈现出比成人突出、女性比男性失业率高的特点。根据我国城乡人口就业特点，青年失业突出表现在城镇。失业人口中青年失业人口占比较高，主要原因是青年人刚进入劳动力市场，工作经验有限，所掌握的技能难以适应劳动力市场的需要，容易造成失业。

（三）青年失业人口中未工作的主要原因为毕业后未工作

根据普查资料计算，在青年失业人口中未工作原因居前三位的分别为毕业后未工作、其他原因和因本人原因失去工作，所占比例分别为55.44%、21.06%和11.23%。其中，男性青年失业人口中毕业后未工作占比高达59.70%，因本人原因失去工作占比为11.74%，分别比女性高8.60个和1.03个百分点，其他原因未工作占比女性比男性的20.97%高0.19个百分点。

城镇青年失业人口中毕业后未工作所占比例为55.86%，女性比男性的59.96%低8.32个百分点；其他原因未工作女性占比为20.90%，比男性低0.02个百分点；因本人原因失去工作女性占比为11.35%，比男性低0.26个百分点。

乡村青年失业人口中毕业后未工作的主要原因与城镇相似，所占比例亦与城镇差异不大。男性毕业后未工作所占比例比城镇略低0.69个百分点，但比女性高9.05个百分点，其余原因的性别差异均小于城镇。城乡失业青年未工作原因超过50%为毕业后未工作，反映出当前高校毕业生就业难的问题突出。

四　大学生就业状况及特点

为了解四川省高校毕业生就业创业的最新进展情况以及影响就业创业的主要因素，为进一步做好高校毕业生就业创业工作提供决策参考，四川省统计局人口就业处和调查中心组织开展了2015年四川高校毕业生就业创业意向问卷调查。

调查采用面访方式，抽选了成都、绵阳、西昌等地21所重点和普通本专科院校的部分应届毕业生进行调查，调查内容涉及就业与创业意向两方面，共计完成有效样本3000个。调查显示，2015年四川高校毕业生签约率总体偏低，就业矛盾依然突出，半数以上学生认为就业形势不乐观，除毕业生供需总量失衡外，缺乏就业经验与技能、薪酬期望偏高、有效信息不足对大学生就业构成较大影响。

（一）2015年高校毕业生就业总体状况

调查显示，2015 年四川高校毕业生就业呈现以下六个特征。

第一，半数以上学生对就业形势持悲观态度。受访学生中，56%的学生认为 2015 年大学生就业形势较前一两年更加严峻，38% 的学生认为相差不多，6% 的学生认为就业形势有所好转，反映出多数大学生对就业前景不乐观（见图 1）。

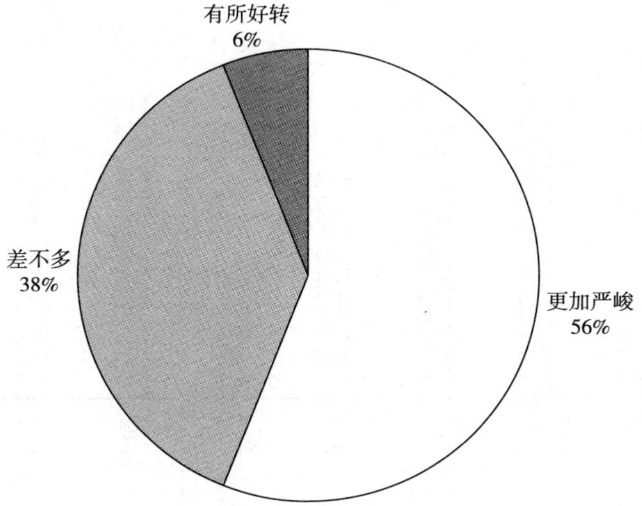

图 1　大学生就业形势受访情况

分性别看，女生比男生悲观，有 58.4% 的女生认为就业形势更加严峻，比男生占比高 4.1 个百分点；分户籍看，来自农村的学生比来自城镇的学生悲观，来自农村的学生有 59.8% 持悲观看法，高出城镇学生占比 6.7 个百分点；分学历层次看，硕士及博士生持悲观看法的占比最高，达 57.2%，其次是专科生和本科生，占比分别为 53.2% 和 50.9%；分专业看，文史财经类学生持悲观看法的占比最高，为 57.7%，艺体类比重最低，为 51.5%。

第二，近八成学生就业愿望较为强烈。面对并不乐观的就业形势，近八成学生表现出了较为强烈的就业愿望。受访学生中，打算毕业后立即就业的比重占到 78.6%。分性别看，女生就业愿望更为迫切，毕业后立即就业的占比达到 86.8%，大大高于男生 71.3% 的水平；分学历层次看，学历越高，立即就业的愿望越强烈，硕士及博士、本科、专科生占比分别为 86.5%、59.3% 和 52.4%；分专业看，理工农医类学生立即就业的愿望最强烈，占比居各专业首位，达到 81%，分别高出文史财经类和艺体类 4.2 个和 6.6 个百分点（见图 2）。

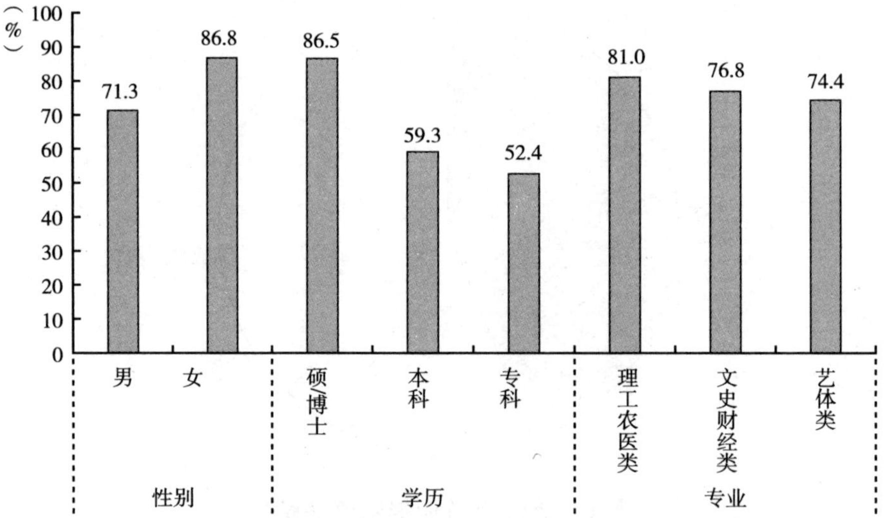

图 2　大学生立即就业愿望情况

第三，签约率总体偏低，近四成学生尚未找到接收单位。在 2240 位打算毕业后立即就业（不含自主创业）的受访学生中，已协议签约的有 812 位学生，占 36.3%，等待签约的有 323 位，占 14.4%，等待接收单位最后答复的有252位，占11.3%，尚未找到接收单位的有853位学生，占38.1%。分类别看，就业情况总体呈现以下特点。

一是男生好于女生。男生的协议签约率为41.7%，较女生高10.5个百分点。二是来自城镇的学生好于来自农村的学生。城镇学生有37.7%已协议签约，比农村学生高2.8个百分点。三是博士及硕士生好于本、专科生。三个学历层次学生协议签约率分别为59.9%、35.3%和20.9%。四是理工农医类学生好于文史财经类和艺体类学生。理工农医类学生协议签约率41%，其次是文史财经类，为33.5%，艺体类签约率最低，仅为23.6%（见图3）。从尚未找到接收单位的853位学生看，也呈现四个居多的相似特征，即女生居多，占56.7%；农村学生居多，占58.1%；专科生居多，占37.7%；文史财经类学生居多，占46.2%。

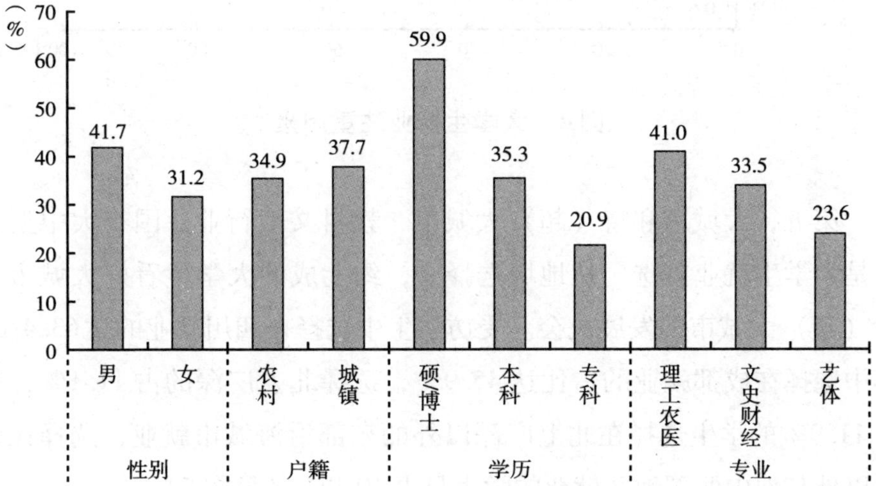

图3　已签约学生情况

第四，个人发展、薪酬福利与单位前景是大学生择业最为看重的三个因素。调查显示，在大学生择业最看重的要素条件中（多选），个人发展空间列首位，有71.4%的学生选择，薪酬福利与单位前景分列第二和第三位，分别有48.6%和44.2%的学生选择。此外，工作环境也受到近四成学生的重视（见图4）。分性别看，男生比女生更看重个人发展空间，男生占比73.6%，比女生高了4.1个百分点，而女生比男生更看重薪酬福利与单位前景，女生占比为51.3%、45.3%，分别比男生高了5.8个和2.3个百分点。

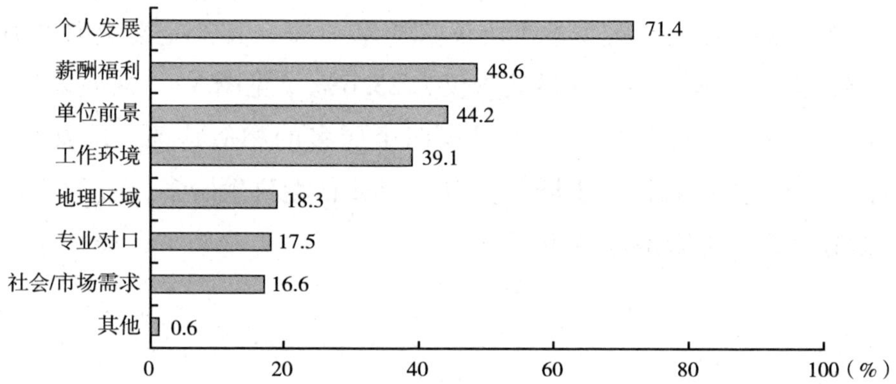

图4 大学生择业注重因素

第五，大城市和特（超）大城市、教科文卫行业、国有大中型企业是大学生就业首选。从地域选择看，约七成的大学生看好大城市和特（超）大城市的发展机会。受访学生中选择在四川就业的达63.4%，其中选择在成都就业的占比达45.9%，选择北上广深的占11.1%，另有11.9%的学生选择在北上广深以外的东部沿海城市就业，选择在四川以外其他中西部地区就业的学生只占10.9%（见图5）。

从返乡就业意愿看，在全部受访学生中，愿意回到家乡所在地区就业的占2/3。其中，男生占比68.5%，较女生高3.1个百分点；农村学生占比69.9%，较城镇学生高6.1个百分点；硕/博士生占比69.8%，分别比本、专科学生高2.3个和5.5个百分点；艺体类、理

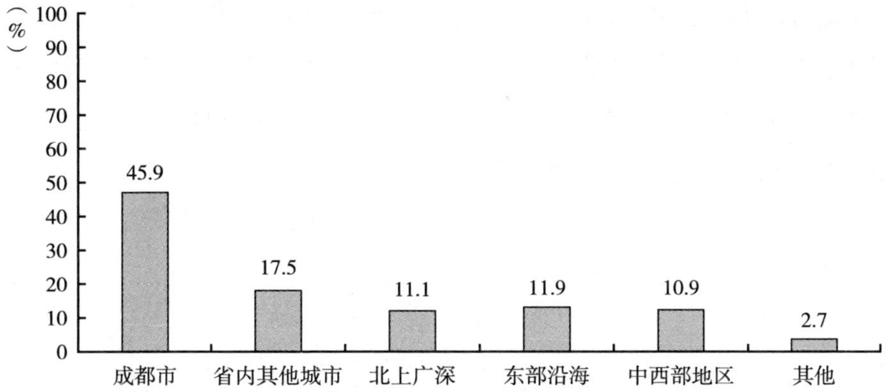

图5　大学生就业区域选择情况

工农医类专业学生占比均超过70%，明显高于文史财经类专业学生（见图6）。

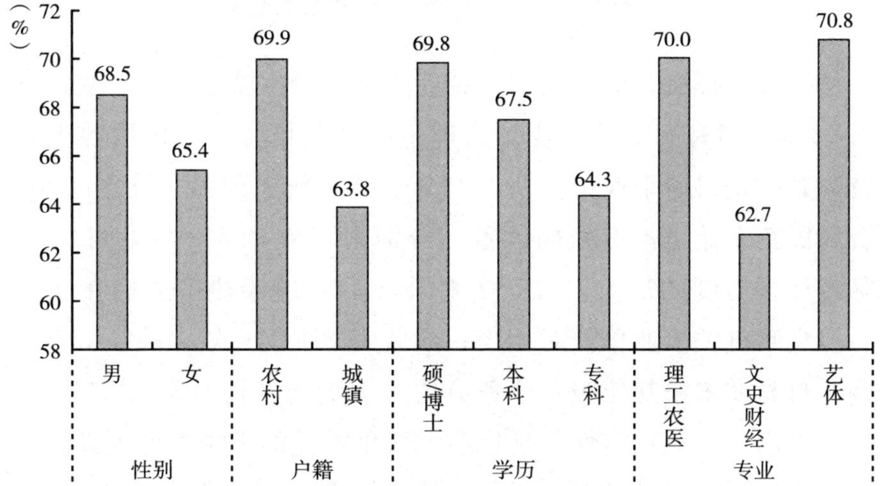

图6　大学生返乡就业意愿情况

从行业选择看，教科文卫、金融保险和制造业是最具吸引力的行业。在各行业中，教科文卫最具吸引力，被20.9%的学生作为首选，其次是金融保险和制造业，分别有 17.3% 和 12.6% 的学生选择。比重超过 10% 的还有建筑房地产和公共管理（党政机关），分别为 12.0% 和 11.1%。不受青睐的行业主要是农林水利矿产、批发零售和餐饮住宿，比重均在 3.5% 以下（见图 7）。

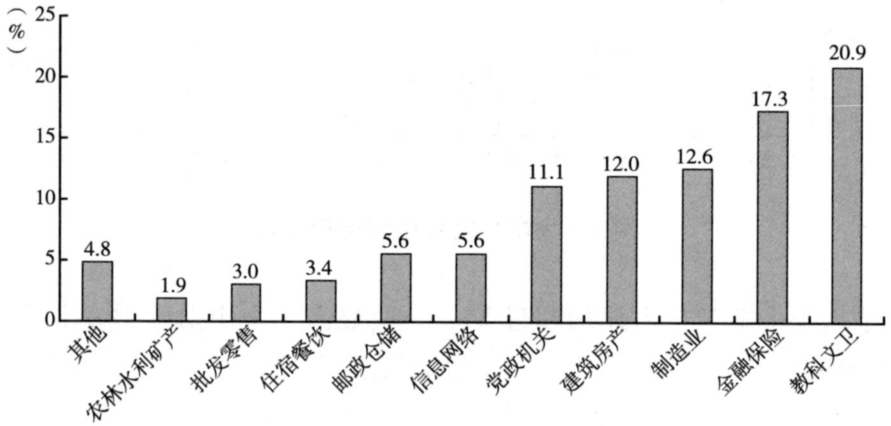

图 7　大学生就业行业选择情况

从单位选择看，国有大中型企业仍是大学生就业首选。受访学生中有 28% 将国有大中型企业作为理想的就业单位，占比居各类单位之首，其次是科研事业单位，占 15%，党政机关列第三位，占 14%，外资和民营企业也占有较高比重，分别为 13% 和 8%（见图 8）。近年随着反腐力度的加大，大学生对公务员的追捧热度虽然在明显减退，但党政机关事业单位对相当一部分大学生仍有较大的吸引力。据调查，打算在未来几年报考公务员的大学生仍占到 1/3。由上可以看出，一方面，就业稳定性仍是目前大学生择业的重要参考因素；另一方面，由于进入门槛较高，竞争激烈，加之就业困难，大学生对就业单位的选择正逐步由集中向分散多元转变。

第六，约一半的学生愿意到基层和小微企业就业。近年，随着就业压力的增大，大学生择业观念正在逐步变化，愿意到基层和小微企业就业的大学生逐渐增多。调查显示，对于有到基层（小城镇及乡

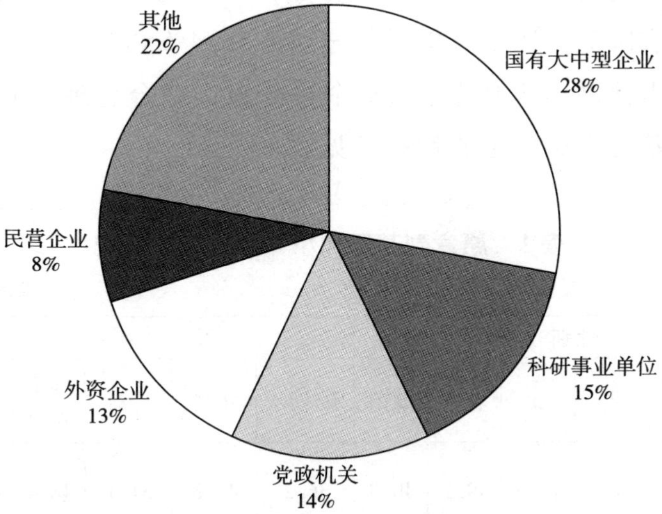

图 8　大学生就业单位选择情况

村社区）就业的机会，45.3%的大学生表示乐于接受，35.4%的大学生表示勉强可以接受，只有19.3%的大学生表示不接受。对于有到小微企业就业的机会，53.9%的大学生表示乐于接受，35.4%的大学生表示勉强可以接受，只有10.7%的大学生表示不接受。分性别看，男生更愿意到基层和小微企业就业，有47.7%的男生愿意到基层就业，有55%的男生愿意到小微企业就业，分别比女生占比高4.4个和2个百分点；分户籍看，来自农村的学生比来自城镇的学生更愿意到基层和小微企业就业，来自农村的学生有49.2%愿意到基层就业，有58.1%愿意到小微企业就业，分别比城镇学生占比高8.3个和7.7个百分点；分学历层次看，学历层次越低愿意到基层和小微企业就业的比重越高，专科生中愿意到基层和小微企业就业的比重分别为51.1%和65.7%，明显高于本科生44.8%和50.6%的水平，硕士及以上学历比重最低，分别仅为36.2%和41%；分专业看，愿意到基层就业的占比以理工农医类居首，为48.4%，分别比文史财经类、艺体类高 5.8 个和 6.4 个百分点，对于到小微企业就业，艺体类与理工农医类占比十分接近，分别为 56.4% 和 56.3%，分别比文史财经类占比高出 5.0 个、4.9 个百分点，综合看理工农医类学生更愿意到基层和小微企业就业（见表 1）。

表 1　愿意到基层和小微企业就业情况

单位：%

项目	性别		户籍		学历			专业		
	男	女	农村	城镇	硕/博士	本科	专科	理工农医	文史财经	艺体
愿意到基层就业情况	47.7	43.3	49.2	40.9	36.2	44.8	51.1	48.4	42.6	42
愿意到小微企业就业情况	55	53	58.1	50.4	41	50.6	65.7	56.3	51.4	56.4

（二）缺乏就业经验与技能、薪酬期望偏高、有效信息不足对大学生就业构成较大影响

据调查，目前大学生就业矛盾依旧突出，主要源于大学毕业生数量供需失衡。一方面是高校大幅扩招导致近几年毕业的大学生人数逐年持续攀升，另一方面受经济下行压力增大的影响对大学生的需求较为疲软。除此以外，对大学生就业构成较大影响的因素主要为以下三个。

第一，缺乏就业经验与技能。不少受访学生抱怨，目前学校开设的一些课程与市场需求严重偏离，花了大量时间学了很多无用的东西，学非所用，学用脱节，高校教改雷声大，雨点小。受访学生建议：一是加快推进教改，调整课程设置，压缩理论课的比重，尤其是对内容陈旧且与就业关系不大的理论课大幅削减；二是增加就业技能

培训课程，加强对大学生动手、动脑能力的培养，在如何合理定位及制定职业规划等方面有针对性地加强对大学生就业的指导；三是提供更多实习机会，延长实习时间，增加在校学生与社会及用人单位的接触，提高大学生的就业能力。

第二，部分大学生对薪酬期望偏高，尤以专科生最为突出。调查显示，受访学生以对月薪的期望值为4001元以上的为主体，占比达到65.8%。其中，6001元以上占比高达35.7%，其次是4001~6000元，占比为30.1%，经测算受访学生对月薪的期望值平均约为5060元，比目前刚毕业大学生实际月薪平均水平高出20%以上。分本、专科看，教育部直属重点本科院校毕业生期望值与实际值相差最小，为16.6%，一般本科和专科院校毕业生期望值均比实际值高出30%以上，其中专科最高，差距达33.6%。专科生薪酬期望值与实际值相差最大，而实际签约率最低，由此不难看出，自身定位的不恰当和薪酬要求的不合理在一定程度上给部分大学生就业带来了不利影响。

第三，有效就业信息不足。部分学生反映一些高校在提供就业服务尤其是引进用人单位和提供有效就业信息方面做得不够。大学生与用人单位之间缺少通畅的信息渠道，大学生得到的很多是过时的、无用的甚至是虚假的就业信息，真正有用的不多，就业信息渠道不畅造成的信息不对称也在一定程度上加大了大学生的就业难度。据调查，有近六成大学生将用人单位信息列为最想获得的就业指导。受访学生建议：一是增加现场招聘会的次数，多组织有诚信的招聘单位入校宣讲，目前各类招聘会是大学生获得招聘信息最主要的渠道，居各种信息渠道的首位，受访学生中有56.9%通过招聘会获得就业信息；二是对少数缺乏诚信，提供虚假信息的招聘单位予以公开曝光；三是大力加强高校毕业生就业信息系统建设，构建大型就业信息交流平台，实现高校之间，高校与政府，高校与人才及劳动力市场之间就业信息系统的互联互通，信息充分共享。

五　大学生创业状况及特点

调查显示，九成大学生对创业有兴趣，但多数并不打算马上转入创业阶段，人脉关系少、资金不足、缺乏创业经验等是制约大学生创业的主要因素。

1. 七成大学生对创业发展趋势表示满意，九成大学生对创业表现出不同程度的意愿，近一成大学生打算很快转入创业阶段

从创业发展趋势满意度看，多数受访大学生对目前国家实施的“大众创业，万众创新”战略持支持态度，70.5%的受访学生对创业发展趋势持满意态度，58.1%的学生认为政府扶持力度较好，51.3%的学生认为政策落实力度较好（见图9）。

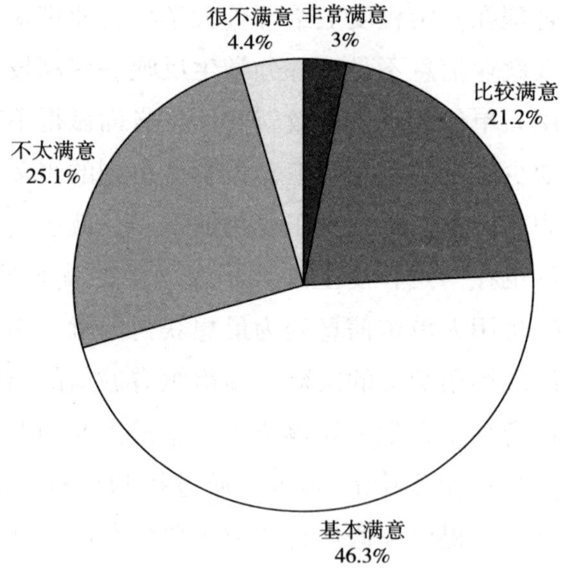

图9　创业发展趋势满意度情况

从创业的意愿看，91.1%的受访学生有创业的意愿，其中创业意愿很强、较强、一般的分别占19.4%、24.6%和29.2%，创业意愿较弱的占17.9%，只有9%的受访学生表示对创业完全不感兴趣。专科院校学生的创业意愿达94.3%，比本科和硕/博类学生分别高4.9个百分点、4.8个百分点，比教育部直属院校和其他本科类院校分别高6.8个百分点、3.9个百分点；艺体类学生创业意愿达95.1%，比文史财经类和理工农医类学生分别高4.2个百分点、4.8个百分点；男生和女生的创业意愿仅相差1.8个百分点；城镇学生和农村学生创业意愿基本持平（见图10）。

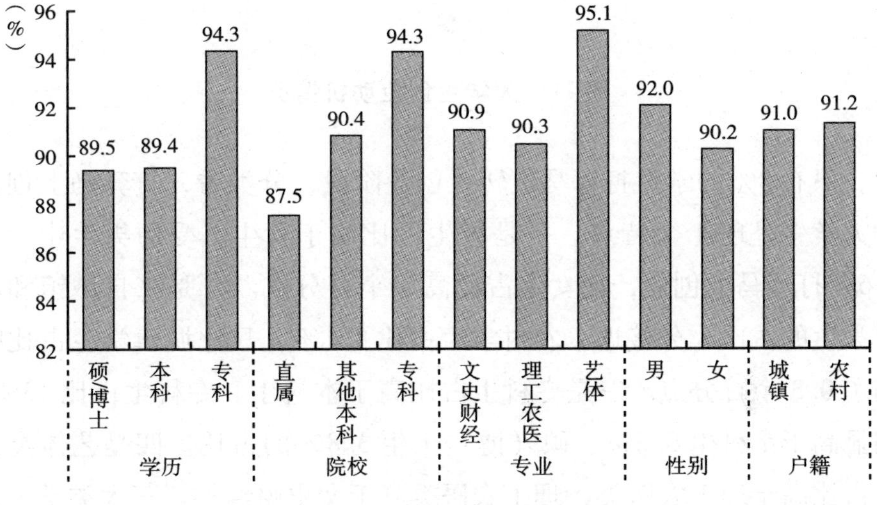

图10　大学生创业意愿情况

从创业的动机看（多选），为实现个人理想居首位，占比达70.4%，其次是有好的创业项目和预期收入较高，占比分别为51.8%和43.3%，因为找不到合适工作而萌生创业念头的只占15.8%（见图11）。这反映出目前大学生创业虽有被动的成分，但更多的还是受创业激情与梦想的驱动。

从创业的迫切性看，多数受访学生倾向于工作几年后再考虑创

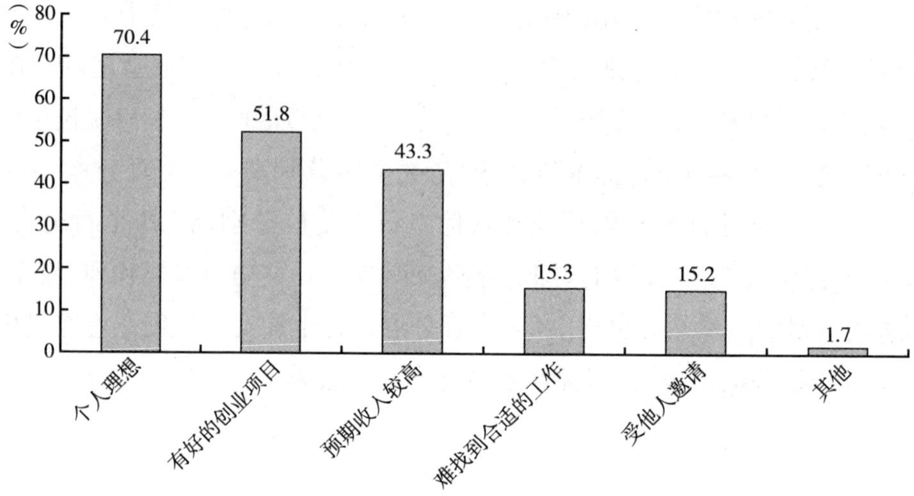

图 11　大学生创业动机情况

业，只有 8% 的学生打算马上转入创业阶段。分类看，打算马上创业的大学生呈现 4 个特点。一是男生占比高于女生。受访男生中，有 9.6% 打算马上创业，比女生占比高 3 个百分点。二是来自城镇和农村学生的占比十分接近。农村学生占比 8.1%，只比城镇学生占比略高了 0.3 个百分点。三是专科生占比高于本科生。专科生占比 13%，明显高于本科生 6.2%、硕（博）士生 3.8% 的占比。四是艺体类学生占比高于理工农医类，理工农医类高于文史财经类。三大类学生占比分别为 10.8%、8.5% 和 6.9%（见图 12）。

2. 七成大学生选择在大城市创业，六成大学生以合伙方式创业

在创业地域的选择上倾向于大城市和特（超）大城市。近七成的大学生将大城市和特（超）大城市作为最理想的创业之地。选择在成都和北上广深等特（超）大城市创业的占比超过 50%。此外，超过六成的大学生倾向于返乡创业。

在创业领域的选择上首先选择与自身兴趣爱好相吻合的领域，占比达 45.1%；其次是所学专业相关领域，占比为 23.6%，其中学历

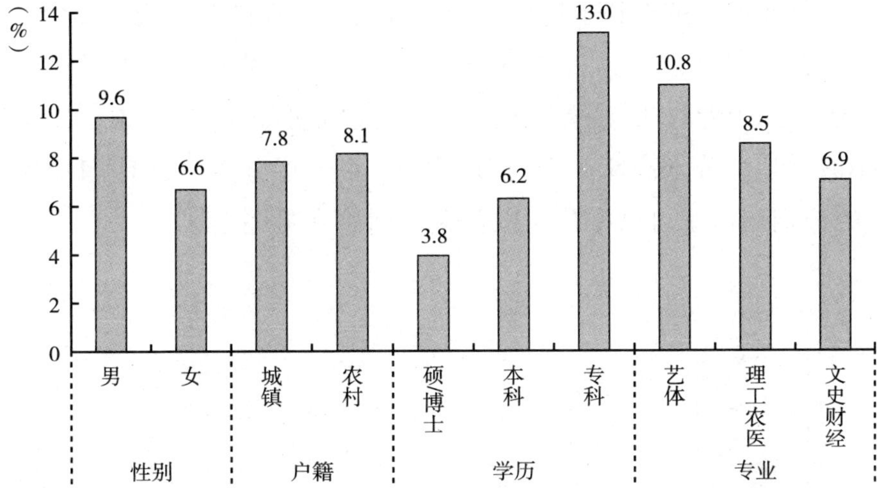

图 12　大学生创业迫切性情况

越高越倾向于选择与所学专业相关联的创业领域，硕/博专业选择所学专业创业的占比达 37.9%，分别比本科和专科高 13.6 个百分点、22.7 个百分点。相比之下，选择在风险较小以及社会热点领域创业的占比并不高，分别为 16.6% 和 14.1%，反映出目前大学生创业盲目跟风的不多，总体较为务实（见图 13）。

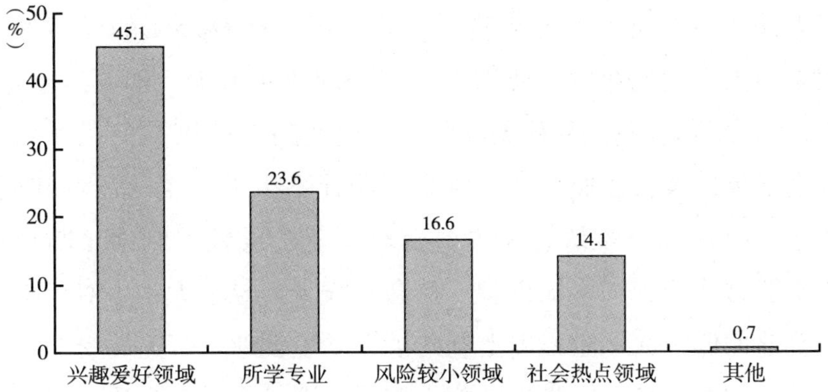

图 13　大学生创业领域选择情况

在创业形式的选择上倾向于合伙方式。打算创业的受访学生中多数选择合伙方式创业，占比 60.8%。居第二位的是个体商户，占比 18.2%；其中专科生选择个体工商户的创业形式达 25.1%，比本科和硕博类学生分别高 9.5 个百分点、13.4 个百分点。还有 11.5% 和 9% 的分别选择了自己办公司以及家庭创业（见图 14）。

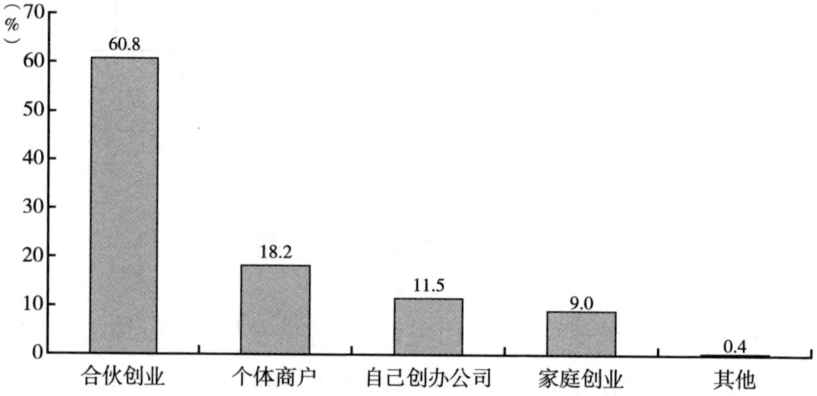

图 14　大学生创业形式选择情况

3. 大学生创业主要受五大因素制约

调查显示，目前在影响大学生创业的诸多因素中，列前五位的为以下方面。一是缺乏社会经验和人脉关系。有 58.5% 的受访学生将此因素列为影响创业的首要因素。二是创业实习少，创业经验不足。有 55.9% 的受访学生认为这是大学生创业路上的第二只拦路虎。三是资金不足，难获创业贷款。资金问题让不少大学生的创业梦搁浅。受访学生中有 53.8% 认为缺少资金对创业构成较大制约。四是对风险承受能力较低。书本知识多，社会实践少，导致大学生对风险承受能力普遍偏低，在一定程度上制约了大学生创业。47% 的受访学生把不想马上创业归咎于风险承受能力较低。五是不易找到适合的创业项目。一些大学生虽有创业意愿，但苦于不知该从何处起步。有约 1/3

的受访学生认为难以创业的重要原因在于缺少适合的项目（见图15）。

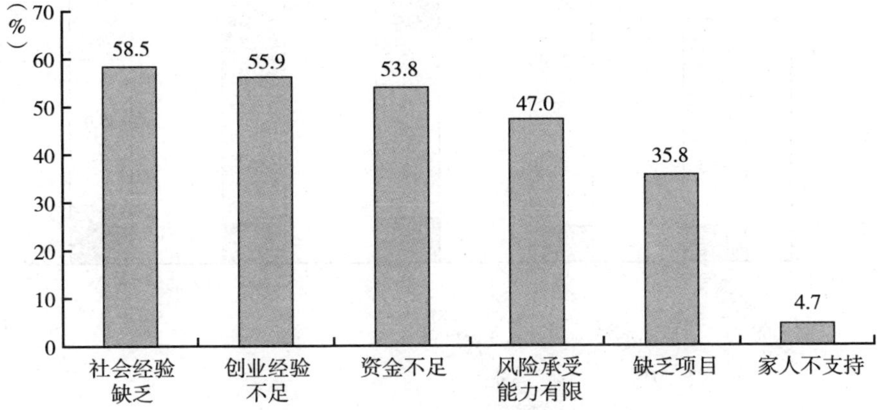

图15　大学生创业制约因素

4. 对国家现行政策关注了解不够

调查显示，受访大学生对中央和地方政府已出台的重大财经政策普遍缺乏深入了解，对创业构成不利影响。受访学生对扶持鼓励大学生创业的创业补贴、社保补贴、小额担保贷款财政补贴、见习和实习补贴、创业培训补贴等有关政策缺乏了解，其中对相关政策基本了解的分别为17.1%、11.8%、13%、10.8%、10.7%，对相关政策知道一点的分别为43%、32.4%、39.4%、36.3%、31.5%，对相关政策不了解的分别为39.9%、55.8%、47.6%、52.9%、57.8%（见图16）。

5. 创业大学生的期盼

从期盼的创业发展趋势看，60.5%的受访学生希望能营造一个更加公平的创业环境，有46.9%的受访学生希望能将鼓励创业的政策落到实处，还有39.1%的受访学生期盼能进一步加大对创业扶持的力度（见图17）。

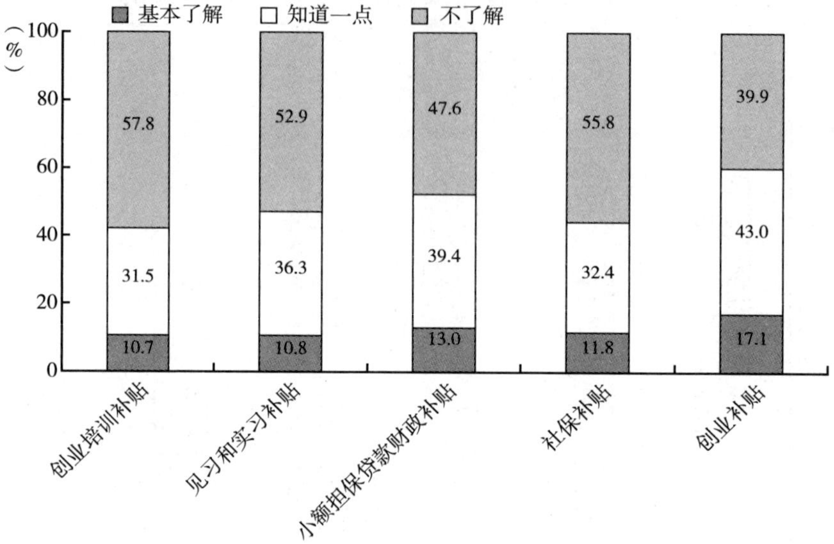

图 16　对国家现行政策关注了解情况

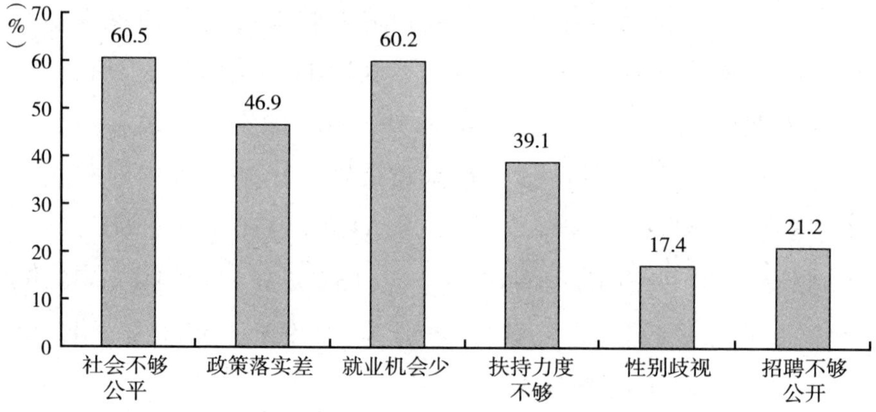

图 17　大学生期盼的创业发展趋势

从期盼的创业政策支持看，在被问及“如有合适的创业项目，最需要什么样的政策给予支持”（多选），列受访学生选择最多的五项分别是“创业贷款有担保”“风险投资有补偿”“初创企业有场地”“注册登记有便利”“技术创新有专项”，占比分别为 61.4%、55.2%、37.5%、34.6%和 30.3%。此外，还有不少学生期待“税收贡献有奖励”“专利转化有资助”“外来创业有住房”“优秀人才有重奖，选择占比在 12%～28.2%（见图 18）。

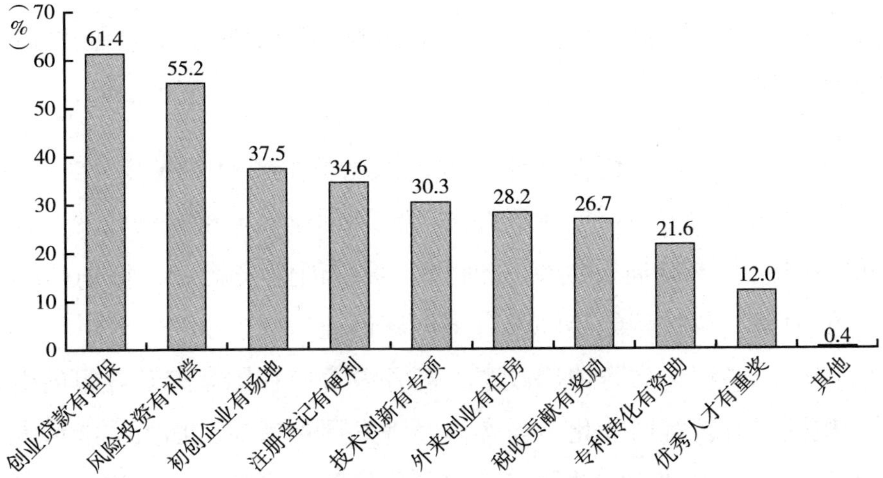

图 18　大学生期盼的创业扶持政策情况

六　结论与建议

近年来青年失业问题比较突出，青年就业难已经引起了社会的广泛关注。我国经济发展进入“新常态”，经济增速迎来换挡期，从高速增长期向中高速平稳增长期过渡，经济增长将更多依靠人力资本质量和技术进步。抓好青年就业，尤其是大学生就业对增加有效劳动供给和促进经济发展以及社会稳定都将起到积极的作用。

（一）创造与青年人力资本类型相匹配的就业岗位

各级政府要通过吸引投资、鼓励创业、传授技术、引进项目等方式为经济发展注入新的活力，在不断推进新型工业化、新型城镇化发展进程的同时，促进产业结构的调整升级，创造与青年人力资本类型相匹配的就业岗位，通过就业结构的调整和优化，从而解决新型工业化和新型城镇化发展中劳动力的结构性矛盾。

（二）鼓励创新创业，形成以创新带动创业、以创业带动就业的新格局

各类高校要加强创新创业教育，强化学生创业实践和分类指导，推动创业就业的转型、创业形态的创新和创业就业模式的转变。政府要积极鼓励和支持通过创新去创业、通过创业去就业，特别是知识型、能力型、科技型的年轻人自主创新创业。

同时，要深化教育体制改革。高等教育应在国家宏观政策的引导下，积极实行教育产业化，与实体经济发展相适应，加大技能型人才的培养力度，主动适应就业市场的变化趋势，调整专业结构，避免教育和劳动力市场脱节，为大学生就业和社会发展奠定良好的基础。

（三）提供就业服务

各级政府人社部门要研究、制定适合农村劳动力到城镇就业的服务模式，并同发改、工商、住建等政府职能部门，以及社会就业服务机构之间建立就业信息沟通的长效机制。在农村进一步强化就业服务体系建设，将有关就业政策和城镇用工信息直接传递给农民；政府基层组织，主要是农村乡镇一级政府应建立城镇就业统计和用工信息发布制度，以及就业预警机制，为乡村青年进城就业和返乡创业提供政策支持和信息服务。

（四）建立教育培训机制，提高进城务工青年综合素质

青年已成为流动人口的主流，青年流动人口受教育程度虽然高于

流动人口的平均水平，但是总体水平仍然不高。在务工经商的青年流动人口中，初中及以下受教育程度人口约有一半。据有关调查资料表明，农村青少年辍学外出打工是一个普遍存在的社会现象。农村青少年辍学外出打工不仅影响个人发展，而且未来就业空间也会受到限制，同时影响社会稳定以及城乡经济社会的可持续健康发展。对此，各级政府应进一步加强“农民工”文化技术教育培训，通过培训，在提高他们科学文化水平及谋生能力的同时，努力提高他们的法律意识和社会责任感。

（五）完善大学生教育创业体系，强化大学生创业指导服务

一是强化创业意识培训。应高度重视大学生创新创业意识的培养，结合国家发展战略和世界经济、科技发展现状，适度增设创新创业课程，逐步健全完善高校创新创业教育课程体系及相关的评价考核体系。二是强化创新创业能力培养。大力组织开展校内创业比赛等系列创业实践活动，为在校大学生参与创业实践、提高创业能力奠定基础。三是加大创业政策宣传力度，强化宣传效果，让鼓励扶持大学生创业的各项政策深入校园、深入大学生人心，进一步激发大学生的创业热情。四是建立地方与高校两级互动信息服务平台。进一步完善大学生创业网络服务功能，实时为学生提供国家及地方政策、市场动向等信息，做好创业项目对接、知识产权交易等服务。五是实施一站式服务。以大学生创业需求为导向，落实“专人、场地、经费、机构”，在政策、融资、法律、知识产权等方面对自主创业大学生实行持续帮扶、全程指导、一站式服务。六是优化大学生创业扶持政策。进一步整合资源，优化创业者办公场所和居住条件。有效盘活闲置的商业用房、工业厂房、企业库房、物流设施和家庭住所、租赁房等资源，为大学生创业者提供低成本的办公场所和居住条件。进一步畅通融资渠道，落实大学生创业资金。运用财税政策，为创业者提供担保

贷款、发放求职创业补贴、扶持网络创业，让创业大学生真正享受政策优惠。进一步建立健全创业辅导制度，丰富大学生创业者创业经验。实施“导师带徒”计划，邀请创业成功人士、企业家以及有关专家学者具体指导，建立健全创业辅导制度，为“草根创业者”解决难题。

B.11
农民工市民化调查

四川省统计局*

摘　要：　本研究依据对2015年的四川省农民工问卷调查数据，对农民工市民化的各个方面进行了实证分析，涉及农民工及家庭的城市生活、就业、社会保障以及市民化诉求意愿等。分析结果显示，有接近一半的受访农民工举家向城市迁移，农民工家庭在随迁子女教育、城镇购房等方面有较大的需求；逾七成受访农民工表示有自主创业的兴趣意愿，但面临缺乏合适创业项目以及获得创业贷款难等障碍；农民工的劳动权益保障情况仍不容乐观，受访农民工依法维权的意识和能力亟须增强；农民工对将农村户口转为城镇户口普遍较为谨慎，对将农村医、社保转换为城镇医、社保相对积极，对用农村宅基地或土地承包权换取城市住房存在较大分歧。

关键词：　农民工　市民化　四川

农业转移人口市民化是我国新型城镇化的重点和难点，作为农村

---

* 曾旭晖根据四川省统计局《进城务工人员调查报告》编辑整理，《调查报告》作者为陈炜、陈智、魏翰、夏泽明、唐兰、杨璠。

劳动力转移输出大省，四川面临更为艰巨的任务。近年来，四川省统计局陆续开展了农民工问卷调查，涉及农民工及家庭的城市生活、就业、社会保障以及市民化诉求意愿等，为全面了解掌握农民工动态、进一步做好农民工的权益保障工作和服务工作，有序推进农业转移人口市民化提供数据支持。

我们的数据分析主要依据 2015 年进行的两次农民工调查。第一次是在 3 月份完成的农民工就业意向专项调查（以下简称就业意向调查），调查通过电话随机访问和实地面访相结合的方式进行。其中，电话访问对象为全省范围内户籍为农村，并近年在外打工［包括到省内其他市（州）和省外，下同］或第一次打算外出打工的人员；面访主要在成都火车北站、城北客运中心、成都火车东站、双流机场等地进行，随机对正打算外出打工的农村务工人员进行访问。整个调查最终成功访问农村外出务工人员 1146 名。受访外出务工人员广泛分布于全省 21 个市（州），其中来自眉山市、资阳市、遂宁市的比例排前三位。第二次调查是 9 月份进行的农民工市民化调查（以下简称市民化调查），问卷调查采用随机面访方式，抽选成都、自贡、攀枝花、德阳、绵阳、内江、南充、宜宾、达州 9 个城市进行调查。调查对象为年龄在 16 ~ 65 岁，在调查城市居住半年以上的受访农民工。调查地点主要在工厂、建筑工地、住宿餐饮零售点、居民住宅小区、农贸市场、批发市场等受访农民工集中地。调查共完成有效样本 3000 个，其中成都市完成 600 个，其余 8 市各完成 300 个。

市民化调查涉及范围更广，样本量更大，内容也更多。若非特别说明，统计分析都是以市民化调查为依据。就业意向调查的数据分析结果作为适当的补充，作为对照和参考，并会有专门的说明。统计分析分为三个部分，分别是基本情况及生活现状、就业创业、社会保障、市民化意愿及诉求。

一　基本情况及生活现状

总体看，受访农民工以男性居多，学历水平相对较高，多为劳动年龄人口，工作主要集中于第二产业的建筑业及第三产业，且具有一定工作经验。举家向城市迁移的比例接近一半，农民工家庭在随迁子女教育、城镇购房等方面有较大的需求。

（一）农民工基本特征

受访农民工男性多于女性，男性受访者占61%，女性受访者占39%。年龄分布上以中青年为主，有31.8%的受访者年龄在16～29岁；有24.3%的受访者年龄在30～39岁；有29.4%的受访者年龄在40～49岁；仅有14.5%的受访者年龄在50～65岁。受教育程度以初中阶段为主，约六成受访者学历水平（58.7%）为初中及以下，有29.9%的受访者学历为高中（中专、职高），大专及本科学历占11.1%，硕士及以上学历占0.3%。

接近七成农民工累计务工时间已经超过6年。具体看，受访者普遍具有较长时间外出务工经历，外出务工有“6～9年”的受访者占17.1%；“10～19年”的受访者占35.1%；“20年及以上”的受访者占16.4%（见图1）。

逾六成农民工目前的工作身份为“雇员”。具体看，身份为“雇员”的受访者占67.8%；身份为“自营业者”的受访者占29.3%；身份为“雇主”的受访者仅2.9%。可见，逾三成受访农民工有创业能力或经历。此外，根据就业意向调查的分析结果，农民工务工单位经济类型为私营企业的比例最高，占51.2%；其次是个体工商户，占22.3%；再次是国有及国有控股企业，占13.3%。

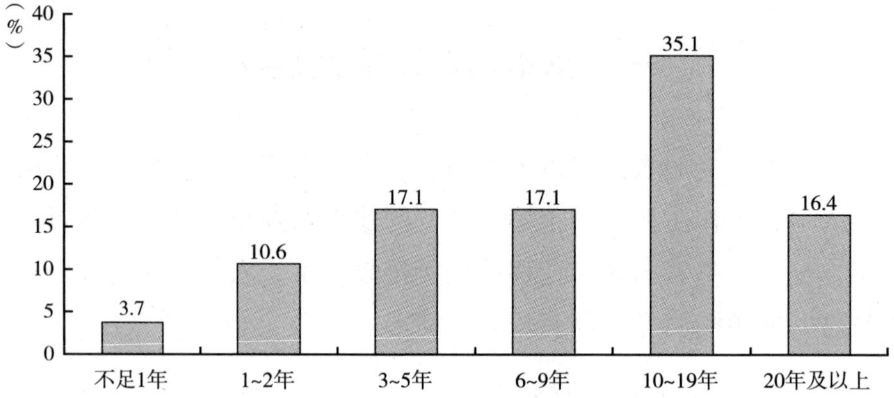

图1　农民工外出务工累计时长

（二）农民工及家庭生活现状

农民工居住条件以单独租房和自有商品房的比例较高。调查显示，受访者目前的居住条件，排前两位的是单独租房和自有商品房，其比例分别为35.2%和25.7%（见图2）。

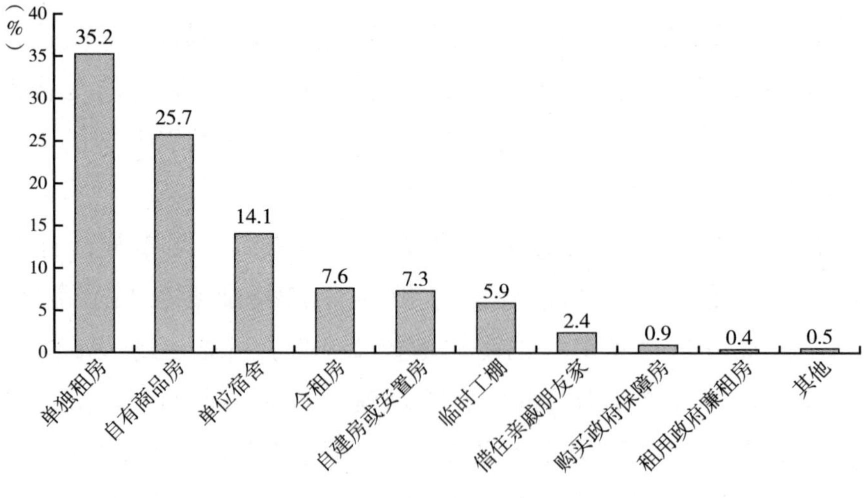

图2　农民工居住条件

逾一半农民工有进城买房需求。当进一步问及“如果可以在本地购买政府保障性住房或经济适用房，您是否愿意购买并采取什么样的付款方式?”时，有 58. 3% 的受访者表示“愿意购买，首付款后贷款支付”；有 27. 0% 表示“不愿意购买”（见图 3）。

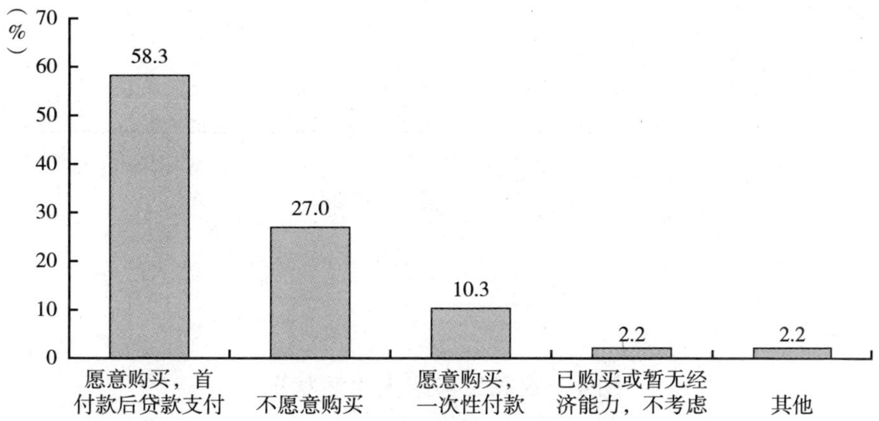

图 3　农民工购房及付款方式意愿

近五成农民工与配偶、子女生活在调查地。调查显示，目前“与配偶、子女生活在本市”的受访者比例最高，占 49. 8%；其次是“未婚，单身一人生活在本市”，占 20. 5%；再次是“夫妻生活在本市，子女、老人在农村老家留守”，占 12. 2%（见图 4）。

逾六成农民工的子女在本地入学遇到困难。调查显示，48. 7% 的受访者“尚无子女，或子女尚未到或是超过义务教育年龄”。另外的 51. 3% 的受访者中，有 17. 3% 表示“入学方便未遇任何问题”。在表示子女本地入学遇到困难的 34% 的受访者中，主要反映了存在“申请入学限制条件太多、标准太高”“办理入学手续烦琐”“进入公办学校困难”“转学困难，不容易找到愿意接收的学校”四方面问题。

多数农民工对当前在城市的生活感到满意和较为满意。调查显示，有 84. 3% 的受访者对所在城市的生活感到非常满意、比较满意和基本满

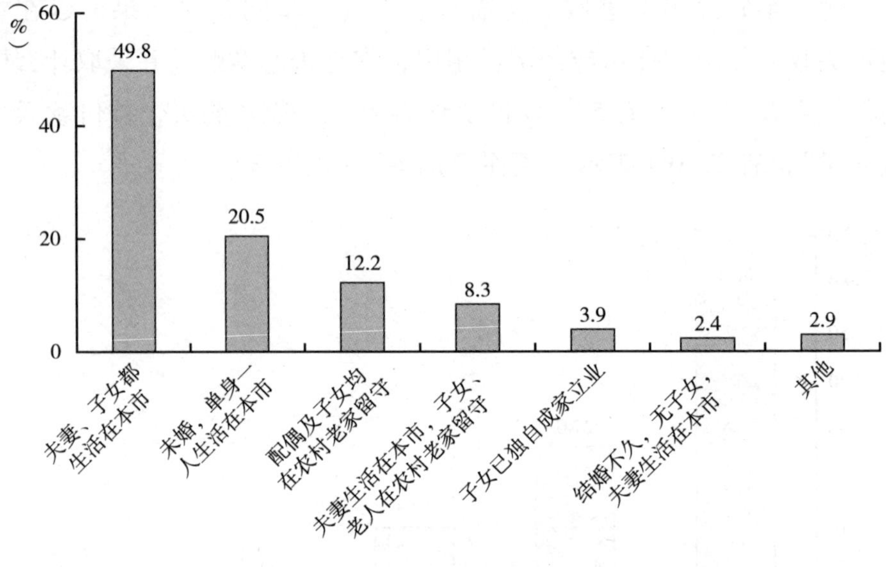

图 4　农民工与家人生活状况

意，占比分别为 5.5%、29.6% 和 46.3%，对所在城市的生活感到很不满意的只占 2.7%（见图 5）。此外有 96.4% 的受访者表示在城市工作生活没有或偶尔有不受尊重的经历或感觉。上述数据一方面显示城乡居民身份差异在明显缩小，另一方面显示农民工对城市生活的适应度较高。

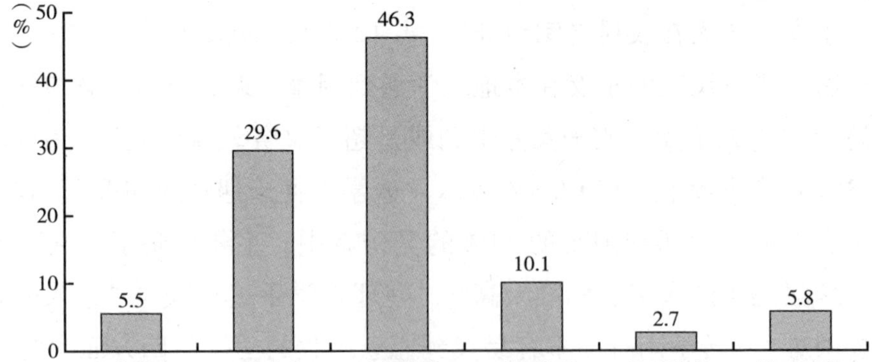

图 5　农民工对所在城市生活的满意情况

二　农民工就业创业现状

受访农民工主要集中于服务业、批发与零售业、建筑业、制造业四大行业。逾七成受访农民工表示有在本市（区、县）自主创业的兴趣意愿，但面临缺乏合适创业项目以及获得创业贷款难等障碍，期盼获得政府部门更给力的支持。

农民工在省内找工作的意愿进一步增强。在就业意向调查中，问及受访者“目前打算去哪里打工”时，表示打算在省内打工的占62.0%，其中，成都占24.6%，其余市（州）占37.4%；打算去省外打工的占38.0%，地区较为广泛，东部地区、省外西部大中城市及珠三角地区偏多一些（见图6）。在打算去省外打工的受访者中，进一步问及“如有机会是否愿意留川打工”时，表示“有”的占54.2%，“没有”的占23.4%，表示“看情况再定”的占22.4%。

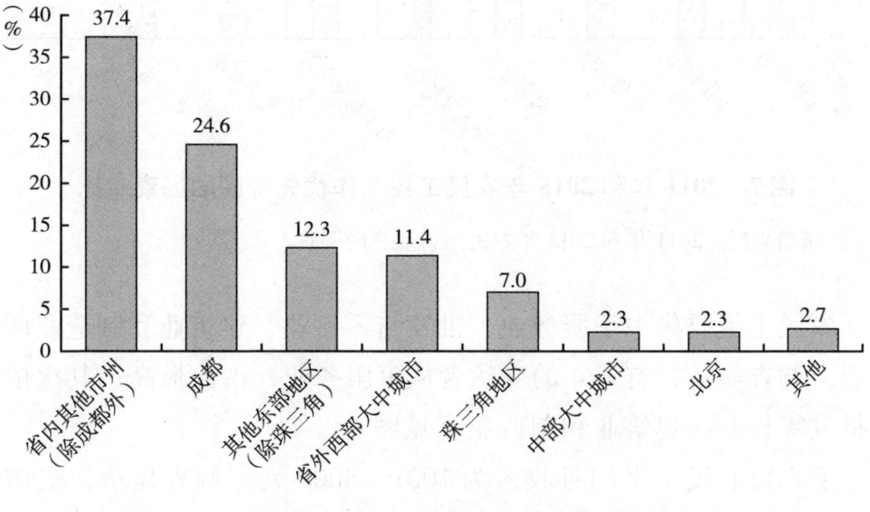

图6　农民工打算打工的地区

说明：选择“其他”的受访者主要表示“还不确定”“到国外”等。
资料来源：2015年农民工就业意向调查。

问及当前找工作优先考虑的因素，受访者选择“工资待遇”的比例远高于其他因素，占73.6%；另外选择“工作稳定”“工作环境”“离家远近”等因素的比例也较高，均在35.0%以上。值得注意的是，在2011年进行的一项目早期调查中，有一个相同内容的询问，允许我们可以做一个简单的比较。同2011年的调查结果相比，当前选择“工资待遇”和“用工制度完善”的受访者比例分别下降22.2和21.3个百分点；选择“离家远近”的比例提高25.4个百分点，此结果和外出务工人员留川意愿增强相互印证（见图7）。

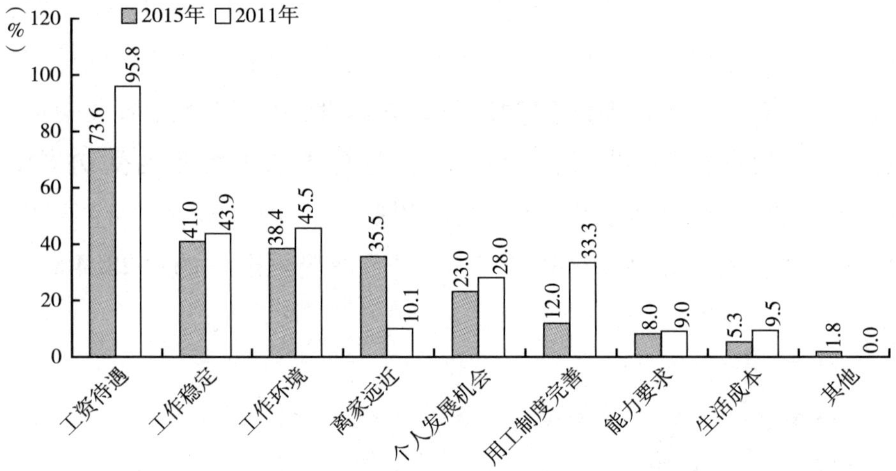

图7　2011年和2015年农民工找工作优先考虑的因素对比

资料来源：2011年和2015年农民工就业意向调查。

农民工主要集中于服务业、批发与零售业、建筑业和制造业四大行业。调查显示，有1/4的受访者从事服务业，占比最高；其次依次是批发零售业、建筑业和制造业（见图8）。

逾六成农民工平均月收入为1001～3000元。调查显示，受访农民工平均月收入（包括各种奖金、补贴，公司缴纳的保险、提供的员工餐等）主要集中在1001～2000元、2001～3000元收入水平，占比分别达到30.2%和33.6%（见图9）。

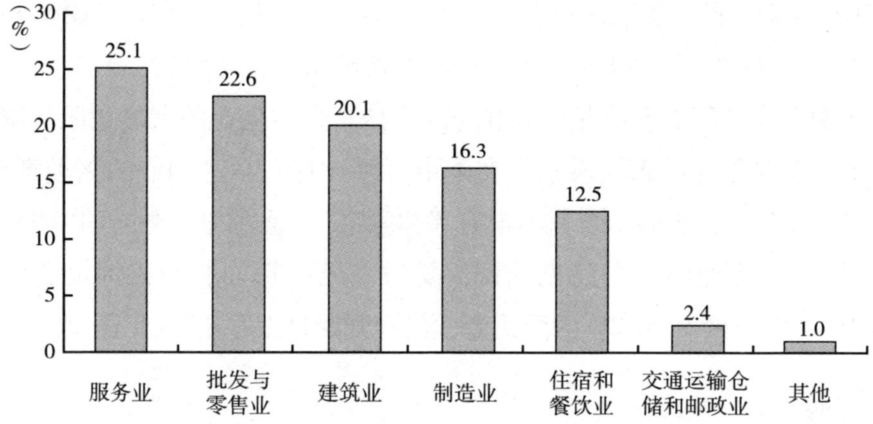

图8　农民工从事的行业分布情况

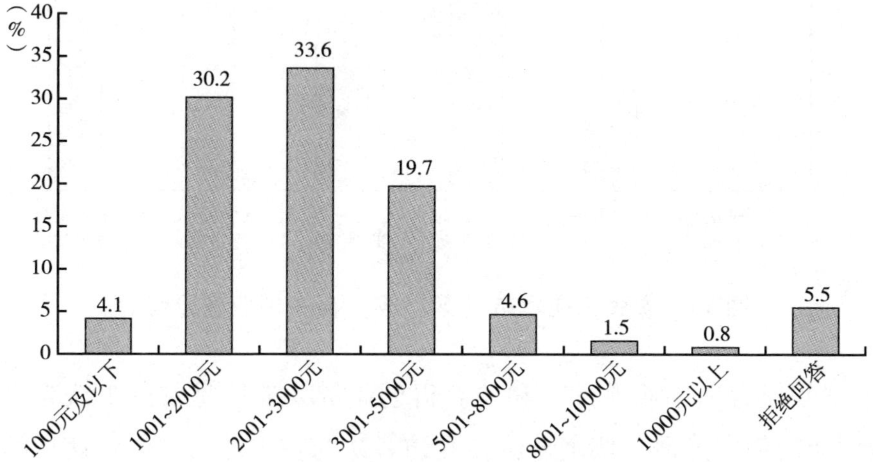

图9　农民工平均月收入情况

值得注意的是，我们得到的收入数据与受访农民工的行业结构相关，从事建筑业和制造业的收入要高于从事服务业的收入。在就业意向调查中，受访农民工的行业构成为建筑业占38.0%，制造业占22.9%，服务业只占到14.7%。因此，在这一组样本中，受访农民工的月均收入更高一些。具体来说，受访者打工月均收入在“2001～3000元”的占22.0%，

“3001～4000元”的占23.0%，“4001～5000元”的占20.0%。总体上看，月均收入以2001～5000元为主（比例占到65.0%）。

逾七成农民工表示有在本市（区、县）自主创业的兴趣意愿。调查显示，大部分受访者均表示有在本市（区、县）自主创业的兴趣意愿，仅25.9%的受访者表示“完全没有兴趣意愿”。通过这个数据可以明显感受到，全民创业的大潮已见端倪，受访农民工想创业的比例也达到了74.1%，且已经有26.2%的受访者“已经开始自主营业”（见图10）。

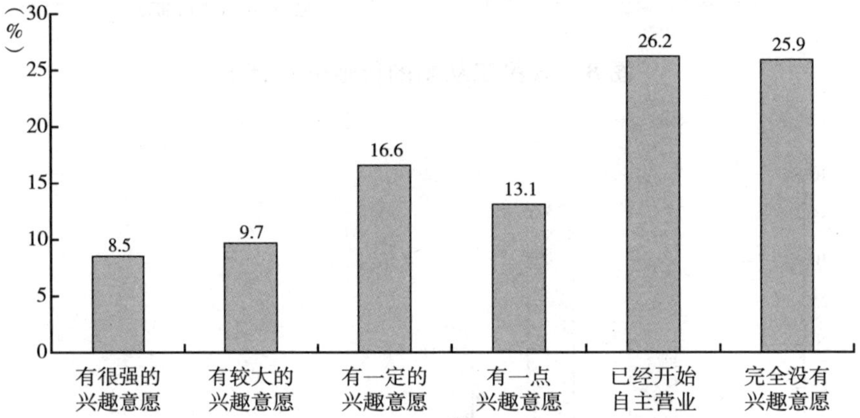

图10　农民工在本市（区、县）自主创业意愿情况

“缺乏合适创业项目”和“获得创业贷款难”是农民工认为在本地创业的最大障碍。调查显示，受访者认为在本地自主创业遇见的最大障碍主要集中于“缺乏合适创业项目”“获得创业贷款难”“缺乏创业经验和人脉关系”等。仅1.3%的受访者表示在本地自主创业“没有什么障碍”。（见图11）

绝大多数农民工期盼获得政府部门更给力的支持。在被问及“如果您有好的创业项目，您最希望政府什么样的政策给力支持”时，“创业经营有扶持”“创业贷款有担保”“风险投资有补偿”列前三位，选择占比分别达60.3%、51.5%和44.8%。此外进城创业人员较为看重

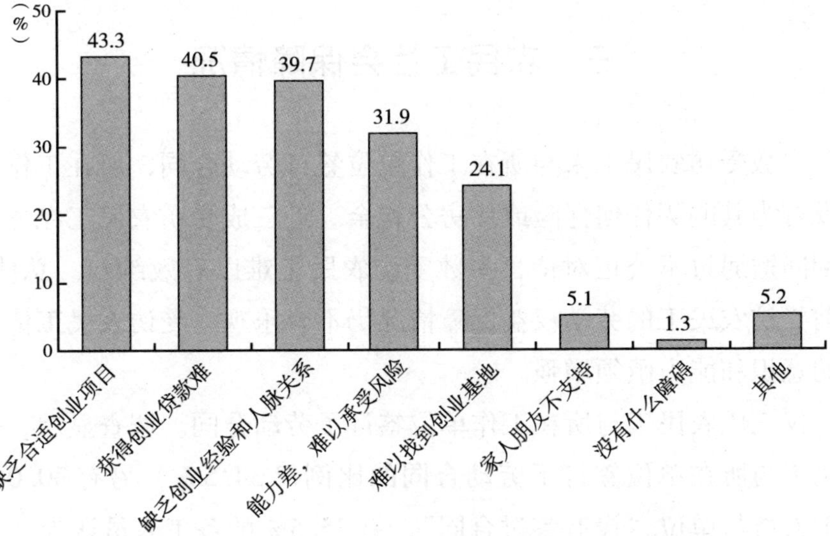

图 11　农民工认为在本地自主创业的最大障碍情况

的还有“注册登记有便利”“初创企业有场地”“外来创业有住房”“税收贡献有奖励”，选择占比为 17.3% ~33.4%（见图 12）。

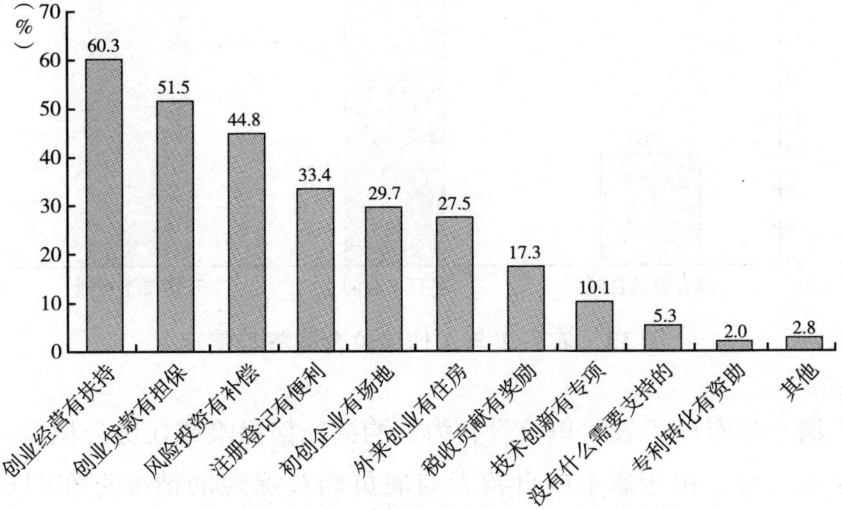

图 12　农民工期盼获得政府支持的情况

三　农民工社会保障情况

多数受访农民工未与所在工作单位签订劳动合同，所在工作单位也没有为其购买任何保险或住房公积金。近三成受访农民工在务工创业期间遭遇过不公正对待，多数受访农民工难以有效维权。总体看，目前受访农民工的劳动权益保障情况仍不容乐观，受访农民工依法维权的意识和能力亟须增强。

仅三成农民工与所在工作单位签订了劳动合同。调查显示，受访农民工与所在单位签订了劳动合同的比例仅 34.5%，另有 30.0% 的务工人员与单位“没有签过合同”，有 35.5% 的务工人员认为“不需要签合同”（见图 13），反映出大部分受访农民工法律意识及劳动权益保障意识还比较薄弱。

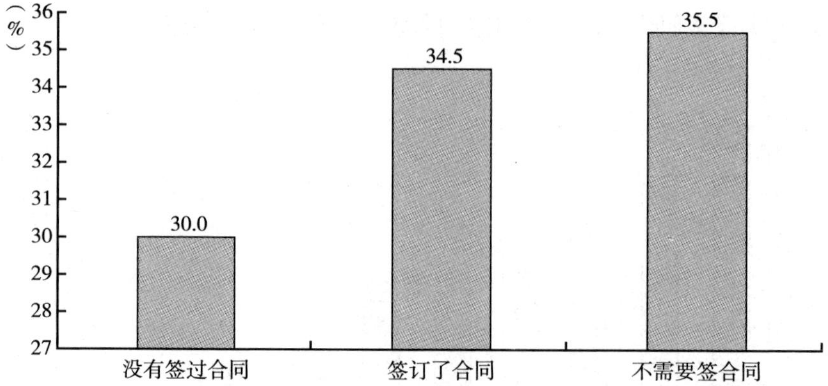

图 13　农民工与工作单位合同签订情况

逾一半农民工表示单位没有为其购买任何保险或住房公积金。调查显示（注：由于雇主或自营者与雇员购买保险的情况存在明显差异，为切合调查目的，使结果更具代表性，本题汇总对象为“雇员”，剔除了身份为“雇主”和“自营业者”的受访者），52.8% 的受访者表示单位没有为其购买任何保险，仅 47.2% 的受访者表示单位为其购买了保险或住房公积金。

当进一步问及这 47.2% 的受访者单位具体购买了哪些保险或是否购买住房公积金时，调查显示，工伤、医疗、养老三大保险所占比重相对较高，占比在 27.9% ~36.4% （见图 14）。

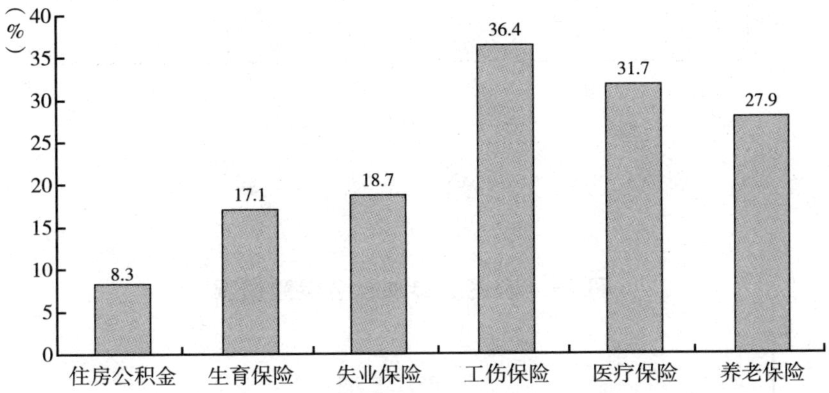

图 14　农民工所在工作单位购买保险和住房公积金情况

逾七成农民工参加了新型农村合作医疗保险。在问及受访者“目前您本人参加了哪些社会保险”时，参保比例最高的是“新型农村合作医疗保险”，占到 72.1%；另外，参加“城镇居民养老保险”“农村居民养老保险”“城镇居民医疗保险”的比例接近，均为 25% 左右（见图 15）。

仅一成农民工表示曾免费接受过政府机构组织的基本职业技能培训。农民工培训被认为是解决农民转移就业和企业用工紧缺矛盾的一剂良药。为此，各级政府对农民工培训的投入力度逐年增大，培训项目的覆盖面也逐年扩宽。然而，调查显示，仅有 10.9% 的受访者表示接受过政府机构组织的基本职业技能培训；70.0% 的受访者表示没有；19.1% 的受访者表示“从未听说过”（见图 16）。这既反映出政府相关部门、培训机构培训的“含金量”亟待提高，也反映出农民工观念陈旧，不重视培训这种普遍现象。

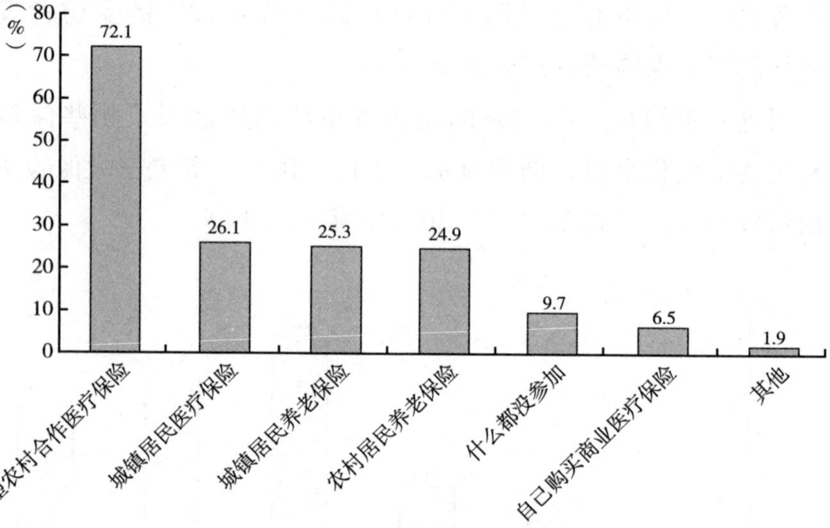

图 15　农民工参加社会保险情况

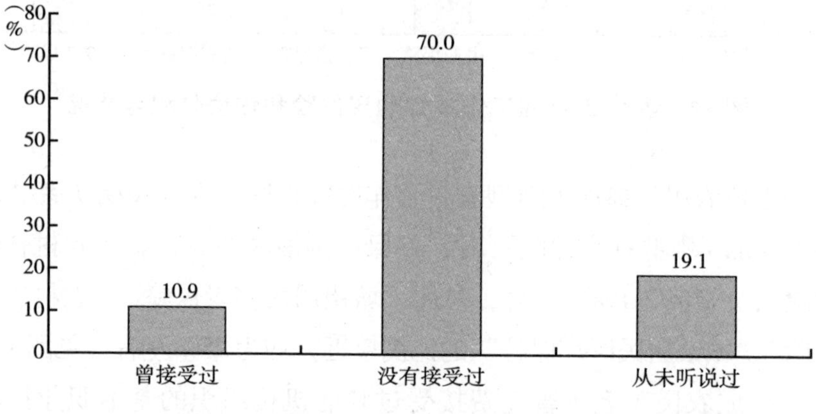

图 16　农民工免费接受政府组织的基本职业技能培训情况

近三成农民工在工作中遭遇过不公正对待。调查显示，在 3000 位受访者中有 822 人反映在工作中遭遇过不公正对待，占比达 27.4%。在各种不公正对待中列首位的是随意加班加点或加班后少给甚至不给工资，占比达 14.7%；其次是变相克扣工资甚至拖欠或拒发工资，占比为 12.6%；不能提供基本劳动安全保护占比为 6.1%；

工商、税务、城管等人员吃拿卡要，故意刁难也让不少进城务工创业人员深感头痛，占比为5.2%（见图17）。

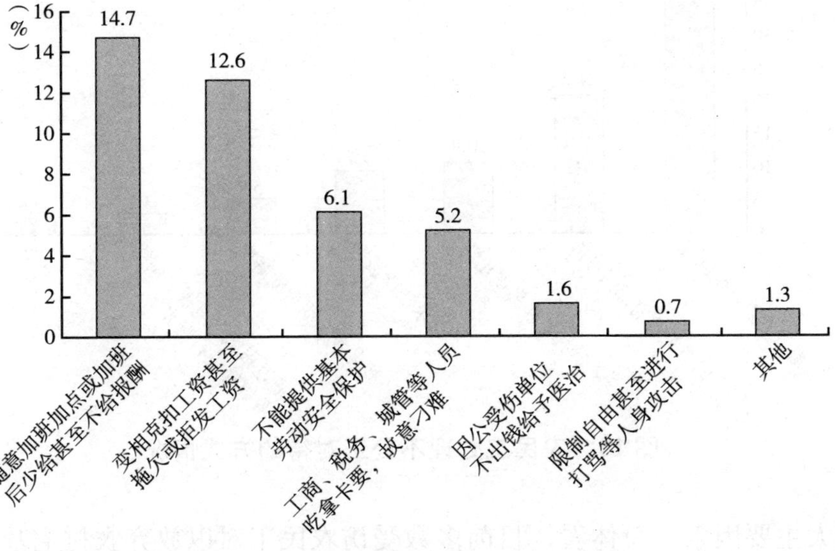

图17　农民工在工作中遭遇不公正对待情况

注：本题为多选，调查百分比加总结果不为100%。

近六成农民工难以有效维权。调查显示，在受访农民工遭遇不公正对待时，有47.0%选择了“忍气吞声自认倒霉”，另有10.9%则是“辞掉工作另谋出路”，只有30.9%的受访者表示“向有关政府部门投诉”或“寻求法律援助”（见图18），反映出多数受访农民工依法维权意识不强，维权能力不足。

四　农民工市民化意愿及诉求

受访农民工对将农村户口转为城镇户口普遍较为谨慎，对将农村医、社保转换为城镇医、社保相对积极，对用农村宅基地或土地承包权换取城市住房存在较大分歧。城市生活成本高、城乡户口差别不大、不愿放弃土地承包权以及农村土地有较大增值潜力是影响落户的

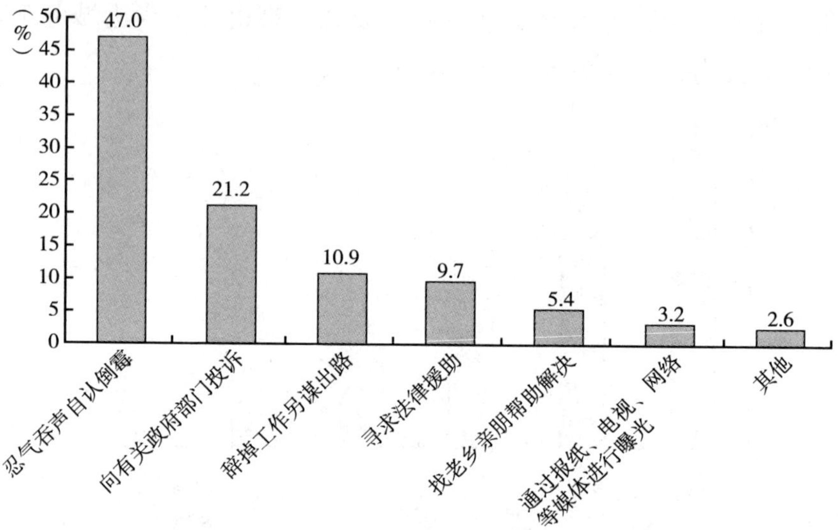

图 18　农民工处理不公正对待的方式情况

四大主要因素。总体看，目前多数受访农民工对以放弃农村宅基地或土地承包权为条件落户城镇持消极观望态度。

（一）农民工市民化意愿

调查显示，目前受访农民工在市民化意愿方面主要呈现以下特点。

半数以上农民工不愿将农村户口转为城镇户口。调查显示，受访者中，愿将农村户口转为城镇户口，不想再回农村的比例仅为 14.8%，有 53.8% 的受访农民工明确表示不愿转户口，目前只是暂时待在城里，还有 31.4% 的受访农民工持观望态度，视形势的发展变化而定。

省内中等城市是农民工落户城镇的首选地。在被问及“如果落户城市，您会首先选择落户的城市是哪里”，82.4% 的受访者选择大中城市市区，列首位的是省内地级中等城市市区，占比达 55.7%，其次为成都市区，占 22.7%，选择省外大中城市市区的占 4%，而愿意落户省内县（市、区）的只有 14.9%，反映出受访农民工看好省内大中城市（见图 19）。

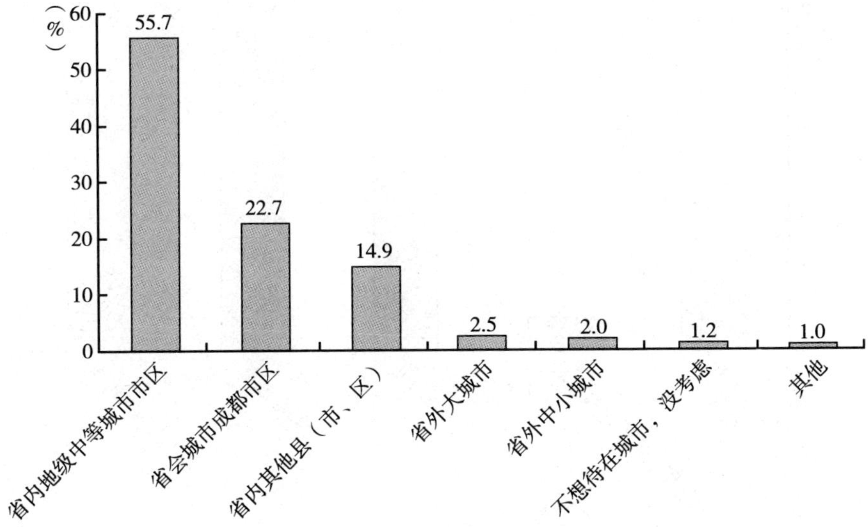

图 19　农民工落户地的意向情况

农民工对用农村宅基地或土地承包权换取城市住房存在较大分歧。调查显示，在被问及“如果转为城镇人口，您是否愿意用农村宅基地或土地承包权换取同等价值的城市产权住房”，受访者态度不一，分歧明显，愿意者、不愿意者和犹豫难定者各占三分之一左右，不愿意者占比略高，达 35.3%（见图 20），在愿意者中，有 32.2% 的受访者愿意用宅基地或土地承包权换取城市住房，总体看，受访者对用农村宅基地或土地承包权换取城市住房态度较为保守谨慎。

半数以上受访农民工愿将农村医、社保转换为城镇医、社保。调查显示，有 52.6% 的受访者表示愿意将农村医保、社保转换为城镇医保、社保，分别比不愿意者、犹豫难定者的占比高了 31.5 个和 26.3 个百分点（见图 21）。

（二）影响农民工市民化的主要因素

城市生活成本高、城乡户口差别不大、不愿放弃土地承包权以及

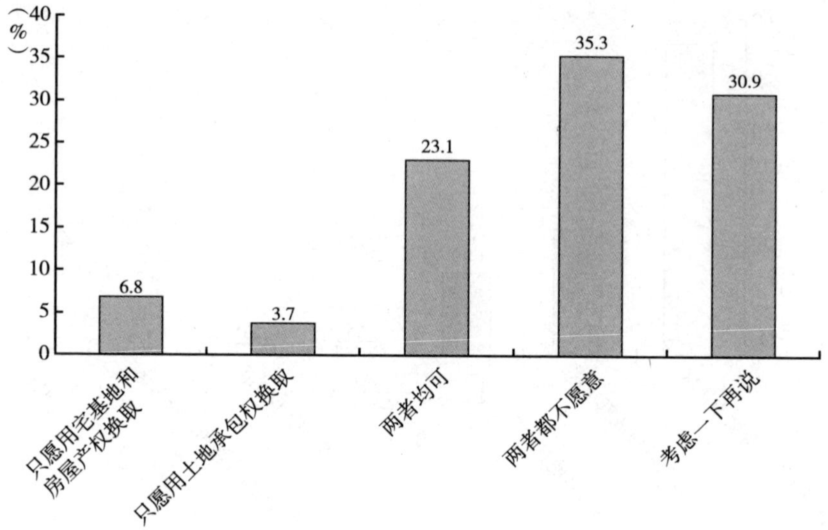

图 20　农民工用宅基地或土地承包权换住房的意向情况

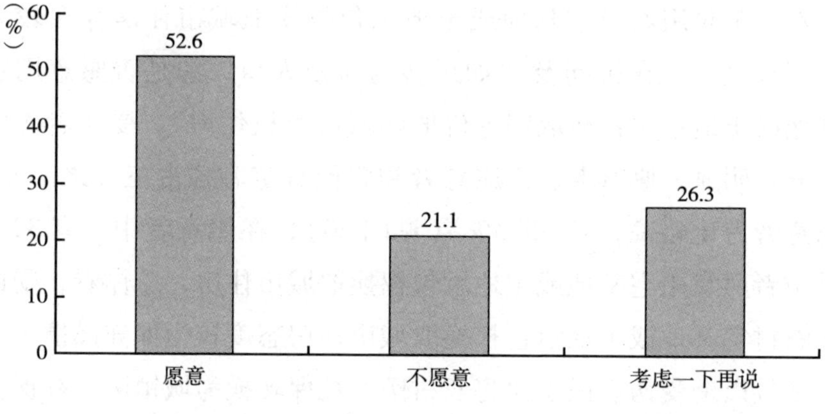

图 21　农民工用农村医保、社保转换为城镇医保、社保意向

农村土地有较大增值潜力是影响农民工不愿落户城镇的四大主要因素。据调查，有 43.6% 的受访者将城市生活成本高、环境差，不如农村安逸自在作为不愿落户城镇的首要因素；其次是农村户口与城镇户口差别不大，没必要，占比 38.5%；想保留家中土地承包权为自己留一条后路以及农村土地有较大增值潜力，不想放弃分列第三和第四位，占比分别为37.8%和33.7%（见图22）。

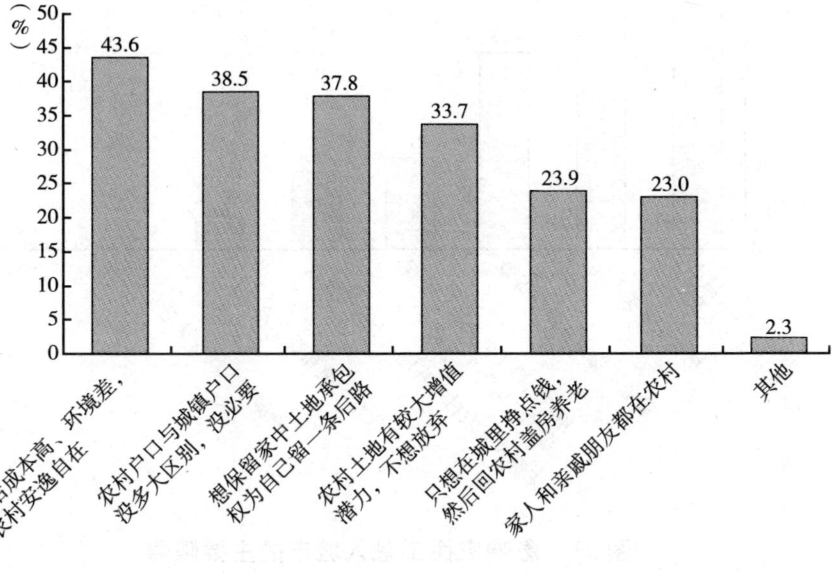

图22　农民工不愿落户城镇的主要原因

收入低、房价高、就业不稳定是影响农民工融入城市的三大主要障碍。调查显示，在影响受访农民工融入城市的诸多因素中，有66.0%的受访者将收入太低，城市生活成本太高视为首要因素，其次是房价太高买不起和就业不稳定，缺乏保障，占比分别达60.7%和46.5%。列第四、五位的分别是落户大城市门槛太高和不愿放弃农村宅基地及土地承包权，占比分别为21.7%和18.4%。相比之下，受文化因素的影响较小，如生活习惯、观念差异太大和受城里人歧视缺乏安全感等，占比在6.6%及以下（见图23）。

（三）农民工市民化诉求

据调查，目前受访农民工市民化的诉求主要集中在住房、养老、

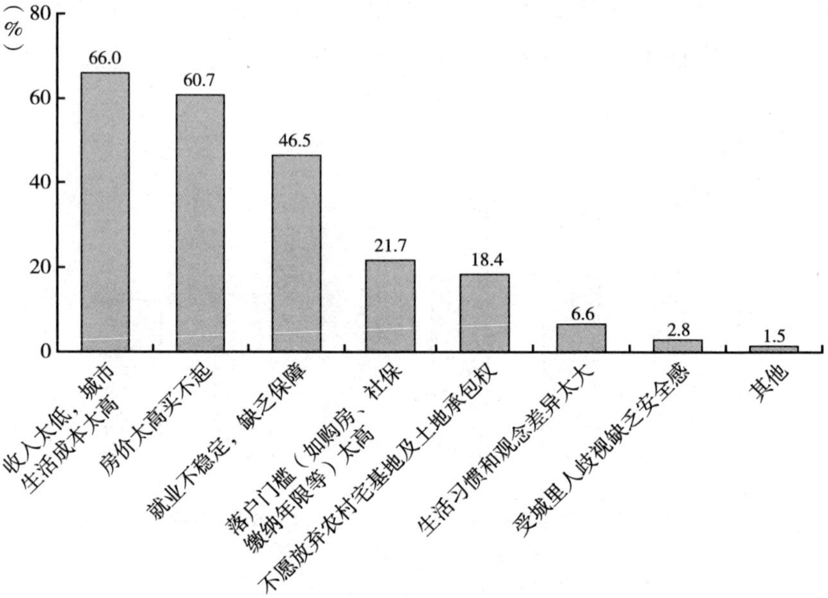

图 23　影响农民工融入城市的主要障碍

子女义务教育三方面，基本住房保障是受访农民工最希望享有的市民化待遇。调查显示，在被问及“您认为受访农民工要享有本地市民同等待遇，目前最急需解决的基本公共服务问题是什么?”，选择居前三位的依次是基本住房保障、基本养老保障和子女义务教育，占比分别为 50. 9%、42. 2% 和 37. 5%。医疗卫生保障、最低生活保障、劳动技能培训和失业保险也受到较多的关注，选择占比在 18. 8% ~ 28. 7%（见图 24）。

完善社会保障制度、为务工人员解除后顾之忧是农民工的两大期盼。在问及受访者“希望省委省政府采取哪些措施或有什么期盼”时，选择“完善社会保障制度，保障劳动者合法权益”“为务工人员解除后顾之忧，提供廉租房和子女受教育的机会”的比例明显较高，分别为 62. 6%、59. 9%。与 2011 年调查结果相比：选择比例排前两位的措施相同（见图 25）。

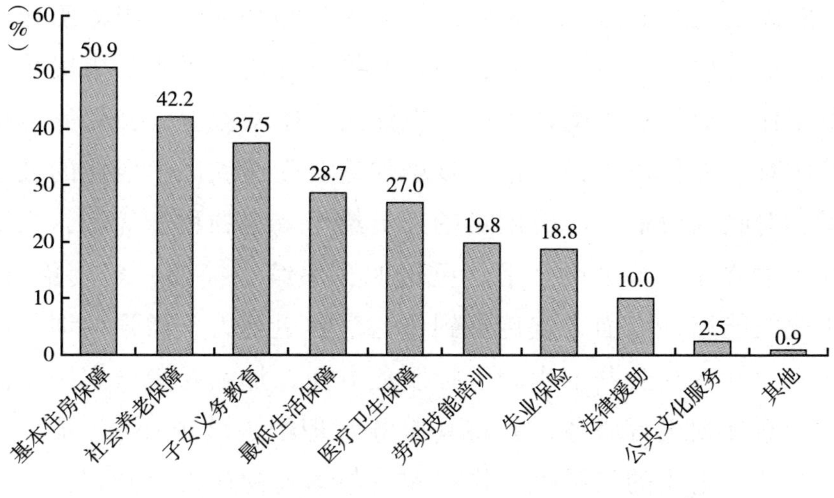

图 24　农民工认为最急需解决的基本公共服务问题

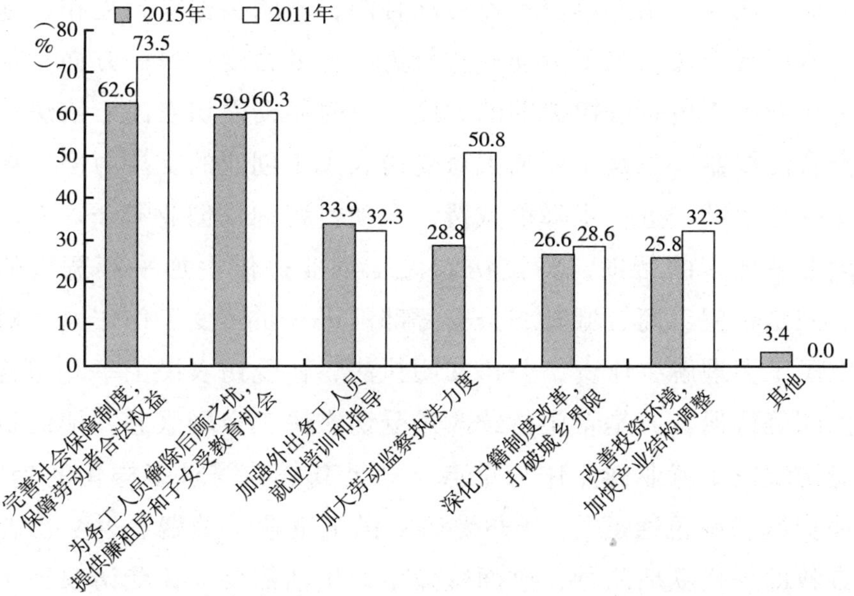

图 25　农民工对政府制定政策措施的期盼

注：选择“其他”的受访者主要表示“提高川内务工工资待遇”“加强招商引资，加快四川经济发展”等。

资料来源：2011 年和 2015 年农民工就业意向调查。

农民工对政府进一步做好其权益保障和基本公共服务工作的意见与建议有以下几点。一是希望切实推进受访农民工的市民化福利保障工作，更加重视受访农民工在住房、子女教育、社保等方面遇到的困难。在住房方面，进一步增加适合受访农民工居住的公租房数量，对收入较低、经济困难的人员给予一定的租金优惠；在随迁子女入学方面，政策更公平、更透明，手续更简便，费用更合理；在职业技能培训方面，宣传更到位，落实更给力，增强培训的针对性和实用性；在公共卫生和医疗服务方面，加强对受访农民工的生殖健康和计划生育服务，并将其服务管理纳入城镇社区、居（村）委会等基层组织的经常性工作，实行与本地常住人口同宣传、同服务、同管理。二是希望进一步加强受访农民工劳动权益保障工作。一方面，加大对用人单位不签劳动合同，不购买保险，克扣、拖欠工资等侵害受访农民工劳动权益行为的查处力度；另一方面，加大对受访农民工免费法律援助的力度，及时帮助受访农民工依法维护自身合法权益。三是希望加大对受访农民工创业的支持力度。切实简化办证手续，进一步降税减费，在项目咨询、创业资金等方面给予创业者更多的帮助，为受访农民工创业提供更加平等宽松的环境。四是希望工商、城管、公安等部门进一步转变工作作风，对受访农民工多理解少斥责，公正文明执法，让受访农民工享受与普通市民同等待遇。五是希望持续改进受访农民工金融服务，把信贷支持受访农民工就业创业作为重点，立足其贷款需求多样化的趋势，开辟贷款“绿色通道”，开办受访农民工就业、消费、返乡创业和困难救助等贷款新品种，全面覆盖生产生活需要，让受访农民工同等享受现代金融发展成果。

B.12

自贡聚居农民城市融入探索和实践

张鸣鸣　曾旭晖　桑晚晴*

摘　要：　城镇化过程中形成了三类农民聚居区，其形成原因、空间形态、经济基础和社会条件各不相同，但都使聚居农民生产生活方式发生重大变化，除广为关注的社会保障、就业等外，市民化过程中行为和心理焦虑问题不容忽视。自贡市妇联以农聚区的重要群体妇女和儿童为主要对象，在三种不同类型的聚居区开展了农民行为和心理市民化支持项目，立足多元化的现实需求，探索了不同的实施机制和路径，以低成本提供精准化的公共产品，缓解了聚居农民行为不适应和心理焦虑问题，加速了聚居农民市民化进程。

关键词：　农民聚居区　“三新”项目　公共产品　社会治理

过去三十多年的城镇化在取得举世瞩目成就的同时，也加剧了城乡分化，其中具有中国特色的、作为过渡形态的农民集中居住区，新旧矛盾叠加，成为城镇化过程中冲突的汇集点和各类秩序重建的重点难点。当前四川农民集中居住区主要有三类：城郊动迁农民安置区、

* 张鸣鸣，四川省社会科学院区域经济研究所副研究员、博士；曾旭晖，四川省社会科学院农村发展研究所副研究员、博士；桑晚晴，四川省社会科学院农村发展研究所。

农村集中聚居区、移民小区。农业转移人口市民化的根本点是要促进农民家庭的城市融入，包括经济融入、社会融入、政治或文化融入、行为或心理融入，以及身份认同等几大方面。而当前农民集中居住区普遍存在的问题是，农民群众的参与意识不强、主动性不够，社会意识淡薄。由于青壮年男性基本上外出务工，社区以妇女为主，而留下来的大部分妇女年龄偏大、文化程度偏低、认知能力不强，难以在短时期内转变观念，真正适应城市生活。妇女是料理家庭的核心，妇女的市民化进程滞后，必然影响到整个家庭的市民化进程。

近年来，自贡市城镇化呈现加速发展的态势。工业产业布局基本成型，新城区的人口聚集效应显著，城镇扩张过程中出现大量的农民聚居小区。自贡市沿滩区工业化和城镇化均起步较早，其发展进程和模式具有一定的典型性和代表性。沿滩新城区自 2005 年规划，2006 年动工，经过十年的建设，建成区面积达 3 平方公里，已集聚人口约 3 万人，其中有集中农转非社区 1 个，征地农转非 0.3775 万人。作为沿滩新城一个典型的农转非社区，板仓社区成立于 2008 年，目前辖区有 4 个居民小区，其中农转非集中安置小区 3 个，商品房小区 1 个。板仓社区处于农村向城市的过渡阶段，社区中大量的失地农民不得不面对生活方式和生产方式的突然转变，心理储备、能力储备、行为储备不足，难以调整和适应新的社会身份，完成农民向市民的转型。

在新村聚居点建设方面，土地流转、增减挂钩、新农村建设、移民新村建设等项目使农村聚居点加速形成。自贡市荣县已有 160 个新村规划点，约有一半规划点开始实施，完成约 1 万套住户建设，相对集中 3 万 ~4 万人。随着农业现代化和新型城镇化的推进，原有村落的散居方式正在改变，农业人口相对集中居住的趋势还将进一步加大。

自贡妇联于 2014 年 3 月启动“新家园、新女性、新生活”项目（以下简称“三新”项目），针对农民集中居住区中的关键群体——

“女新市民和儿童新市民”——提供引导服务，搭建了“党政机关—专家联盟—公益组织—基层妇联”四位一体的发展服务平台，建立了“学习培训—实践体验—引领提升”系统工程，开展“五子、五提升”活动，以提供精准化的微公共产品为手段，加快妇女和儿童市民化过程中的行为适应和心理融入，探索建立了以妇联为中枢的伞形组织架构，创新性地形成了“妇女市民化—家庭城镇化—新型城乡形态”的发展模式。

一 具体做法和成效

在全面推进新型城镇化的进程中，自贡市妇联不断创新社会管理理念和方式，以“女新市民”为切入点，直指新型城镇化过程中最为薄弱的环节，充分发挥妇女在新型城镇化进程中的关键作用。通过创新实施“三新”项目，以引导方式创新社区治理，对妇女进行学习培训、引领提升，带动“农民”转“市民”进程中整个家庭的生活习惯、生活理念等的全面改观，形成妇女引领家庭、以“人的城镇化”助推新型城镇化的机制，取得了良好效果。

（一）围绕“五子”开展丰富多彩的社区（村）活动

针对农业转移人口市民化的新形势，自贡市妇联以“三新”项目为起点，以人的多元化需求为核心，围绕“五子、五提升”开展丰富多彩的社区（村）活动，全面提升“女新市民”综合素质，使其成为新时期社会发展的“新女性”，较好地诠释女性在新型城镇化过程中社会与家庭角色的交融，充分发挥妇女在新型城镇化进程中的独特引领作用，进而助推新型城镇化进程。

1. 换好脑子——提升思想意识

依据新型城镇化发展的新需求，为进一步加快居民融入城市，从根本上改变其原有的思想观念、生活方式和行为习惯，自贡市妇联从不同方面开展“换好脑子”活动，提高妇女在新型城镇化进程中的思想意识，充分调动其积极性和创造性。一是加强宣传，提高妇女在新型城镇化进程中的主体意识。在政策上，由妇联干部深入社区（村）进行宣讲，并编印《幸福新起点》宣传册，全方面传授城市生活技能；同时，有效利用展板、宣传栏等加强宣传引导。二是树立“典型”引导。开展“优秀‘女新市民’寻访活动”，为优秀“女新市民”及家庭提供装修完工即可入住的公租房。三是开展实地考察体验活动，搭建城市融入平台，提升妇女主动参与热情。通过开展“女性艺术作品精品展”、书画摄影讲解、数字化城市生活体验等活动，让居民体验新型城镇化前后生活的巨大变化，为其今后适应城市生活进行思维启迪，使其以新姿态、新形象参与到新型城镇化建设中。

2. 当好学子——提升素质修养

新型城镇化进程中农民转市民面临的一大冲击就是居民的文化素质较低，以家庭为生活重心的妇女更是如此，由此导致妇女思想观念落后，减缓了农业转移人口市民化的进程。基于此，自贡市妇联以妇女素质全面提升为契机，开展相应的“当好学子”活动。一方面，构建妇女需求的“晴雨表”。坚持需求导向，以提高服务针对性和有效性为目标，针对不同女性个性化的需求，自贡市妇联通过成立“幸福紫薇”顾问团，开展对“女新市民”需求情况的专题调查，了解妇女市民化过程中的生活所需。另一方面，根据实际需求开展各类培训讲座，包括文明礼仪培训、美容舞蹈培训与体验、女性健康知识讲座、婚姻家庭维权知识讲座、盐都盐业历史文化知识学习与体验等，引导妇女讲文明、除陋习，建立健康文明的生活方式，同时，以“融入现代城市，拥抱现代生活”为主题对“女新市民”进行培训，破解其在市民化进程中的困难和疑惑，不断培养妇女的学习意识，鼓励引导妇女的学习热情，引导其转变原有的生活理念，从新角度出发思考问题，以尽快融入城市生活。

板仓社区59岁的林姐是思想意识转变较快的代表，林姐本身比较爱好舞蹈，但以前一直与农活打交道，每天没有什么闲暇时间。2011年征地拆迁后，留守妇女集中搬到了社区，不再务农了，闲暇时间也多了，但社区邻里之间缺乏联系，难以组织有意义的活动，她们都无所事事。自从“三新”项目开展以来，林姐开始跟着专门的舞蹈老师进行学习，目前已经是社区坝坝舞的领头人，还会自己编排舞蹈参与比赛，在丰富自己娱乐生活的同时，自身对城镇化的观念也得到了较大的改观，认为城镇化给自己带来了精神上和物质上的双提高。

3. 谋好路子——提升才能技能

新型农村社区建设给居民带来了生产生活方式的转变，根据新形势下的现实需求，自贡市各级妇联组织积极为妇女提供各种暖心服务，为其搭建相应的发展平台，对妇女开展实用技术、就业技能、就业援助等多方面的培训，提供信息、市场、技术等服务。同时，通过第三产业或加工业的发展，帮助妇女实现居家灵活就业，不仅改变了居民原来的生产生活方式，也使其通过就地就近就业相应地增加了致富渠道。自贡妇联组织与妇女学校签订培训合同，根据实际需求做相应的免费专业技能培训，帮助她们实现多层次、多领域的发展，并为通过项目培训结业的妇女推荐工作机会。比如，通过彩灯培训（一个月左右）为妇女提供相应的就业机会，改变了居民原有的农田劳作模式，实现了妇女的再就业；开展美容美发、插花艺术、家政、电脑操作等技能培训，根据地区特色制定居家妇女灵活就业规划；开展就业推荐活动，通过举办“让爱回家，守护成长”援助留守儿童父母返乡就业专场招聘会，对新市民妇女及家庭进行有针对性的就业推荐，推荐就业达2400余人，有效实现了社区居民的转型就业。

板仓社区付女士是2014年搬进社区的，“三新”项目的就业技能培训为其带来了较大的帮助。付女士通过“三新”项目参加彩灯技能培训，培训完后由妇联组织联系相关企业来接收，目前她每天能拿到200元的工资，最多一个月平均能拿到5000~7000元的工资，实现了转型就业，相对于以前，其收入水平、生活水平都得到了较大的提高。“‘三新’项目带给我们实实在在的帮助”，付女士说。

4. 教好孩子——提升家教水平

自贡市妇联组织根据实际需求，以接地气的方式开展家风家教工作，使学校教育和家庭教育有效融合，弥补家庭教育的缺失，促进“城二代”健康成长，充分发挥“孩子牵手母亲，母亲引领家庭”的重要作用。一是举办家庭教育大讲堂，对社区居民开展“留守儿童”“隔代教育”“儿童健康心理教育”等专题讲座培训，增强妇女教好孩子的意识，更多地关注儿童全面健康的发展。二是以“紫薇花家庭微公益”项目为载体，开展儿童素质全面提升活动，联系相关领域专家、老师等，在志愿者的帮助下利用周末针对儿童开展美术学习、课业辅导、漫画学习、健身运动等，组织孩子进行“迎五一”“庆六一”等文艺会演活动，这对“城二代”特别是留守儿童的全面发展起到了重要作用；与此同时，开展“大手牵小手——带着孩子做公益”活动，以家庭为单位组织社区卫生清洁、慰问退伍军人、关爱贫困母亲及留守老人、农村生活垃圾处理等活动，通过孩子带动潜移默化地影响家庭。据社区居民介绍，这些活动的开展，对自家孩子帮助很大，不仅使孩子在绘画、舞蹈等方面得到了较大的提高，还增强了孩子的自觉学习、卫生清洁、安全等意识。

老街子社区的赵文凯、赵文丽两姐弟是留守儿童，爸爸妈妈都远在广东打工。平日里姐弟俩跟爷爷奶奶一起生活，爷爷奶奶文化低，没办法辅导孩子学习，“三新”项目周末的课业辅导、小小志愿者等活动的开展使姐弟俩学会了自觉学习、讲究卫生，性格上也开朗了很多，同时也潜移默化地改变着爷爷奶奶的生活方式。

5. 过好日子——提升生活品质

“三新”项目的开展是以过好日子、实现幸福家庭为最终目标，首先通过各种培训、新生活体验等，倡导居民健康文明的生活方式，针对“女新市民”的需求，开展专业舞蹈、厨艺、插画、服饰搭配等知识讲座，紧跟城市发展步伐，提升居民生活品质；同时更加关注女性健康，开展相关女性健康知识讲座，推动实施“两癌”项目免费检查，向“零”艾滋迈进。其次以开放参与的方式开展各类评比，依托“妇女之家”开展“最美家庭”“星级文明户”“最美阳台”等评比活动，并组织社区居民对参评优秀家庭进行参观学习，起到了较强的激励引导作用。再次孵化各类自愿合作组织，培养居民互帮互助意识，像组建巾帼志愿者队伍、大学生自愿服务组织等，提高了居民参与社会管理意识，推动了项目活动的开展和运行。

（二）创新项目活动组织团体

自贡市妇联在实施“三新”项目时不断创新项目活动组织团体，创造了富有特色的工作载体和方法，并有效发挥了“联”字效用，聚焦为妇女和家庭服务的专业组织、社会公益力量及与女性、家庭相关的社会组织，不断获得有利于妇联组织工作的各类资源，充分发挥妇联组织、群团组织的职能作用，积极构建内外资源有效整合、各方力量联手推动的社会参与机制。

1. 以各级妇联为主体

自贡市“三新”项目的开展以各级妇联为主体，凭借其较强活动组织团体，以已有的妇联组织网络为基础，在广度上不断实现社区（村）妇联组织的全面覆盖，在深度上也不断创新基层妇联组织存在的形式和状态。一方面不断地向下延伸，加强社区（村）妇联组织干部队伍建设，选取具有较强社区（村）影响力的优秀妇女加入妇联干部中，把基层妇女人才有效转化为妇联基层工作优势资源，利用其较强的群众工作能力，有效解决沟通、联系、服务妇女“最后一公里”难题。另一方面不断地向外延伸，把社区（村）妇女组织向公益组织、妇女学校等网格延伸，有效聚集巾帼自愿组织、大学生自愿团队及妇女学校培训资源，充分发挥妇联组织枢纽作用，同时不断加强与城乡社区（村）妇女社会组织的交流，有效推动了妇联“三新”项目健康有序开展。

2. 以各类项目为载体

作为服务型妇联组织，其社会管理项目的开展更加注重时效性，这就要求妇联组织活动必须选准载体，不仅要深入了解妇女在市民化过程中的需求，从妇女最关心、最现实的问题着手，并用相关的实际活动来吸引居民，以夯实群众基础，同时，还要搭建居民参与平台，为妇女、家庭及儿童提供多方位的服务。自贡市妇联“三新”项目开展很好地诠释了这一优势，“三新”项目开展以“紫薇花家庭微公益”项目、妇女居家就业项目为载体，取得了良好的效果。“紫薇花家庭微公益”项目在全国开创了“全家总动员”的志愿服务模式，“三新”项目有效利用这一平台，组织开展公益帮扶活动，并通过“紫薇花家庭微公益”平台孵化、集聚社会公益组织，同时进一步加入了外力导入，推动了项目社区志愿服务的开展，为“三新”项目的开展铺垫了基础。

自贡市妇联“三新”项目的开展更加重视“妇女品牌”，通过“幸福紫薇”顾问团调查的“女新市民”需求“晴雨表”，不断挖掘妇女最迫切需求，以妇女居家就业项目为载体，对妇女开展实用技术技能培训，并为其提供相关的市场、技术、就业等信息服务，真正使妇女实现了增收顾家两不误。

3. 以群团组织社会服务中心为枢纽

群团组织作为党的群众工作组织，能最大化地整合各方资源，集聚各界力量，创新提升社会治理水平和服务社区（村）居民的能力。自贡市妇联基于此，在市委的领导下，结合“三新”项目的开展，积极探索在“新市民”聚集区群团组织社会服务中心的有效运作机制，充分发挥社区“大群团”格局优势和群团组织联系服务群众枢纽作用。

以便民为宗旨，搭建服务平台。在社区设立群团服务中心窗口，并以“八个有”为标准进行规范化组建工作，使其工作服务更贴近实际、贴近生活、贴近群众。探索突破行政化的局限，积极推进职能社会化、基地系统化、服务项目化转型，针对实际情况进行专项化服务，如在以“老市民”为主的老街子社区开展以“紫薇花家庭微公益”项目为特色的服务；在以“农转非”“新市民”为主的板仓社区开展了以“三新”项目为特色的服务；等等。

以孵化女性社会服务组织为途径，扩展项目活动载体。积极引导现有女性社会组织承接服务社会项目，承接“春蕾计划”“做留守儿童的爱心妈妈”等项目。同时自贡市妇联重点培育发展公益慈善类、城乡社区服务类等社会组织来承接公共事务，推进社会组织有序参与社会管理，为今后相关活动的开展提供了载体。其孵化培育的“自贡市紫薇家园社会服务中心”承接了市妇联“紫薇花”家庭公益项目；孵化的“四川爱满家家庭教育服务中心”承接了市妇联“幸福成长爱满家”家庭教育项目，取得了较好的社会效益。

以建设“枢纽型”妇联组织为重点，创新项目活动体系。群团社会组织的发展为妇联组织“枢纽”体系的建设搭建了良好的平台，能有效集聚政府、市场及社会服务等能量，汇集社会、企业、信息等多种资源，并创新搭建“妇工 + 社工 + 义工”的社区（村）项目服务体系，将妇联组织发展成强有力的磁力场。

二　主要经验

2014 年“三新”项目实施以来，自贡市各级妇联组织创造性地开展工作，依据妇联自身工作特色积极探索、不断创新，在参与社会治理方面呈现了不少工作亮点，使得“三新”项目取得了十分明显的成效，并形成了一系列行之有效的做法，开启了一条以满足妇女需求为导向，以“三新”项目发展为平台，以资源整合、服务对接为手段，以组织机制建设为保障的妇联创新参与社会管理的新路子。

（一）宣传动员和人员培训

1. 充分利用妇联较强的组织动员优势

妇联在参与社会管理方面具有不可替代的地位和作用，并在长期的实践工作中，形成了自身独特的优势。首先，妇联具有较强的组织体系。在“三新”项目开展过程中，自贡市妇联充分利用覆盖到县、乡、社区（村）庞大的妇联组织体系，使得妇联组织的触角可以深入每个家庭。其次，妇联具有较强的前期群众基础。妇联作为一个群众团体，直接与居民打交道，在参与社会管理和公共服务时，以妇女儿童现实需求为出发点和落脚点，维护妇女儿童的合法权益，关心妇女、留守儿童的工作生活，协调推动社会各界为妇女儿童办实事，使妇联具有其他组织无可比拟的群众基础。最后，妇联具有较强的群众工作经验。基层妇联工作是一个系统繁杂的社会工作网络，涉及居民生活的方方面面，妇联在化解社会矛盾、协调社会关系时积累了丰富的实践经验，对妇女的情况比较了解，建立了比较灵活的工作机制。这些都为妇联组织“三新”项目奠定了扎实的工作基础，对呼吁居民参与项目具有较强的号召力。

2. 较强的社区内部人员参与机制

在“三新”项目的开展建设中，自贡妇联根据实际情况不断创新工作机制，积极探索实践社区内部人员参与机制，在社区（村）选取居民心中比较有威望、有能力的人作为妇联干部参与项目开展，最大化了社区妇女参与优势；同时，鼓励引导社区内部有特长、有能力的妇女带动项目活动开展，使相关妇女活动能持续性推进。这些工作机制有效提高了妇女的参与能力，并有效重构和强化了公共社会中的熟人社会秩序，提高了社区凝聚力，激发了妇女主动参与项目的热情，取得了较好的成效。

板仓社区妇联徐副主任本身为社区的一员，是通过社区居民选举推荐的妇女干部，在社区居民心中比较有能力、信任度较高，她的参与为“三新”项目的开展注入了强劲的活力，能较好地与社区居民打成一片，动员社区居民参与项目。

（二）整合多种资源推进项目实施

1. 有效整合党政资源

十八届三中全会明确要“健全留守儿童、妇女、老年人关爱服务体系”，习近平总书记在与全国妇联新一届领导班子座谈时做出重要指示，要真正把妇联建设成为可信赖依靠的“妇女之家”。这些都是妇联较强的政治后盾，自贡市妇联很好地利用这一优势，积极争取省妇联资金支持，在“三新”项目的开展中加强与相关部门的联系，主动融入、承接涉及妇女儿童的公共服务项目，重点针对妇女转型就业、城镇化融入、留守儿童保护、弱势群体帮扶等向党委政府建言献策，以争取更多公共政策和公共资源；为“三新”项目的开展集聚党委政府人力、物力及相关的资金资源，发挥好桥梁纽带作用，将“三新”项目有效转化为广大妇女的实际行动。

2. 充分挖掘非政府组织、社区自治组织潜力

基层社会工作的有序开展仅靠单一的社会工作组织很难保证有序稳定的发展，自贡市妇联在“三新”项目开展中不断探索基层服务的创新和改革，以“结对共建”等方式，为“三新”项目发展争取资金、物质、人才等资源支持，充分利用妇联工作的多触角特色，特别是以弱势群体妇女儿童作为工作的重点，积极整合社会各方资源，吸引市场资金、吸纳社会组织参与，以专业化、多元化、项目化服务妇女儿童，逐步提高妇联组织项目的社会影响力。自贡市妇联通过“紫薇花家庭微公益”项目积极整合各类社会力量，与市灵犀义工联合会签订公益合作协议，与自贡市第三人民医院等5家爱心商家和单位建立常态志愿服务模式；同时，积极争取相关领域的力量，在周末为儿童开展美术、漫画、舞蹈等素质提升活动，并以巾帼志愿者服务团队为载体吸引社区志愿者、大学生志愿者团队定期为社区服务，充分调动了各社会组织的主观能动性。自贡妇联组织在项目开展中还与相关企业进行对接合作，对妇女进行烹饪技能培训、就业培训接收等。

（三）项目选择以居民需求为主体

1. 做好项目需求调查

“三新”项目改变以往的居民项目被动接收模式，以居民实际需求为出发点，在项目开展初期做好居民调查工作，通过社区妇女干

部、社区妇女带头人、“幸福紫薇”顾问团等逐户进行走访调研，广泛了解妇女的发展意愿、生活难题和亟须妇联组织提供帮助的事情，并对调研情况进行分类梳理，根据大多数居民需求设计项目活动，使项目更加贴合居民需求，使妇女乐于参与其中、能够受益，同时将项目的开展与社区志愿者团队有效结合，根据地区实际情况，有重点地开展相关活动。

2. 开展多样化活动

“三新”项目成功开展的一大特色就是没有拿一整套体系运用到全部社区，而是充分考虑了社区形成的差异化、社区内部居民情况的不同，针对不同社区，以“突出差异化、增强针对性、提高时效性”为特点，因地制宜地采取多种形式开展切合群众意愿的项目活动。像城郊集中区都是“农转非”居民，面临着非农转型就业、文化满足、“城二代”教育等问题，“三新”项目针对这类社区以妇女技能培训、城市文化培训、儿童素质提升等活动为重点；而对移民区关注更多的是社区融入问题，搬迁居民因不同的社会文化、不同的生活习俗，难免存在前期磨合，“三新”项目则更多的是丰富社区文化生活，加强居民之间的互动和交流，促进居民身份认同；针对新农村则以村容村貌整改、农业发展为主题开展项目活动。就目前来看，这些活动的开展都取得了实实在在的成效，得到了居民的喜爱和支持。

（四）创新项目资源整合

自贡市妇联针对“三新”项目发展不断整合妇联内部资源，将妇女发展、教育培训及儿童全面发展等方面的资源整合起来，创新做大做强“三新”项目。

1. 围绕“紫薇花家庭微公益”项目开展各种公益活动

“紫薇花家庭微公益”项目是以家庭为单位参与志愿服务的公益服务活动项目，采取全家总动员的志愿服务模式，推动了社会管理机制的创新。“三新”项目在开展的过程中积极整合内部资源，注重用活内部项目条块资源，以“紫薇花家庭微公益”项目为载体，充分利用其组织力量开展各种公益活动。“紫薇花家庭微公益”项目自组织成立以来，不断地扩展其外延力量，发展孵化公益组织，同时，不断创新社区志愿者服务模式，开创形成“五助五坊”“每天志愿服务”等社区志愿服务模式，“三新”项目以这些组织为载体，开展慰问空巢老人、孤寡老人帮扶、社区环境美化、社区义诊等活动。

2. 有效整合妇女居家灵活就业培训项目

随着新型城镇化进程的加快，失地妇女如何实现转型就业，这是急需关注的问题。“三新”项目在关注进城妇女的发展过程中，针对妇女现实需求将“三新”项目活动开展与妇女居家灵活就业培训项目进行了有效结合，充分利用地区资源特色对妇女进行就业技能培训，为妇女今后的发展谋好路子。

3. 以留守儿童为切入点创新项目整合

“三新”项目的发展是为了更好地推动新型城镇化进程，但从另一个角度来看，“三新”项目为解决留守儿童问题开辟了新路子。“三新”项目针对新农村社区留守儿童、留守老人居多，留守儿童在学习、安全等方面的意识缺乏，相应地开展儿童素质提升、学习辅导、心理教育等活动，让留守儿童融入社区大环境中，通过项目开展对留守儿童给予关怀和照顾，在一定程度上弥补了留守儿童家庭中情感交流、教育辅导、安全保护等方面的缺失，同时填充了创新留守儿童社会治理的空白，为其他地区提供了较好的经验借鉴。

（五）组织工作上形成项目保障体系

1. 组织保障

“三新”项目成功实施的一大重要保障就是妇联组织拥有较强的组织网络体系，依据当前新形势、新任务的需求，不断推进各领域妇联组织建设，从市、县、区再到社区（村）都具有健全的妇联组织，同时还有社区妇女带头参与，基本形成了“哪里有妇女哪里就有妇女组织”的组织网络。同时作为社会关注度较高的妇女儿童群体，面对其需求相关部门都会给予高度的支持和帮助，例如“三新”项目涉及的妇女就业、儿童教育、民生改善，得到了就业局、民政局、教育部门等在人力、物力等资源上的大力支持，使得“三新”项目的开展具有较强的组织后盾。

2. 物质保障

自贡市妇联积极争取省妇联支持，在项目发展的过程中强化物质保障力度，确保了项目的顺利推进。为有效利用项目发展资金，提高资金使用效率，其对“三新”项目开展的活动分类型、分批次、有重点地推进，并及时增加后续资金，以落实解决后续项目资金问题，确保项目的可持续发展；与此同时，将此项目作为新型城镇化过程中重要的民生工程来推进，做好农民在新型城镇化过程中的引导性服务，为农民转市民做好良好的前期心理储备。

3. 机制保障

“三新”项目在推进的过程中，通过“紫薇花家庭微公益”项目、群团组织、巾帼志愿者团队等形成相对完善的机制体系，为项目顺利开展提供了保障。与此同时，“三新”项目为新型城镇化的推进建立起了良好的引导服务机制，站在以人为本的理念下，新型城镇化的快速推进还面临着较多的问题，其中需要引起重视的是城镇化进程中农民转市民的价值观的塑造，让农民在进城前不管是心理上、生活方式（理念）转变上都有一个前期过渡准备。“三新”项目的开展恰好扮演了这一角色，通过妇联组织就农民转型就业、心理适应、生活方式转变、“城二代”儿童教育等进行前期针对性的辅导和培训，为农民更好更快地融入城市，尽快适应市民身份搭建了良好的平台。

4. 人员保障

就目前来看，“三新”项目还没有形成专门的组织人员队伍，但妇联很好地利用其资源集聚优势，人员配置上有效整合相关部门人员、社会组织、社区内部人员等，组织建设以妇女群体为主的女性社团组织，扩展出“党委政府—妇联组织—女性社会服务组织—妇女个体”的新型工作模式，成为“三新”项目发展运作的重要人员力量，在活动前期宣传、组织、开展中发挥了巨大的组织优势，取得了良好的效果。但基于今后项目发展的需要，妇联组织将配备相应的队伍，在每个区（县）设立分队，专门组织“三新”项目的开展，增强“三新”项目妇女干部的力量配置，使“三新”项目的影响力进一步扩展。

三　自贡实践的基本特征

（一）价值取向特征：三个引领

一是“以人为核心”引领整体设计。新型城镇化是当前一个时期党政关注、社会关心的热点。“人的城镇化”更是涉及“城镇化”快速、健康、有序推进的关键。在当前农民集中居住区建设中，基础设施、公共服务和社会管理都已经有较为完善的体系，但居住其中的居民存在生活方式和生产方式的巨变，心理重塑和心理适应都十分困难，集中居住后往往存在一定程度的焦虑和恐慌。“三新”项目以问题为导向，切中新型城镇化过程中新市民最为突出的问题，也是最为薄弱的环节，直指社会经济发展中的核心问题，目标和思路明确。

二是以“妇女城镇化”引领项目建设。在农民集中居住区中，通常男性在外务工，妇女往往是一个家庭的中心。城镇化的关键就在于妇女和儿童，而“妇女城镇化”程度较大程度上决定了“家庭城镇化”程度。“三新”项目通过引导服务“新市民”中的关键群体——“女新市民”，持续提升她们的综合素质，使其“思维、能力、行为”更适应城市生活，从而带动家庭更快地“城市化”，有序推进农村转移人口“市民化”。一方面促进“女新市民”综合素质提升，使其思想观念和行为习惯得到较大改变；另一方面促进“女新市民”带领其家庭素质提升，使其家庭成员更加适应城市生活。

三是以“社区意识再造”引领妇女发展。农民集中居住区不仅仅是空间上的集中，更是对原有村庄社会关系的重组，改变了农民原有的社会交往方式。在征地拆迁或新村建设中陆续搬入集中居住区的农户，从一个熟人社会进入了相对陌生的居住环境，相互之间缺少沟通和协商，容易引发各种矛盾。社区共同体基础薄弱，社区公共意识不强，导致一些小事无法解决，凡事都去找政府。“三新”项目重在培养社区热心居民，带动志愿者组织，鼓励公益活动，逐步转变失地农民的思想观念和行为习惯，为社区居民的交流和沟通提供了平台。公共空间的培育重构和强化了社区凝聚力和社区共同体，重塑社会秩序、构建和谐的社会关系，提升了社区居民城市生活的能力和幸福感。

（二）项目内容特征：精准化微公共产品

城镇化融合经济、社会、文化、生态等多目标，从“以人为核心”角度考察，当前人的需求正在从生存阶段向归属阶段和成长阶段跨越，即从一般性向个性化转变。除具有显著的非竞争性和非排他性的公共产品特征外，“三新”项目的诸多内容还呈现小微型、开放式、创新化特征，满足当前发展阶段的现实需要。

一是小微型公共产品。集中居住后农民生产生活发生巨大变化，大规模的公共产品如道路、通信、给排水以及社区管理（包括物业管理）往往由政府和市场提供，而一些小微型公共产品则由于主体的缺失难以有效供给。“三新”项目积极挖掘集中居住区居民的公共需求，着力于小微型公共产品的供给，填补了供给空白。如注重提升居民心理融入和行为融入能力，组织妇女参观城市管理监测站，让其直观感受并主动遵守城市交通规则；组织妇女儿童参观自贡恐龙博物馆，开阔眼界和了解城市历史文化的同时，增强其城市归属感和文化自信心；组织各种礼仪培训，让妇女首先从外形和行为上融入城市。对于经济基础普遍薄弱、城市适应能力严重不足的农村妇女儿童来说，这类小微型公共产品凸显了特色服务，所产生的价值十分显著。

二是开放型供给方式。公共产品有一定的范围和边界，而自贡市妇联“三新”项目中的大部分内容都是以农民集中居住所在社区为核心，但不排斥其他居民参与，其开放性特征拓展了居民之间的交流和沟通，加速了社区新秩序的建立。荣县双石镇长冲村为小金沟水库移民新村，是“三新”项目点，但是大多数项目活动中既有移民新村居民，也有与之相邻的村社妇女和儿童，通过儿童舞蹈培训、妇女居家灵活就业等项目，长冲村妇女在短期内与当地居民认识、交流，迁移到陌生地方的焦虑感和孤立感大幅减少，有利于新社区的秩序重塑和移民聚集区的稳定发展。

三是创新型产品项目。“三新”项目秉承“以人为核心”的发展理念，不囿于传统公共产品供给项目，充分听取项目点居民意见和需求，同时吸收借鉴其他成功经验，不断创新项目内容。例如在农转非社区开展妇女护肤和着装讲座，建立妇女志愿者服务队；在新型农村社区开展妇女孕期保健和产后恢复项目；在有条件的社区开展儿童漫画培训，引导妇女树立现代儿童教育理念；等等。

（三）组织特征：伞形架构

一是建立“枢纽型”妇联组织。在“三新”项目实施过程中，自贡市妇联主动实现转型发展，适应新时期基层社区治理的需要。通过“枢纽型”组织体系的建设，妇女基层组织成为新时期服务社会转型发展的重要力量；借助“网格化”数字管理平台，丰富拓展基层社区“妇女之家”的功能，建立巾帼网格联络员的组织机制，从而更有效地为社区妇女及群众提供多元化、个性化、精细化服务。“枢纽型”组织将妇联传统的纵向型组织结构向横向联合的组织结构发展，在参与社会管理与公共服务中发挥更多、更大的作用。这也在“三新”项目中得到充分的体现。

二是积极培育孵化女性社会组织。培育发展公益慈善类、城乡社区服务类社会组织，通过购买服务方式来扶持社会组织的发展壮大。同时，加强对社会组织的引导，把其作为推进社会管理创新、调动群众力量参与社会管理的重要路径。比如，以村、社区公益服务为主要服务范围的“自贡市紫薇家园社会服务中心”，已成为开展实施“三新”项目的一个重要载体。

三是引导现有女性社会组织参与公益活动。积极引导现有女性社会组织承接服务社会项目。比如市女企业家协会建立了“关爱贫困母亲和儿童专项资金”，承接了“春蕾计划”“暖冬行动·母亲年包”“做留守儿童的爱心妈妈”等项目。市女摄影家协会结合协会特色参与“三新”项目，带领板仓社区的妇女参观庆“三八”女性书画摄影作品展，为她们进行义务讲解，引导其欣赏艺术作品。

（四）机制特征：新型群团组织资源配置机制

为加快推进妇联组织转型发展，自贡市妇联借助“三新”项目的实施，推动妇联工作在体制机制上的创新。

一是整合资源，建立工作联动机制。妇联创新社会管理方式，依托“三新”项目在板仓社区进行群团服务中心试点，并把“群团组织服务中心”和“紫薇花家庭微公益”项目结合起来，形成工作联动，有效解决服务群众“最后一公里”的问题。

二是创新社区志愿服务模式。成立社区志愿服务站，通过“紫薇花家庭微公益”项目，开展家庭志愿微公益助老、助幼、环保、防艾、家庭教育等各类子项目。创新“五助五坊”“每天志愿服务”“全家总动员”等不同的社区志愿服务模式。

（五）成效特征：低成本、造血式、普适性

一是利用现有资源，实现低成本项目运作。“三新”项目经费总量并不多，而社区的需求很大，要做的事很多。自贡市妇联通过充分利用现有资源，实现了花小钱办大事的目的。其利用基层妇联的组织工作关系，直接指导和参与社区的活动；利用市妇联的公共关系，联系外部资源，包括培训专家团队、培训学校及志愿者支队等，把外部资源同基层社区的具体需求对接，提高了工作效率。项目运作注重发掘本地资源，注重积极分子培养和社区组织搭建，随着社区组织和人员的成熟，项目便逐步退出。

二是激发社会活力，内部“造血”与外部“输血”紧密结合。“三新”项目着力加强与社会组织的联系，将符合群众需求的项目纳入中心项目服务库。其注重孵化“社区社会组织”，从而“内部造血”，通过“社区公益坊”，在社区孵化“社会组织”，如社区家教组、社区助老组、社区环保组，引导群众参与社区自治管理，形成了“互助益大家”的社区志愿服务氛围；通过与社会公益组织合作，充分发挥各种社会组织对城镇化重点区域妇女的不同引导帮扶作用，通过对“女新市民”培训赋能，培养合作互利意识、自我管理和自我发展能力，以社会公益力量引导妇女传播正能量，在生活、生产等方面互相帮助。

三是形成可复制和普适性运作模式。“三新”项目通过组织各种

行之有效的社会活动，把原来分散隔离的社区居民联系起来，特别是以妇女活动为切入点，把社区意识、参与意识、公共精神等城市生活理念带进了农民集中居住区。这一模式同样适用于进城农民工居住比较集中的小区，农民工及其随迁家属的市民化同样是一个迫切的课题。这一模式也适用于城市公租房小区，作为城市中低收入者在城市立足的过渡性社区，公租房小区里的居民面对相似的问题，相互之间缺乏了解，公共意识不足。“三新”项目的设计理念和运作方式同样有助于改善公租房小区的社会治理。

四　基本结论和思考

新型城镇化以农民身份和生产生活方式转变为载体，通过体制机制创新，调动人对城镇发展的积极性，实现经济效率和社会进步，进而达到人的全面发展这一终极目标。基本国情和特殊的制度安排使我国在快速城镇化过程中形成了大量的各种类型的农民集中居住区，土地征收（增减挂钩等）过程中的冲突和纠纷、家庭财产的损失、对人为组织集中居住的不满、城市融入的不适应、生活完全商品化的开支激增、农业生产的不方便、就业机会的相对不足、公共服务的不健全、社会关系网络被打破，一系列新旧矛盾叠加在一起，使农民集中居住区成为利益矛盾的交汇点和社会价值重塑的聚焦点。在这一平台上开展以“人的城镇化”为核心的“三新”项目无疑具有重要意义。

从公共产品有效供给的视角出发，“三新”项目在农民集中居住区提供微公共产品，推动了低成本、精准化的高效供给，填补了政府供给基础型公共服务和市场供给商品服务之间的空白，调整了社区关系，重塑了社区秩序，在城镇化推进过程中最困难、最重要的领域里实现了重大突破。

从现代治理体系的视角出发，规范国家治理能力的同时，培育社会组织激发社会活力已经成为社会共识和发展取向，作为城乡之间的新型社会形态，更需要在依法治理的基础上探索和创新社会治理模式，以对农民集中居住区进行有效治理。自贡妇联通过“三新”项目实现主动转型，传统的纵向型组织结构向横向联合的组织结构发展，成为转型期社会管理与公共服务的“枢纽型”组织。

从四川特殊的城镇化路径出发，农民外出务工是四川推进新型城镇化的特殊困难，“留守儿童、留守妇女、留守老人”现象短期内难以根本扭转，作为家庭的中流砥柱，妇女的城市适应和融入显得尤为重要。“三新”项目抓住了问题的关键，以妇女为切入点，创新性地走出了一条“妇女市民化—家庭城镇化—新型城镇形态”的发展路径。

B.13

产业转型中的特色小城镇发展

——以攀枝花市盐边县红格镇为例

王　生*

摘　要：　四川的城镇化发展到今天，形成了很多具有产业特色、达到一定规模、承载大城市某些辅助功能的小城镇。这些小城镇的发展逐渐面临大城市转型升级、自身产业发展趋势与整体功能定位之间的不适应、不平衡的问题。如何在所处发展环境转变带来的机遇和挑战之间进行选择，事关这些小城镇的持续发展。攀枝花市盐边县红格镇城镇化发展过程中面临的产业发展的定位与平衡，就是一个典型例证。本文通过对红格镇城镇化发展模式、经验、问题的梳理，对具有特色的小城镇在产业评估、管理体制创新和镇级金融体系创新方面尝试给出了一些可供小城镇发展借鉴的建议。

关键词：　特色小城镇　产业转型　红格镇

四川的小城镇发展到今天，形成了很多具有自身的产业特色、达到一定发展规模、承载着周边大城市的某些辅助功能的小城镇。这些

* 王生，四川省社会科学院政治学研究所助理研究员，主要研究方向为行政管理与公共政策。

小城镇的发展逐渐面临大城市转型升级、自身产业发展趋势与整体功能定位之间的不适应、不平衡的问题。如何在所处发展环境转变带来的机遇和挑战之间进行选择，事关这些小城镇的持续发展，成为当前和今后较长时期内小城镇建设不可避免的战略性挑战，值得关注。

一 红格镇的区域发展环境：转型是大势所趋

四川省攀枝花市是全国唯一以花名命名的地级市，位于中国西南川、滇交界处，北距成都749公里，南至昆明351公里，西连丽江，东接昭通，是四川通往华南、东南亚沿边、沿海口岸的最近点，为“南方丝绸之路”上重要的交通枢纽和商贸物资集散地。攀枝花面积7440平方公里，人口大约123万，城市人口占60.1%，是成渝地区城镇化率仅次于成都的城市。2014年的人均地区生产总值达70646元，位居全省第一位。

攀枝花是中国四大铁矿产地之一，钛保有储量占中国的93%，居世界第一；钒保有储量占全国的63%，居中国第一、世界第三，被誉为“中国钒钛之都”，是“国家首批新型工业产业化基地”。攀枝花原来的发展道路是典型的重工业城市，曾因“百里钢城”闻名，一度“跻身”全国十大污染城市之列。近年来，在四川省打造“攀西阳光生态度假旅游区”的整体战略下，攀枝花市积极应对经济“新常态”，推动产业结构调整，依托充沛的阳光、果蔬等得天独厚的自然资源，提出了打造“中国阳光康养旅游城市”的发展战略，重点发展阳光康养旅游产业，开始走向绿色持续发展道路。盐边县作为攀枝花市的副中心城市，是其工业、旅游业、生态农业的重要保障区域，而红格镇则是盐边县钒钛磁铁矿工业开发利用的后勤保障基地和整个攀枝花阳光生态康养旅游的代表镇。在攀枝花转型发展的大背景下，红格镇如何调整、适应、定位和融入，如何把发展之路走好、走稳，如何把产业做大、做强，需要对未来趋势和自身特点进行审慎判断，科学决策，走出一条新路。

二　红格镇的城镇化发展结果：特色鲜明的小城镇逐渐形成

（一）基本情况

红格镇位于攀枝花市盐边县城东南部，全镇辖区面积160.23平方公里，辖一个居委会，4个行政村，21个村民小组。2014年全镇总人口14809人，完成国内生产总值99696万元，城镇居民人均可支配收入24743.6元，农民人均收入10324元。红格镇对外交通便捷，距市中心约32公里，省道S310线贯穿全境，矿产、土地、光热、温泉等资源丰富。2014年红格温泉旅游度假区成功打造成为“省级旅游度假区”，成为盐边县旅游产业的一块金字招牌，成功承办了全国钒钛磁铁产业博览会、中国首届康养论坛、全国山地城市发展论坛等大型会议，年接待游客近百万人次。目前，红格镇已发展成为集“温泉洗浴、运动休闲、农家体验、会议接待、旅游观光、生态农业”为一体的阳光温泉休闲度假旅游区，是攀枝花市发展旅游经济的一个重要窗口，2013～2014年度成为四川省“百镇建设试点行动”所支持的重点镇。

（二）科学的规划编制与实施

任何城镇科学化发展的前提都是规划编制和实施。2011年，盐边县委托深圳建筑科学研究院有限公司编制了《盐边县红格镇总体规划》和《盐边县红格镇控制性详细规划》。2013年，红格镇被纳入四川省百镇建设试点镇后，盐边县委托四川省城乡规划设计研究院修编了《盐边县红格镇总体规划（2013～2030）》，并通过省住建厅组织的专家评审。2014年初，红格镇完成了《盐边县红格镇控制性详细规划》，实现了控制性详细规划对中短期建设的全覆盖。规划实施过程中，红格镇严格遵守“三证一书”制度，所有项目均按规定办理“三证一书”，具备完整的资料，形成了较为科学的规划实施体系，为城镇将来的长远发展打下了坚实的基础。

（三）高质量的公共服务与配套设施建设

要想实现“人的城镇化”这一长远目标，城镇的公共服务和配套设施成为最重要的支持资源。我们考察发现：教育设施方面，红格镇在充足的财力保障下，幼儿园、小学、中学的所有设施设备均按省定标准进行配置，能很好地满足其义务教育阶段的教育设施需求；医疗卫生设施方面，红格镇有一家二级乙等医院，一家一级甲等卫生院，医护人员充足、医疗设备齐全，能较强地满足当地居民医疗服务需求和各类游客的健康保健需求；文化体育设施方面，红格镇综合文化站、多功能会议室、数字电影放映厅、农家书屋、居委会远程教育设备、“村村响”设备、文化信息资源共享室、信息网络传输和数字化服务设备应有尽有，对于外来游客流入频繁的小城镇而言，这样的文化资源配置能够充分地满足当地群众对外交往、开阔视野、提升技能的各种需要，无疑是红格城镇化建设的重要“软实力”象征；商业、金融服务设施方面，红格镇上有攀枝花市农村商业银行、中国工商银行、中国农业银行、邮政储蓄银行各1家，对于一个距离县城和市区几十公里、常住人口只有近2000人的小城镇来讲，这样的金融网点分布是难能可贵的，随着其旅游产业的不断发展壮大，其金融资本城乡融通的价值作用不可低估。

（四）完善的市政公用设施建设

一个小城镇的市政公用设施建设，是其区域内经济社会协调发展和要素潜力充分发挥的重要前提和基础。红格镇的产业特色很明显，发展起步也很早，经济社会效益明显，市政公用设施基本上是按照比较成熟的城镇化发展模式来布局，其服务和承载能力与其较长时期内的发展水平基本匹配。我们考察发现，红格在城镇道路建设及硬化、供水设施建设、燃气及清洁能源使用、电力设施、电信设施、邮政设施、广电设施、消防设施、防洪排涝设施等诸多方面，都是结合自身实际需求，高质量地规划和建设。总体来看，红格镇的市政公用设施建设是比较齐全的，与其较高的城镇化发展水平是相适应的，能高质量地保障当地群众甚至外来游客的生产生活需要。

（五）大胆创新城镇管理体制机制

按照《国家新型城镇化规划（2014～2020）》和国家发改委等11部委《关于开展国家新型城镇化综合试点工作的通知》要求，盐边县积极推动“扩权强镇”试点，创新小城镇行政管理体制，以红格镇为试点，制订了试点工作方案，大胆探索乡镇管理综合改革，在红格镇设立便民服务中心，将涉农职能部门的部分权力下放到镇政府，有效扩大了红格镇对涉农事务的管理权限，极大地提高了基层政府的群众凝聚力。盐边县深入研究，结合实际，制定和出台了《渔门镇和红格镇开展强化乡（镇）管理职能试点工作的实施意见》，在红格镇开展了集中行政处罚试点，成立科级红格综合执法大队，探索解决执法主体缺失、权力交叉、程序失范、责任不明、多头执法等问题；积极完善旅游管理制度和措施，加强对市政基础设施、房屋建设、市场经营的监督管理；允许失地农民先行先试，通过土地入股，组建商贸流通、综合管理、服务业模式的农村集体经济组织，促进失地农民就业、增收；将红格旅游度假区的日常工作与红格镇辖区工作有机结合，加大资源整合，做到开发区管理工作与乡镇工作一盘棋，小城镇建设和旅游开发共同推进。

三　红格镇城镇化发展的支持方式：组织推动 + 政策红利 + 配套跟进

（一）组织推动

盐边县委、县政府成立了红格镇“百镇建设试点行动”领导小组，在红格镇政府设立领导小组办公室，将红格镇重点镇建设项目纳入全县急难险重任务，并作为相关部门工作目标考核的重要内容；同时，抽调住建、规建、执法、工商、国土、交通等部门人员组成红格镇综合执法大队，加强红格镇规划建设和城乡环境的管理。

（二）政策红利

资金投入方面，2014 年省级下达盐边县红格镇重点镇建设资金 1000 万元，盐边县配套财政专项资金 5860.72 万元，对于拨付的项目资金均专款专用，严格按照立项、财评、审计等程序监管资金使用。土地政策方面，已落实土地指标 20.4245 公顷，已按现行土地出让金相关管理政策统一缴入县财政后，按照收支两条线的原则，用于基础设施建设。产业政策方面，制定出台了《盐边县非公有制经济“四上”企业奖励扶持办法》《关于进一步促进非公有制经济发展实施意见》，并在此基础上针对红格镇制定了《关于支持红格镇重点镇建设产业发展政策实施办法》，明确了由县级财政每年安排扶持非公有制经济发展及工业发展资金，重点支持非公有制企业技术创新、技术改造、创新品牌、开拓市场、人才培训、节能减排、促进就业以及改善对非公经济的公共服务。

（三）配套跟进

户籍制度改革措施方面，制定《盐边县深化户籍管理制度改革实施细则（试行）》，全面放开重点镇的落户限制；逐步加快制定进城务工农民与城镇居民享受同等权利的政策，逐步剥离因户籍差异而产生的不同福利待遇。土地管理制度改革措施方面，创新用地思路，盘活存量，优化增量，按照节约集约原则，保障了红格重点项目建设用地需求；加快推进土地管理制度改革，核发集体土地使用权证，保障农民财产权益；推进集体建设用地流转，开展工矿废弃地复垦利用试点工作。投融资体制机制方面，全县城镇建设资金重点向红格倾斜，针对财政资金远不能满足城镇化建设需要的现状，不断创新融资方式，拓宽资金渠道，将红格镇及南部地区所有项目整体打包授信，分项实施，总计融资量达到5亿元以上。

四　红格城镇化发展的经验与问题

（一）红格的城镇化发展阶段

红格镇作为盐边县乃至整个攀枝花地区最有特色的旅游重镇和工业后勤保障基地，不管是在公共服务和配套基础设施建设上，还是在人居环境、城镇管理和相关政策落实上，都走在前列。我们认为，红格已经呈现出“特色鲜明、产业集中、就业稳定、收入中上”的中等城镇化发展水平的阶段性特征。红格镇今后的城镇化发展，不仅仅是对原来工作的简单重复，更多的是应在体制机制创新方面走出一条值得借鉴和推广的升级发展之路。

（二）红格镇的产业发展特点

目前，红格镇以特优水果、有机蔬菜、现代畜牧养殖为主导的高值精品农业初具规模；以钒钛磁铁矿开发综合利用为主的相关产业逐步向规模化、集约化发展；集温泉康养、旅游观光、运动休闲、农家体验为一体的阳光温泉休闲旅游度假区基本成型，以温泉、度假、山地运动、体育技术训练、会展服务等为主的第三产业迅猛发展。

（三）红格的城镇化发展经验

一是以规划为先导，统筹城乡发展。高起点地编制了充分体现"全域规划、统筹城乡、生态建设、规划边界无限制、资源开发与城镇协调发展"五个示范性的"总规""控规""详规"，引领全镇建设。

二是以基础设施建设为重点，提高城镇综合承载能力。实施并完成了西攀高速安宁连接线、省道 S310 红格过境线、红格景观大道等多项重大交通工程，极大地提升了区域经济内外联通程度。

三是以产业为支撑，完善城镇功能。围绕特色产业和龙头企业，积极引入有关联性的下游产业，增强产业链条的完整性。同时，积极发展物流运输、商贸餐饮和生产性服务业，大力进行商业街业态调整，全面助推第三产业发展。

四是以项目为载体，增强城镇发展动力。坚持"引进大企业、实施大项目、推动大发展"的思路，以重大项目为载体，大力打造其温泉康养、旅游观光、运动休闲、农家体验等旅游产业品牌。

（四）红格城镇化过程中存在的问题

一是财政紧张，镇级建设资金不足。受整个宏观经济下行的影响，2014 年盐边县财政收入比 2013 年下降 30%，红格镇基础设施和公共服务设施建设的投入压力较大。这对绝大多数镇一级的城镇化建设而言，可能是一个比较恒定的短板。

二是针对大项目的基础设施建设配套不够。当前红格镇城镇化建设已初具规模，但是在针对大型企业发展的道路、给排水、供电、污水处理、垃圾处理等基础设施配套建设方面还存在瓶颈，这在一定程度上影响了大项目的落地。

三是规划建设管理欠了历史账，城镇形象有待提高。在承担2005年冬旅会之前，红格相对缺乏规划引领和人员配备，居民建房当时处于粗放性状态，存在较多违章乱建现象，当时粗放无序的发展状态给红格现在的城镇建设和城镇形象带来诸多遗留问题。

四是新老产业交织，新兴产业发展的支撑点尚不牢固。阳光康养产业处于起步与快速发展阶段，但招商项目成活率低。商业和服务业集聚度低、规模偏小，无力支撑其他产业发展。生态观光体验农业基础薄弱，尚无龙头企业来连接农户与市场，产业发展后劲不足。

五是发展态势与功能定位不对称，产业发展的平衡问题亟待解决。红格的产业中既有生态精品农业，又有以钒钛磁铁矿开发综合利用为主的加工制造业，还有集温泉康养、旅游观光、运动休闲、农家体验为一体的康养旅游产业，而且每个产业都相对取得了一定的发展成绩，特别是温泉康养，已经在省内外小有名气。但是，对于一个镇来说，其发展过程中的资源约束是相对固定的，怎样平衡好产业发展的先后次序和轻重缓急，是一个高难度的挑战。目前看来，在攀枝花和盐边县的经济结构转型升级的大背景下，红格的工业经济出现阶段性的徘徊低迷，旅游康养相对繁荣，怎样将红格作为钒钛磁铁矿工业开发利用后勤保障基地的功能定位与大香格里拉旅游环线、攀西阳光休闲旅游度假区重要旅游目的地的发展关系处理好，怎样在红格的实际承载功能和未来发展趋势之间做好发展选择的平衡是一个难题。

五　结论及建议

（一）注重科学全面产业发展评估

对一个小城镇而言，发展才是硬道理，发展始终应该是第一位的，只有经济社会全面发展，才能实现全面建设小康社会的宏伟目标。但是，发展又不是单一、线性的，特别需要在众多产业领域中找到适合自身利益最大化的发展方向。红格镇的总体发展建设水平处于相对较高阶段，但是不可否认的是其多元化的产业发展现在面临着急需调整的压力。仅仅作为一个镇而言，其发展的资源总体上是相对有限的，必须集中投放和使用才能取得事半功倍的乘数发展效用。红格镇目前面临的产业支撑点薄弱和产业发展平衡问题，是其多元化发展必然的结果。因此，对于红格这样的小城镇而言，不能仅仅站在自身镇一级、盐边县一级以及攀枝花市一级的角度来思考发展战略，而是应该站在全省产业发展的高度甚至更高的全国范围，审慎地对其现有的产业形态进行科学全面的发展评估，力争抓住最符合本身特色优势、最能富民强镇、最可长远持续发展的产业。

（二）创新城镇建设管理体制机制

一个地区小城镇的社会经济发展的根本目的是提高人民生活水平，这是一个地区城镇化综合发展水平的重要方面。小城镇政府的公共服务、基础设施、环境建设和教育水平等恰好是影响当地人民生活水平的重要因素，因而，小城镇的发展一定要在建设管理的体制机制上下功夫，想办法提高城镇管理效率，提升公共服务效益。红格镇作为基础条件好、产业发展水平较高的重点小城镇，紧紧抓住了扩权强镇的政策机遇，在城镇建设管理的体制机制改革中积极推动行政体制改革和公共服务方式创新，在综合执法、项目审批、人事管理、财务运行等方面都进行了广泛深入的探索和实践，为四川的小城镇建设贡献出了有益的“红格经验”。

（三）完善壮大镇级金融支持体系

资金缺乏是中国大多数小城镇发展都面临的瓶颈性问题。对小城镇政府来讲，如何壮大镇级财力是其发展面临的根本问题。小城镇财政体制应在明确收支基数的底本上，厘清上级县（市）与小城镇的财力分配关系，逐年提高超收分成比例，完善小城镇财政自管体制，使之适应小城镇的建设需要。要鼓励和引导更多金融机构，特别是股份制金融机构到小城镇设立分支机构，加大对小城镇中小企业和大众创业的金融服务。红格镇常住城镇居民只有2000人左右，但是其金融分支机构就有三家国有银行和一家股份制银行进驻，这些金融机构在为小城镇发展的金融支持方面发挥了重要作用，要继续想方设法创造性持续地发挥好它们的作用。同时，红格也要不断创新融资方式，拓宽资金渠道，采取整体打包授信、分项实施等方式，尽量确保其发展所需的资金融通。对于红格镇这样有着众多产业支撑的特色小城镇，在镇级金融服务领域的长期努力尤其重要，需要不断探索和创新，打造出属于自身镇级金融的特色支持体系。

B.14
建制镇示范试点的探索和实践

——以泸州市纳溪区大渡口镇为例

黄 兵*

摘 要： 泸州市纳溪区大渡口镇是全国重点镇，2015 年 2 月被批列为全国建制示范镇。大渡口镇完善城镇规划、突出项目建设、加快新村建设、优化人居环境，从试点走向示范，品牌力、吸引力、关注度都得到新一轮提升。但是大渡口的发展还是存在许多问题亟须解决，比如场镇基础设施建设仍需加强，公共服务设施仍需完善，城乡风貌环境仍需更新，体制机制仍需创新，政策风险仍需防范。

关键词： 大渡口镇　新型城镇化　重点镇

大渡口镇坐落在长江之滨，处于酒城泸州与酒都宜宾之间。全镇辖区面积 129.6 平方公里，人口 3.85 万，辖 19 个行政村、1 个社区，集镇常住人口 15000 余人。镇内交通便捷，省道 308 线、宜泸渝高速公路穿境而过，距宜泸渝高速马庙出口仅 10 公里，拥有长江岸线 7 公里，已建成安达、川渝、青利、鑫源、港务公司等 12 个深水码头泊位，船舶常年往来不绝，年货物吞吐量千万吨，商贸集市相当繁

* 黄兵，四川省社会科学院文献信息中心馆员。

荣，有“装不完的大渡口，卸不完的泸州城”之说。境内拥有天然氧吧凤凰湖、森林公园、烟子洞瀑布等旅游资源。大渡口镇是全国重点镇，泸州市市级卫生示范镇，泸州酒业发展10强镇，纳溪区经济发展重点镇，2013年被列为四川省“百镇建设试点行动”省级重点镇，2015年被列为国家建制镇示范试点。

一　城镇建设和管理

（一）规划编制与实施

1. 完善镇域规划体系

大渡口镇坚持规划引领、先试先行理念，完成了小城镇总体规划和控制性详细规划以及区域和产业等一系列专项规划，形成了较为完善的镇域规划体系。该镇综合考虑产业发展、基础设施建设、公共服务等多方面因素，聘请了海口市规划设计院对《大渡口镇总体规划》（2014～2030年）进行修编，聘请了海口市规划设计院编制了《大渡口镇控制性详细规划》，并且完成了《核心动力区规划》《大规模酿酒基地规划》《凤凰湖旅游开发规划》等重要规划，实现了对大渡口镇近期建设区域的全覆盖；编制了《中国酒镇酒庄核动力片区控制性详细规划》《泸州酒业集中发展区酿酒基地总体规划》《凤凰湖旅游开发规划》等规划。

2. 设置建设管理机构

大渡口镇设置了村镇建设服务中心，配备有5个工作人员，并要求各行政村、社区配备1名建管员，负责落实各辖区的规划建设管理工作，加大对行政村、社区的规划管理；对每一个建设项目落实一套管理机构，配备1名镇级负责人，对各建设项目负总责；同时，对镇级建设项目严格实行“三证一书”制度，镇级建设项目凡经检查缺乏证件的，由镇相关部门发放停工通知，要求建设企业立即停工整改。

（二）场镇公共服务与配套设施建设

当前，大渡口镇已经具备较为完善的场镇公共服务和配套设施。截至2014年底，有3所幼儿园，入园儿童915人，配备教师12名；1所小学，在校学生2448人，1所初中，在校学生917人，4所义务教育阶段的学校共计配备了133名教师。医疗卫生设施配置方面，有计划生育服务站1个，防疫站1个，场镇卫生从业人员30名，住院床位数为200张，病床使用率达到70%。

文化体育设施配置方面，有文化站2个，青少年及老年之家1个，体育健身场所1个，公共图书馆2个。

商业、金融、服务设施配置方面，有4所超市，1个恒丰市场，有邮政银行1所、农业银行1所、信用社1所，且行政村内设置代取点。

（三）场镇市政公用设施建设

截至2014年底，大渡口场镇完成23368.5平方米、85公里的道路建设和硬化，建设桥梁2座，城市道路照明灯60盏。有供水厂一座，水管网已经接入场镇，水质达标，场镇供水普及率达到100%。有天然气管道35公里，场镇通气率100%，在场镇设置有液化气站，清洁能源使用率为100%。有110kV变电站，能满足场镇用电需要，且供电线路架设规范。每百人拥有电话（含移动电话）90部，开通互联网宽带业务的行政村占比达到100%。有邮政所1个，物流网点2个。有线广播电视覆盖率达到100%。在场镇防洪排涝设施配置方面，按照防洪排涝标准和规划要求修建了防洪排涝设施，与场镇生态环境结合较好。

（四）特色产业培育和发展情况

坚持“产城一体、产业互动”的原则，按照“生态循环经济产业园”的模式，将酒庄建设与旅游业发展、新农村建设、工业项目等有机结合，打造集种植、酿造、营销、体验、观光旅游于一体、极富视觉效果的“产业综合体”，形成工业、农业、旅游业、城市建设融合互动的发展格局。

一方面，依托赤水河得天独厚的酿酒条件，提升巴蜀液酒业、致帛酒业等酒厂生产线和配套包装生产厂建设；另一方面，按照5A级风景区标准打造千亩花海景区——“花田酒地”，直接带动当地群众发展特色餐饮店、土特产品牌店50家，新增就业岗位500个，直接受益群众1000人。

（五）场镇人居环境建设

大力完善场镇人居环境建设。场镇文化广场约5000平方米，场镇道路绿化约10000平方米，花田酒地四季花海600亩，场镇常住人口约1.5万人，人均绿化面积约为23.2平方米。

生活污水处理率约为60%，生活垃圾处理设施配置较为齐全，对全镇垃圾均采取由村收、镇运、区处理的垃圾处理模式，垃圾收集转运率为100%。

风貌特色方面，已经完成纳江路沿线、民强村产业核心区风貌塑造，同时已完成对场镇街道两侧店铺的店招、场镇违规建筑等专项整治。场镇设置了专职管控队，每个行政村、社区设置了建管员，协助镇村建设服务中心，加大对各辖区的环境秩序的管控。违章建筑的建设得到有效控制。

（六）场镇管理

实施“社会服务管理网络”工程，创新“网格化管理、组团式服务、片组户联系”“五链式”社会矛盾化解机制（以“和事佬”调“和”、人民调解促“和”、综治中心维“和”、人民法庭求“和”、综合机制保“和”为主要内容）、“三全十服务”工作模式，构建和谐劳动关系，畅通群众利益诉求表达渠道，完善利益平衡与协调机制，维护社会公平正义，激发社会正能量。加强社会治安综合治理，深入推进平安城镇、法治城镇建设，营造安定和谐的社会环境。实施“社会保障全覆盖”工程。鼓励农业转移人口积极参保、连续参保，逐步提高参保率并将其纳入城镇职工社保管理体系。扩大农民工参加城镇职工工伤保险、失业保险、生育保险比例。

二　推进小城镇建设的做法和成效

（一）取得区委区政府的大力支持

纳溪区成立了由区主要领导任组长，分管领导任副组长，相关部门负责人为成员的百镇建设行动领导小组。领导小组定期召开专题会议，分析工作中存在的问题，寻求解决办法。制定并印发了《关于成立纳溪区“百镇试点行动”领导组的通知》《关于印发〈纳溪区“百镇试点行动”建设实施方案〉的通知》《创新体制机制推进试点镇建设实施意见》等一系列文件。多次专题研究“扩权强镇”改革办法，并印发《关于经济发达镇行政管理体制改革试点镇工作的实施意见》，下放行政审批事项187项，提高了大渡口镇等基层的执法效能。明确了工作计划，细化了工作任务，同时落实了办公场所及专职人员，新增3个编制，专门为试点镇、重点镇建设工作服务。

（二）深化相关制度改革

1. 户籍制度改革

贯彻落实《关于服务新型城镇化建设改进户政管理工作的实施

意见》，全面放开重点镇的落户限制。加强流动人口管理和服务，确保其与城镇居民享受同等的权利，逐步剥离因户籍差异而产生的不同福利待遇，维护农民合法权益。

2. 土地管理制度改革

出台了推进土地管理制度改革的规范性文件，规范土地交易。积极创新用地保障思路，将“双挂钩”项目与新村聚居点建设结合起来，土地整理项目与产业发展、基础设施建设结合起来，在促进新村聚居点建设和农村基础设施建设的同时，获得挂钩周转指标和新增耕地。同时，深化农村产权制度改革，按照“先行试点、有序推开、综合改革”的思路，全面完成大渡口镇农村集体建设用地（宅基地）使用权和农房所有权确权登记颁证。

（三）大渡口镇建设的成效

1. 经济持续快速增长，综合实力明显提升

2013 年，镇地方公共财政收入首破 1 亿元，成为泸州市唯一的亿元镇。2014 年，实现地区生产总值 24.4 亿元、增长 14%，地方公共财政收入 10581 万元、增长 22%，位列全市第一；城镇居民人均可支配收入 28016 元、增长 16%；农民人均纯收入 10937 元、增长 18%，近三年年均高于泸州市平均水平 4 个百分点。

2. 产业平台优势凸显，特色产业加快发展

围绕白酒产业打造产镇互动平台，成效显著。创造性地探索了“中国酒镇酒庄”发展模式，通过建设酒庄，发展酒业、农业、旅游业，带动城镇快速发展。2012 年启动建设以来，新招商企业 28 家，完成投资 32.2 亿元。中国白酒 1 号庄园——龙洄酒庄已建成投用，顺利举办“世界金牌酒庄庄主论坛”和“中国国际白酒酒庄联盟成立大会”。“花田酒地”、凤凰湖、龙洄酒庄、民强美丽幸福新村等特色鲜明的重点旅游项目吸引力强，2014 年共接待游客 50 万人，实现

综合旅游收入 1.5 亿元。同时，围绕酒庄、酒业，发展生态观光农业，建成高标准基本农田 1.15 万亩，发展高粱种植 10000 亩、特早茶 30000 亩、无公害蔬菜基地 2000 亩，以高粱、茶叶、水果为主的特色观光农业基本形成。此外，大渡口镇作为川南地区水陆联运的重要中转站，依托境内长江黄金水道 8 公里、常年通航能力 3000 吨、丰水期达 8000 吨以上的条件，已建成安达、中石化等 12 个港口码头，正加快发展物流产业，推进港口物流经济转型升级。

3. 基础设施和公共服务设施日趋完善

场镇道路硬化率达 100%，全镇共建水泥路 160 公里、柏油路 7.5 公里，通村道路 100% 覆盖；有 110kV 变电站 1 座；年供气 5000 万方的天然气管道建成投运；污水处理厂已经建成并运行。

4. 吸纳了较多农业转移人口

大渡口镇实行“百镇建设试点行动”以来，采取优化招商引资条件、技术改良等方式，使企业提供新增就业岗位约 2000 个；依托酒业及关联产业，吸纳近 3000 个农民进入非农产业，吸引了近千名外地人来此打工。据统计，全镇从事餐饮、运输等产业的工商户达 700 多家，从业人员达 2000 多人；另外，通过征地补偿等方式，吸纳转移农业人口约 2000 人。到 2014 年底，全镇总人口 3.85 万人，常住人口 2.61 万人，城镇化率达 67.7%，高于纳溪区城镇化率 0.7 个百分点。

5. 群众满意度高

2014 年 12 月，大渡口镇通过向各行政村、社区居民发放调查问卷的方式了解群众对大渡口镇推进重点镇建设满意率，经测评满意度达 100%。

三 取得的主要经验

1. 坚持规划引领，构建合理城乡网络格局

大渡口镇高度重视规划工作，切实做到规划先行、多规合一，

不断增强规划的系统性、协调性、权威性和操作性。坚持以规划为龙头，科学处理局部与整体、近期与长远、需要与可能、经济建设与社会发展的关系，积极编制、修订大渡口镇“十三五”经济社会发展规划、城镇总体规划、土地利用规划等，形成较为完善的规划体系。各类规划坚持“突出重点、优化布局、统筹发展”原则，确立“大渡口镇—中心村—特色村”的城乡建设思路和网格化空间结构体系，将大渡口镇作为城乡统筹发展、一体化发展的重要战略节点，明确“十三五”时期的发展方向、发展目标和发展重点。

2. 坚持产业主导，增强综合经济实力

坚持把产业发展作为大渡口镇建设的支撑点，实现产业化、城镇化两者互动并进、良性发展，逐步形成生态农业、特色工业、现代服务业相互协调、共同提升的特色城镇经济。积极探索传统白酒经济转型升级的途径，按照“产业培育特色化、特色产业集群化”的思路，集中多种资源，打造酒镇酒庄发展平台，不断增强城镇的辐射带动作用，经济综合实力明显增强。

3. 坚持项目带动，提升城镇承载能力

按照小城市的定位要求，以基础设施和公共服务项目建设为主抓手，积极谋划和丰富“十三五”建设的项目库，加快推进城镇基础设施建设，切实增强和完善城镇功能，不断提升城镇品位。加大城镇综合整治力度，形成富有川南特色的城镇风貌，使城镇功能得到进一步提升和拓展，综合承载能力和辐射带动能力进一步增强。

4. 推进体制创新，激发发展动力活力

开展重点镇“扩权强镇”改革工作，下放发改、建设、国土等部门相关行政管理权限，进一步加大重点镇管理和发展的自主权。同时，明确重点镇经济社会发展所涉事权、财权等扶持政策，加大对其扶持力度。根据重点镇许多项目建设资金需求量大、时间跨度长、工作要求急的实际，积极探索投融资体制创新，主动上门与部门、企业联系对接，鼓励、引导社会资本、工商资本参与重点镇项目建设。

5. 坚持因地制宜，彰显特色文化魅力

根据大渡口镇不同区域、不同乡村的基础和特点，按照“宜居、宜业、宜游、宜文”的标准培育和创建类型有别、韵味各异的川派“风情小镇”。特别是注重挖掘每个乡村的历史遗迹、风土人情、风俗习惯等人文元素，把风情和文化融入“山、水、村”中，体现大渡口镇文化的个性魅力。例如，基础设施和公共服务配套完善，布局科学合理，因地宜居；主导产业明确，“一村一业、一村一品”的特色经济格局初步形成，居民创业就业渠道拓展，因地宜业；地方特色明显，人文景观彰显，文化底蕴丰厚，精神生活丰富，村风民俗淳朴，社会风尚健康，因地宜文。

四　问题和困难

（一）大渡口镇建设存在的问题

一是场镇基础设施建设仍需加强。环保、排水等设施不健全，缺乏公共停车场、公共厕所较少。公路总量偏小，密度偏低，等级不高，多数农村公路只能通行小货车、小客车，制约了各种物资的运输和流通。

二是公共服务设施仍需完善。教育、科学、文化、卫生、金融等设施比较落后，供水供电供气、公共绿地等公共生活服务设施不能满足集镇发展的需要，还需完善。

三是城乡风貌环境仍需更新。集镇风貌不统一，环境卫生、交通秩序、人居环境还存在“低、小、散、脏、乱、差”等问题，城镇形象有待“洁化、序化、亮化、彩化”。

四是体制机制仍需创新。乡镇权责不对称，在较多领域中缺乏主体执法资格。

五是政策风险仍需防范。农村土地入股、产权式酒窖等金融创新面临政策制约，缺乏相关法律法规依据，需注意风险。

（二）大渡口镇建设面临的困难和挑战

一是资金筹集困难。镇建设项目主要依靠财政资金和土地出让收益，资金筹集渠道不多，市场化运作程度不高。

二是专业人才缺乏。规划、建设、产业发展的专业技术人才缺乏、经营管理人才数量少。

三是酒庄建设和管理面临考验。成片成规模地建设150余个酒庄，业主不同、风格各异，如何高效管理，有序运行，打造整体品牌，提升综合竞争力，面临严峻挑战。

五　结论建议

1. 多方筹集资金，加快基础设施和公共服务设施建设

深入分析基础设施和公共服务设施项目的性质、特点，整合相关资源，探索政府与市场合作的PPP模式，筹集建设资金，加快基础设施和公共服务设施建设，不断完善基础设施和公共服务设施，改善人居环境。

2. 预判政策走向，探索特色产业发展模式

研究和预判国家关于农村土地流转、土地入股以及众筹发展（产权式）酒窖等政策的走向，着力打造“中国酒镇·酒庄”，强化酒镇·酒庄统筹管理，稳步探索酒庄工业和旅游业以及生态农业融合发展模式，积极推进传统白酒产业、农业转型升级发展，加快发展

“纳溪全域旅游”，构建“绿色产业体系”。

3. 深化体制机制创新，增强发展动力活力

按照“激发市场主体活力、增强自我发展能力”的要求，深入推进管理体制、产权制度、要素配置等重点领域改革，形成与重点镇、建制镇发展相适应的体制机制，在政府引导的基础上，充分调动企业、社会及城乡居民参与城镇建设的积极性，激发和增强重点镇自身的发展动力和活力。

Abstract

In 2014, Sichuan completed the "new urbanization plan of Sichuan province (2014 – 2020)", review of more than 50 city and county general plans, launched the "gauge" pilot work. Introduced to speed up the reform of the household registration system implementation plan, to promote the reform of linkage housing, education, health care, social security and other aspects of the equalization of basic public services, the implementation of directed supply of migrant workers of public rental housing, some places in the aspects of promoting urbanization investment and financing system, land management system reform was explored, the construction of the towns of Sichuan province entered a new period of rapid development, urbanization development has achieved remarkable results. By 2014 the construction of Sichuan province urbanization level index system, from six aspects of population, industry, infrastructure, public services, resources and environment, the coordinated development of the 2014 year, the country's 31 provinces (districts) comprehensive evaluation of urbanization level, from 2005 to 2014 ten years of Sichuan urbanization development level in addition to the 2014 cities and prefectures in Sichuan province and county urbanization level evaluation.

The comparison of the index ranked eleventh in 2014 in Sichuan town. Two aspects of urban infrastructure and public services, Sichuan in the national rankings, that maintains a higher level in the people's livelihood project development; coordinated development of urban and rural and urban industry support, Sichuan is in the middle; population urbanization, urban resources and environment (air pollution in city greening, etc.) and other indicators ranked by Sichuan.

At the background of new normal, Sichuan urbanization development presents some new changes. The future of Sichuan urbanization development opportunities and challenges, forecasts the development of urbanization in Sichuan province will speed and quality are improved, but the capacity of resources and environment and regional development imbalance and other factors will lead to the development of urbanization in Sichuan province is more complex.

There are three parts and 14 reports in this book. The first part is the general report on the development of urbanization in Sichuan comprehensive measure, comparison, and in – depth analysis of the "Sichuan urbanization development trend under the background of the new normal". Second is the theme of the report, this year's theme for the county town of urbanization development, from the population, infrastructure and public services, industry, power expansion, social governance, land, investment and financing of different dimensions of in – depth analysis of the important issues in the development of urbanization of the county town. The third part as the thematic research papers, for the important work of Sichuan Province by 2014 – 2015, focusing on the society, the typical cases of special investigations, includes survey on 21 key towns, survey on youth entrepreneurship and employment, survey on migrant workers urbanism, survey on city integration of centralized farmers, survey on Hongge town and Dadukou town.

Contents

Ⅰ General Report

Abstract: Since the implementation of the strategy of large – scale development of the western region, Sichuan Province clearly put forward to accelerate the urbanization development strategy and urbanization construction entered a new period of rapid development, the urbanization development effectiveness significantly. For the scientific assessment of Sichuan Province new urbanization of development level and quality, we study the urbanization from six aspects like the size of the population, industry support, infrastructure, public services, resources and the environment and coordinated development. We monitor and evaluation the urbanization about the whole country , Sichuan Province comparing with the west countries , 21 cities (states) in Sichuan and the top 100 economic towns of Sichuan in 2014. In " new normal" , the development of urbanization in Sichuan has presented some new changes. Urbanization level steadily improved, but still exists the problem of " two lags behind". More attention is paid to the core of human, but the urban comprehensive carrying capacity still need to be strengthened. Urban layout optimization, but the level of urban agglomeration is still low. Industrialization has become the main driving force for Urbanization. " Two " interactive forward from " low equilibrium " to " high coordination " . The integration of urban and rural development is rapid, but the big gap between urban and rural areas has not been significantly improved. The reform of institutional mechanisms is more deepen. Opportunities and challenges of urbanization development will coexist in Sichuan province in the future. Both the development speed and quality of urbanization in Sichuan province will be improved in the forecast. But the development of urbanization in Sichuan province will be more complex as the resources and environment capacity and regional development imbalance and other factors.

Keywords: Sichuam New Urbanization; New Normal; New Change; Evaluation; Forecast

Ⅱ Theme Reports

Abstract: The number of Sichuan's towns is more than 1800 and the population exceeded half of the total. But the urbanization rate has lagged behind. This report shows that it is not biggest obstacle for the population urbanization to the Household Registration System but the economic bearing pressure and wide and deep poverty. From the industrial structure, the county already has the main features of the mid – industrialization. But further observation, because the supply of jobs and the contribution of public finances are relatively low, this industry structure is built on the basis of a low level. In the future, it is difficult to change the trend of net outflows of the majority population of the towns in short term, and may even exacerbate; the whole towns late in the demographic dividend, conditional towns will get the population quality effect; population flows distinctive features, the regional central town will be built.

Keywords: Population Urbanization; Demographic Dividend; Sichuan

Abstract: The infrastructure is an important guarantee of regional economies and social development, basic public service is the important support to satisfy peoples' daily life and all-round development. In recent years, Sichuan province continues to increase urban and rural infrastructure investment and basic public service supply, but in between county towns, rural and urban areas in whole province at present stage, the inefficient and unbalance supply of infrastructure and public service is the objective reality. Accordingly, speeding up infrastructure construction and improving the level of basic public service supply constantly has a great practical significance to ensure the rapid speed of urban and rural economies and social development, to meet the needs of urban and rural residents in the production and life, to build a well-off society in an all-round way in 2020.

Keywords: Infrastructure; Basic Public Service; Balance

B. 4 Report on County Industry to Support the Development of Urbanization *Ran Min* / 071

Abstract: The county industrial development is the premise and support of the new urbanization. In 2014, the development of county economy in Sichuan is still in rapid growing, and the industrial structure is further optimization. So it is an important supporting role to the urbanization process. But there are the following problems. The county economy polarization phenomenon is more serious, and the national county economic development level is very low. The proportion to the first industry is still high, and the development of the third industry is very slow, so the rationalization and optimization of industrial structure also need to accelerate. The county employment structure lags behind the development to the industrial structure in Sichuan. The county urbanization lags behind industrialization in Sichuan. In order to further reinforce the county's economic development, so as to promote the construction of urbanization in Sichuan county, three suggestions are put forward in this study: It is must to speed up the county economy of new industrialization; It is must to promote the county economy development of agricultural modernization, the quality and efficiency of agriculture: It is must to develop the county economy service industry in an innovative way.

Keywords: County Industrial; Development County; Urbanization; Supporting Role

Abstract: Since 2007, Sichuan's enlarge authority reform at the county level, since 2010, at the town level. Reform promoted the economic and social development, effectively relieved the contradictions of the unequal of power and responsibility of basic-level government's, their public service ability and social affairs management ability gets promoted. Of course, Sichuan's reform can further deepening, such as establishing and perfecting the poor area's talent support systems, to improve the administrative law enforcement ability of township government, timely promoting the reform of power of personnel administration, to carry out the exit mechanism, push forward the reform of national regions.

Keywords: The Enlarge Authority of County; The Enlarge Authority of Town; Achievement; Reform Forecast

Abstract: There are so different levels of development on different areas of Sichuan. So maybe counties are more suitable for research of Social Governance than cities. In this paper, the author makes the counties in Sichuan as the research object, analyzing the general characteristics of social governance of the counties in Sichuan Province in 2015. The author focuses on the challenges of social governance of the counties in Sichuan and puts forward suggestions.

Keywords: County; Social Governance; Pluralistic Governance

Abstract: In the top-down administrative system, the small towns can't get enough sources during the development, and the construction land is one of the biggest constraints in its urbanization process. The small towns in Sichuan province have made some positive innovations of land management that improve the efficiency of resources allocation and the carrying capacity of land. But there are still some problems in the process of development, such as paying great importance on the stock land and paying less important on the increment, some land property is not clear and irrational land use planning. In the new stage of development, a new land system should be built through the establishment of the land constraint system, strengthening the land planning, establishing a unified urban and rural land market.

Keywords: Land of the Small Town; Using of the Land; Management of the Land; Sichuan Province

Abstract: Promoting the urbanization process of counties and towns is very important to the new urbanization strategy of Sichuan Province. The capital demand in the urbanization process of counties and towns is obvious and strong. However, the problems such as high dependence on financial capital, narrow market financing channels, backward rural finance reform, weak mechanism in cost sharing and certain risk concealment are also exposed obviously. In order to promote the urbanization process of counties and towns actively and steadily, Sichuan Province should reform and improve the existing main financing channels, for example, reform and transform the government investment and financing platform, strengthen the project construction and deepen the rural finance system reform; and play the market decisive role on the financing resources allocation through using PPP model widely and innovating other financing model, and carry out relevant reforms reducing financing costs and risks.

Keywords: Nearest Urbanization; Investment and Financing; Land Finance

Ⅲ Special Survey

Abstract: There are 1821 towns in Sichuan. In the overall industrialization and urbanization accelerated development period, some towns have been played more important role on the economic agglomeration, equalization of public services and administrative services etc. On the basic investigation on "the Top 21 Towns in Sichuan", we argue that the key town has become to the important carrier of the urbanization. Thanks to the "Key Towns Plan", the key towns expanded the right reforms, improved the efficiency of supply of public services, and built a new administrative management system. They got more significant achievements and had an important role as a demonstration.

Keywords: The Top 21 Towns in Sichuan; Relocation in County Town; Demonstration

B. 10 Survey on Employment and Entrepreneurship of the Youth

Bureau of Statistics of Sichuan, Edited by Zhang Mingming / 181

Abstract: With the deepening of reform and the increasing downward pressure on the economy, the youth employment situation is not optimistic and the contradiction highlights. Based on census data and labor survey data, we analyze the employment situation and explore the reason of unemployment of young people in Sichuan. At the same time, we focus on Sichuan College Students' employment and entrepreneurship situation. And then we put forward policies and measures of promoting employment and entrepreneurship.

Keywords: Youth; College Students; Employment and Entrepreneurship

B. 11 Urbanism of Rural-urban Migrant Workers

Bureau of Statistics of Sichuan, Edited by Zeng Xuhui / 207

Abstract: Based on a survey of Sichuan rural migrant workers in 2015, this study empirically analyzes several aspects of urbanism for this group, including their living conditions, employment status, social security, and attitudes towards urbanism. The results show that nearly half of workers migrate with their families and need good education for their children and housing in city; more than 70 percent of migrant workers are willing to have their own business but lack opportunities and credits to do it; migrant workers receive barely support from labor securities and they lack willingness and capabilities to protect their legal rights; migrant workers in general are reluctant to transfer their Hukou status from rural to urban.

Keywords: Rural Migrant Worker; Urbanism; Sichuan

Abstract: During the urbanization process, it formed in three categories of farmers inhabited areas that the formation reason, space form, economic basis and social conditions of each are not identical. The city integration of centralized residence of rural residents is an important and difficult issue. Zigong Women's Federation in Zigong chose three different types of centralized residence of rural residents to take a project to improve the women and children residents' city integration on behavior and psychology. Based on the practical needs of diversification, they explored different implementation mechanisms and paths, and provided accurate public goods at low cost, eased the settlement of farmers' behavior adaptation and psychological anxiety, accelerated the settlement of farmers' urbanization.

Keywords: Centralized Residence of Rural Resident; Zigong "New Family, New Women, New life" Project; Public Goods; Social governance

Abstract: As China's urbanization has developed so far, numerous small towns nowadays are featured with industrial characteristics, achieve a certain scale, and incorporate some auxiliary functions of metropolitan cities. The growth of these small towns, however, is faced with problems of transformation and upgrading to metropolis and how to adjust and keep a balance between its industrial development trend and the position of overall function. The sustainable growth of these small towns lies in how to choose between opportunities and challenges brought by environmental changes. Hongge town, Yanbian county of Panzhihua poses a typical instance in facing positioning and balancing of diversified industrial growth during the process of its urbanization. Through combing the mode, experience and problems of Hongge's urbanization development, this thesis attempts to provide some valuable advice to distinctive small towns with diversified industrial development in aspects such as industry assessment, management system innovation and town-level financial system innovation.

Keywords: Distinctive Small Towns; Industrial Transition; Hongge Town

Abstract: Dadukou town in Naxi district, Luzhou is the key town over the nationwide. It is approved as the model town for organizational system all over the country in February 2015. Dadukou town works hard to improve town planning, highlight the project construction, accelerate the construction of new countryside and optimize living environment, as a result, it moves from pilot spot to demonstration spot and its brand power, attraction and visibility have been greatly improved. However, there are many problems to be solved in the development of Dadukou, for example, the construction of infrastructure still needs to be strengthened, public service facilities need to be improved, environment features need to be updated, institutional mechanism needs to be innovated and policy risks need to be prevented.

Keywords: Dadukou Town; Urbanization; Key Town

皮书起源

“皮书”起源于十七、十八世纪的英国，主要指官方或社会组织正式发表的重要文件或报告，多以“白皮书”命名。在中国，“皮书”这一概念被社会广泛接受，并被成功运作、发展成为一种全新的出版形态，则源于中国社会科学院社会科学文献出版社。

皮书定义

皮书是对中国与世界发展状况和热点问题进行年度监测，以专业的角度、专家的视野和实证研究方法，针对某一领域或区域现状与发展态势展开分析和预测，具备原创性、实证性、专业性、连续性、前沿性、时效性等特点的公开出版物，由一系列权威研究报告组成。

皮书作者

皮书系列的作者以中国社会科学院、著名高校、地方社会科学院的研究人员为主，多为国内一流研究机构的权威专家学者，他们的看法和观点代表了学界对中国与世界的现实和未来最高水平的解读与分析。

皮书荣誉

皮书系列已成为社会科学文献出版社的著名图书品牌和中国社会科学院的知名学术品牌。2011 年，皮书系列正式列入“十二五”国家重点出版规划项目；2012~2015 年，重点皮书列入中国社会科学院承担的国家哲学社会科学创新工程项目；2016 年，46 种院外皮书使用“中国社会科学院创新工程学术出版项目”标识。

中国皮书网

www.pishu.cn

发布皮书研创资讯，传播皮书精彩内容

引领皮书出版潮流，打造皮书服务平台

栏目设置：

- ☐ 资讯：皮书动态、皮书观点、皮书数据、皮书报道、皮书发布、电子期刊
- ☐ 标准：皮书评价、皮书研究、皮书规范
- ☐ 服务：最新皮书、皮书书目、重点推荐、在线购书
- ☐ 链接：皮书数据库、皮书博客、皮书微博、在线书城
- ☐ 搜索：资讯、图书、研究动态、皮书专家、研创团队

中国皮书网依托皮书系列“权威、前沿、原创”的优质内容资源，通过文字、图片、音频、视频等多种元素，在皮书研创者、使用者之间搭建了一个成果展示、资源共享的互动平台。

自 2005 年 12 月正式上线以来，中国皮书网的 IP 访问量、PV 浏览量与日俱增，受到海内外研究者、公务人员、商务人士以及专业读者的广泛关注。

2008 年、2011 年中国皮书网均在全国新闻出版业网站荣誉评选中获得“最具商业价值网站”称号；2012 年，获得“出版业网站百强”称号。

2014 年，中国皮书网与皮书数据库实现资源共享，端口合一，将提供更丰富的内容，更全面的服务。

法律声明